オーストラリアの日本人

The Japanese in Australia

過去そして現在
past and present

長友 淳 編

法律文化社

目　　次／オーストラリアの日本人——過去そして現在——

序章　オーストラリアの日本人 ──────── 長友　淳　1
　　　──過去そして現在──

　1　はじめに　1
　2　オーストラリアへの日本人移民——歴史の概略と先行研究の紹介——　3
　　(1) 白豪主義下のオーストラリアへの日本人移民　3
　　(2) 過渡期の「日本人コミュニティ」　5
　3　本書の構成と概要　8

第1部

白豪主義そして多文化主義を生きる
　──日本人移住者の記録と記憶からひも解く──

第1章　初期のオーストラリアへの日本人渡航者 ──── 水上　徹男　14

　1　はじめに　14
　2　日本人による初期のオーストラリア訪問　15
　3　真珠貝採取業と日本人の来豪に関する初期の記録　16
　4　日豪経済交流のはじまりと移住制限　20
　5　移住制限法の制定　21
　6　移民送出の国内事情　23
　7　むすびにかえて　24

第2章　戦前までのオーストラリアの日本人労働者 ── 村上　雄一　28

1　はじめに　28
2　オーストラリア連邦結成以前　29
　(1) 日本人芸人　29
　(2) 1890年代以前の日本の移民政策　32
　(3) 1890年以前のオーストラリアにおける真珠貝採取産業への日本人導入　34
　(4) 1890年代北部クイーンズランド植民地における日本人契約労働者　37
3　白豪主義と日本人契約労働者　39
　(1) 1901年以降の真珠貝採取産業と日本人契約労働者　39
　(2) 白豪主義と砂糖産業　40
4　白豪主義「実体化」の試み　42
5　おわりに　46

第3章　村上安吉が生きた時代 ── 金森　マユ　50
　──戦前・戦中期の集合的記憶をひも解く──

1　はじめに　50
2　村上安吉と西岡エキ　51
3　村上安吉が生きた時代をひも解く　54
　(1) 写真と人間関係　54
　(2) 破産　56
　(3) 家族写真　57
　(4) 英雄と伝説　58
　(5) 潜水服　58
　(6) ダーウィン　59
　(7) 田並──パール・ヤス子宅保管の写真──　61
4　おわりに　62

第4章　戦前と戦後をつなぐオーストラリアの「日系人」たち ── 永田由利子　68
　──1940年～50年──

1　はじめに　68
2　オーストラリアへ渡った日本人移民　69

3　太平洋戦争と日系人家族　71
　　　4　オーストラリアの国籍法と日系人強制収容　73
　　　5　強制収容にならなかった日系人　73
　　　6　強制収容された日系人　77
　　　7　日系オーストラリア人の戦後措置　80
　　　8　日系オーストラリア人と戦後再定住　81
　　　9　おわりに　83

第5章　出会い，交際，そして適応　──────　田村　恵子　87
　　　──日本人戦争花嫁とその移民体験──

　　　1　はじめに　87
　　　2　出会い　88
　　　　(1) オーストラリア軍による日本占領　88
　　　　(2) 反宥和政策　89
　　　　(3) 結婚と戦争花嫁の容認　90
　　　3　日本における「戦争花嫁」イメージ　92
　　　4　出会いに関する女性の語り　93
　　　5　妻として・母としての戦争花嫁　96
　　　　(1) オーストラリア社会への同化　96
　　　　(2) 同化プロセスについての女性たちの語り　97
　　　6　おわりに──日本人戦争花嫁のアイデンティティー──　99

第6章　日本人移民と先住民コスモポリタニズム　──　山内由理子　104
　　　──オーストラリア北西部ブルームの日本人移民とオーストラリア先住民──

　　　1　はじめに　104
　　　2　北部オーストラリアの日本人移民　106
　　　3　ポリエスニック・ノース　107
　　　4　第二次世界大戦とその後　109
　　　5　「ミックス」のアイデンティティと先住民コスモ
　　　　ポリタニズム　111

第2部

日本人コミュニティの現在
──多文化主義・移民の女性化・新移民──

第7章　在豪日本人永住者と多文化主義 ──── 塩原　良和　118
──シドニーにおける日本語コミュニティ言語教育の発展──

 1　はじめに──移住者の日常実践と多文化主義── 118
 2　日本人永住者コミュニティ組織の設立　120
 3　日本語コミュニティ言語学校の発展　122
 4　「多文化主義化」とハイブリッド性　125
 5　継承語をめぐる政治(ポリティクス)　128
 6　おわりに──エンパワーメントと制度化のはざまで── 130

第8章　日本人永住者コミュニティの社会福祉活動の広がり ── 舟木　紳介　134
──日系コミュニティのエスニック・アイデンティティの構築──

 1　はじめに　134
 2　オーストラリアの移民・難民定住支援施策の概要　135
 3　オーストラリアの移民・難民支援に関するソーシャルワーク
  （社会福祉実践）研究　138
 4　オーストラリアの日本人コミュニティにおける社会福祉活動　139
  (1) ミドルクラス移民としての在豪日本人永住者コミュニティ　139
  (2) 日本人コミュニティの社会福祉活動ニーズの変化　141
  (3)「みえない」日本人エスニック・コミュニティ　143
 5　おわりに　145

第9章　結婚移住者と日本人永住者コミュニティの変容 ── 濱野　健　148
──近年のオーストラリアを事例として──

 1　はじめに　148

2　永住ビザ申請者数からみる結婚移住者　150
　　3　人口増加にともなう居住地の拡散　151
　　4　結婚移住　154
　　　　――「純粋な関係性」と制度化されたパートナーシップの間で――
　　5　結婚移住者たちのエスニック・コミュニティ　159
　　6　おわりに　164

第10章　日本人女性の国際移動・海外移住を促す消費的「自由」の再検討　――――――――　横田　恵子　167
　　　　――ジョン・スチュワート・ミルの「自由論」を援用して――

　　1　はじめに――移動〜移住する日本女性：最近の研究成果から――　167
　　　(1)蓄積される「日本女性のオーストラリア移住」研究　167
　　　(2)「日本女性のオーストラリア移住」研究が示す社会学的貢献　168
　　　(3)より大きな潮流への位置づけ――英語圏諸国への日本人女性の移動の実態――　170
　　2　「自由」な実践の再検討：移動〜移住女性たちが語る「自由」から見えるもの　171
　　　(1)本論の分析軸――多層な「自由」概念の中の「市民的自由」の再検討――　171
　　　(2)現代的な社会問題へのミルの自由論適用の有効性　172
　　　(3)ライフスタイル移住で獲得する「自由」　174
　　　　――オーストラリア移住日本女性の語りの再分析から――
　　3　おわりに　176

第11章　移転・故郷訪問・再移住の経験　――　ジャレッド・デンマン　184
　　　　――クイーンズランド南東部における日本人ライフスタイル移住者の移住後の動態性――

　　1　はじめに　184
　　2　ライフスタイル移住および移動パターン　186
　　3　フィールドワーク・データの要旨　188
　　4　考　察　191
　　　(1)ヤエとY家　191
　　　(2)カナエとK家　195
　　　(3)ヒデオとH家　197
　　5　結　論　202

第12章　遠隔地多文化主義 ──────── 岩渕　功一　204
　　　──オーストラリアの日系移民と〈いまここ〉に根付いたトランスナショナリズム──

　　1　はじめに　204
　　2　「日本社会を逃れる」という問題意識　205
　　3　インター・アジア比較参照と遠距離多文化主義　207
　　4　終わりに　213

参考文献
あとがき
索　引

序章　オーストラリアの日本人──過去そして現在──

長友　淳

1　はじめに

　グローバル化が進展した現代は，「移民の時代」と言っても過言ではない。移民という言葉には戦前・戦後の経済的苦境から逃れるための農業移民あるいは故郷を去らざるを得なかった残酷物語的な響きがあるが，ここで述べる移民とはそうではない。すなわち「移動（migrate）し，その移動先に暮らす」という，人間の移動と居住をめぐる，いわゆる永住から長期滞在までを含む広範な概念である。日本社会においては特に90年代以降，海外に留学やワーキングホリデーで渡る者，退職後に海外に暮らす者が増加し，国内では出身地へのUターンや出身地以外へのIターンなど，様々な形で人々は移動し，移動先で暮らしている。これらの移住の多様化の中で，移住そのものの概念も多様化し，「ロングステイ」（退職後の海外長期滞在・居住）や「外こもり」などにみられるように，移住の概念が，観光や長期滞在との領域とも交差しつつある状況にある。
　このような状況のもと，海外に在留する日本人数は増加し，世界の各都市における日系人・日本人社会は，その規模を拡大させている。外務省「海外在留邦人数統計」によると，2014年10月時点で約129万人もの日本人が海外に居住し，そのうち「永住者」（当該在留国より永住権を得ており生活の本拠を海外に移している邦人）は約43万6500人，長期滞在者（3ヵ月以上の滞在）は約85万3600人であった（外務省 2015）。

中でもオーストラリアは，近年，邦人数の伸びが顕著であり，現在，アメリカ，中国に次ぐ約8万5000人もの日本人（永住者・長期滞在者）が居住し（外務省 2015），国際結婚による移住者の増加に特徴がみられる。オーストラリアへの日本人移住の流れは，第二次世界大戦時の強制収容および戦後の強制送還によって「分断」しているため，現在のオーストラリアにおける日本人社会は「一世」が大半を占めている。しかし，近年，彼らの高齢化，国際結婚の増加や二世および三世の急増，また「戦争花嫁」や「リタイアメント移住」の移住者の高齢化が顕著になり，オーストラリアの日本人社会は，大きな転換点を迎えつつある。

　以上のような状況を踏まえ，本書は「転換期にあるオーストラリアの日本人社会の過去と現在」を描き出す。時代の転換期を迎えつつある現在，日本人コミュニティがどのような歴史を経験し，いかなる歴史を背負った人々から構成され，今日どのような姿にあるのか，本書はオーストラリアの日本人の過去と現在を「移住者の語り」を中心としながら考察する。また，今日の日本人コミュニティが，多文化主義の進展をめぐるポリティクスや非白人系住民の増加がみられるオーストラリア社会において，どのように位置づけられるのかという点も論じる。

　本書が焦点をあてるオーストラリアの日本人の考察は，単にオーストラリア社会の研究に留まるのではなく，それを通して「多文化化する日本」を考えることにもつながる。日本に入国する移民や留学生の増加や「ハーフ」や外国人居住者をめぐる表象の文化政治（岩渕 2014）の議論にみられるように，日本社会においても身の回りに存在する多文化・異文化との相互作用や，その表象をめぐるポリティクスは，日常的な問題として重要性を帯びてきている。しかし，今日の欧米社会の多くと比較して，移民という社会的マイノリティが経験する日常的経験を「我々のもの」として経験する機会は，日本社会に属するマジョリティにとっては少ない。本書は，日本人が移住先でマイノリティの立場になった時に遭遇する様々な社会的経験や相互作用を描いている。これらの考察は，多文化化する日本社会を考える上で，「彼らの視点」と「我々の物語」の交差と揺らぎをもたらす。マジョリティとマイノリティ，あるいは我々と彼ら，という2つの立場が逆転するとき，マイノリティの視点は彼らを取り巻く

社会を生々しく映し出す。本書が示す視点の逆転とオーストラリア社会における日本人の経験が，日本社会に存在する数多くの文化的他者を考察するときにマイノリティにしかみえない社会の姿や視点，あるいは今後の日本の移民政策や多文化主義社会のあり方を考える上で役立てば幸いである。

2　オーストラリアへの日本人移民——歴史の概略と先行研究の紹介——

　本書は，オーストラリアの日本人と彼らを取り囲むオーストラリア社会について移住者の語りおよび歴史資料をもとに描く本であるため，日本人移民をめぐる歴史的事実の詳細は，永田由利子氏や村上雄一氏の章（第4章および第2章）を始め，各章がそれぞれの時代を詳細にカバーしている。以下には，それぞれの章を読むにあたって参考になるであろう日本人移民をめぐる大まかな概略や歴史的流れを①白豪主義の時代，および②多文化主義への転換以降の2つに分けて示す。

(1)　白豪主義下のオーストラリアへの日本人移民
　オーストラリア大陸への日本人の移住が開始したのは，開国以降の19世紀後半終盤であり，当時の日本人移民は，真珠貝ダイバー，砂糖黍プランテーション労働者，からゆきさんの3つのグループに大別される。日本人真珠貝ダイバーは，優れた潜水技術を有していたため白豪主義下においても優先的に雇用され，木曜島やブルーム，ダーウィンには日本人が多く居住し，日本人街も形成されていた。砂糖黍プランテーション労働者は，1892年にバーンズ・フィリップ・カンパニーによって雇用された広島県出身の50人を皮切りに（村上 1998），同産業が盛んなクイーンズランド州を中心に受入れが続き，1898年の時点で同州では2300人もの日本人が同産業に従事していた（永田 2002：30）。しかし，彼らの数は真珠貝産業に従事する日本人数よりも多かったが，プランテーションごとに分散していたため，日本人街を形成することはなかった。からゆきさんは，統計として表面には出てこないが，永田（2002：32）の調査は，1887年の時点でクイーンズランドに居住していた116人の日本人のうち34人が木曜島に居住し，その大半が売春婦であったと指摘している。

1901年のオーストラリア連邦設立と同時に採用された白豪主義は，非ヨーロッパ系住民に多大な影響を与えることとなり，日本人を含むアジア系住民は激減した。難解な英語の聞き取りテストの実施によって非白人系住民の強制退去を促すと共に，移民排斥運動も相まって，日本人数は1901年の3602人から1935年には1175人にまで減少した（永田 2002：28-37）。

　太平洋戦争の勃発直後，在豪日本人はほぼ全員が強制収容所に送られたが，その収容は他の枢軸国住民のドイツ系やイタリア系と比べ，徹底的に実施された。イタリア系の強制収容者は全イタリア系住民の15％に過ぎず（O'Brien 1992：92），一定期間後に釈放されることも多かった（Bosworth 1992）。これに対し，日本人は97％の日本人が収容され，二世や三世および高齢者も含まれ，収容は終戦まで継続された（永田 2002）。

　収容が徹底的なものであった一方で，収容所で提供された生活環境は人道的なものであった。自治やオーストラリア当局との交渉権が認められたほか，施設内での賃金支払い，地元の新聞を読む権利などが認められていた。また，食事は十分な量が与えられ，食糧給付にあたってオーストラリア当局と米の増量の見返りとして肉の減量を求める交渉が行われたこともあった（曾野 2001）。しかし，戦時期後半になると太平洋戦線から日本人兵の捕虜が送られ，カウラ収容所では1944年8月5日に500人以上の捕虜が自決を前提とした集団脱走を試み，日本人231人，オーストラリア人4人が死亡した事件も発生した（土屋 2004）。収容されていた日本人のほぼ全ては，終戦後，日本へ強制移送されるとともに，在豪日本人の資産は賠償資金として没収され，焦土と化した日本で苦難の日々を過ごすこととなった。

　戦時中の日本軍によるオーストラリア人捕虜への非人道的な扱いや空襲の記憶からオーストラリア国民の間で反

資料序-1：木曜島の日本人船員（カメイトシロウとヨネカワトモゾウ）
撮影者不明，1936年撮影，John Oxley Library, Brisbane 所蔵 No. 204317

日感情が続いていた一方で，政治的には日豪両国は1951年のサンフランシスコ平和条約締結以降，冷戦や朝鮮戦争などの国際政治をめぐる国際関係を反映し，歩み寄りをみせるようになった。広島県に駐留していたオーストラリア兵は有色人種である日本人との交際を禁止され，発覚した場合は本国へ配置転換されるほどであった（長友 2013：13）。しかし，すでに入籍していたオーストラリア兵ゴードン・パーカーと桜元信子の支援運動が実を結び，それまで移住を認めてこなかったアーサー・コルウェル移民省大臣および政府は以後「戦争花嫁」の移住を認め（Tamura 2001），1950年代には約600人の日本人花嫁がオーストラリアに移住した（McNamara and Coughlan 1992）。また，1960年代以降，日豪の経済的関係が深化するにつれて駐在員も増加し，1969年にはシドニーに日本人学校が設立された。

　1970年代の多文化主義の導入は，すでに戦後の非英国系ヨーロッパ人の受入れによる「白い中の多様性」が進展していた事実や難民受入によって「自己矛盾」に満ちていた豪州に新たな統合理念を持ちこんだ政治的側面と，移民を労働市場に足りない人材を埋める手段として捉え，人種ではなく職業技術によって選択する経済的側面があった（Jupp 2002；Jayasuriya and Kee 1999；関根 1989）。結果として1990年代にはアジア系住民の急増およびそれによる「アジア化論争」，2000年代には反ムスリムの動きが顕著になった。また，1980年代後半以降，オーストラリアは積極的に観光開発を行うとともに外資を受入れ，1990年代には特に日本からの観光客が流入し，その後のワーキングホリデーや留学生の増加にもつながっていった（Nagatomo 2008）。

(2) 過渡期の「日本人コミュニティ」

　オーストラリアに居住する日本人数は増加の一途にある。1980年に約5000人だった日本人数（永住者と長期滞在者の合計数）は，1990年には約1万5200人，2005年には約5万3000人，2013年には約8万2000人と増加し，他の地域の推移と比較しても伸び率は突出している。この増加の背景として，1990年代以降の国際結婚の増加や，その背景としての留学・ワーキングホリデーの増加が先行研究では示されてきた（濱野 2014；横田 2009；長友 2013）。人数に占める女性の比率にもその点は表れ，2014年10月時点の永住者約4万8600人のうち約63.6

％，長期滞在者約3万6500人のうち約64.1％は女性が占めている（外務省 2015）。

　オーストラリアに居住する日本人は多様だが，大別すると以下の7つのグループに分けられる。①「戦争花嫁」は，1950年代のオーストラリア人軍人との結婚による移住者であり，大半は駐留地であった広島県の出身である。②「現代の国際結婚」の大半は女性であり，正規・非正規就労を経験した後に留学やワーキングホリデーで渡豪し，オーストラリア人男性との結婚によって永住権を取得するケースが多い。一方で離婚率もオーストラリア人同士の夫婦同様に高く，離婚後にオーストラリアに残る日本人シングルマザーも増加傾向にある（Nagatomo 2012）。③「1980年代から90年代初期の移住者」は，移住前の日本社会における職務経験をもとに独立技術永住ビザを取得した人々である。彼らの大半は日本社会で中間層の中でも比較的裕福な層に属し，移住時の年齢も現代の移住者よりも高く，セミリタイアメントを趣向する移住者が多かった一方で，ビジネススキルや経験を活かしてビジネスで成功した例も多い。④「1990年代以降の移住者」は，1990年代以降主流を占める20代後半から30代で移住する移住者である。彼らの多くは日本社会での仕事中心の生活や閉塞感あるいは「海外」の「自由さ」や「自己実現」を主眼として移住し，ワーク・ライフ・バランスに関心がある移住者も多い（長友 2013）。⑤「ビジネスビザ保有者」は，現地企業に勤務する日本人や駐在員だが，90年代後半以降，日本企業の撤退が相次ぎ，その数は減少傾向にある。⑥「リタイアメント滞在者」は，旧リタイアメントビザでの渡航者や現在のリタイアメント投資家ビザの保有者を指す。⑦「学生ビザ滞在者」は，各種学校への留学生であり，語学学校への留学生が半数以上を占め，約7割を女性が占めている。⑧「ワーキングホリデー滞在者」は，20代中頃から後半の層が多く，女性が7割以上を占める。

　以上のように多様化・女性化が進展した日本人社会は，二世および三世の増加という要素も加わる中で過渡期にあり，「日本人コミュニティ」から「日系コミュニティ」への転換期にあるとも言えよう。オーストラリアの日本人コミュニティの近年の特徴としては以下の3点を指摘することができる。第1に，人口の地理的集中がみられない点が挙げられる。他のアジア系住民がブリスベンのサニー・バンク（台湾系）やシドニーのストラスフィールド（韓国系）

のように中間層が中心であるにも関わらず人口が集中した地域を形成するのに対し，日本人は地理的に分散する傾向がある。この点は国際結婚による移住者が多い点を考慮しても，他のアジア系住民とは顕著に異なる点である（Nagatomo 2011）。第2に，日本人コミュニティの組織型からネットワーク型への移行を指摘することができる。駐在員の現象が顕著になった2000年代以降，コミュニティの構成員の中核がビジネスマンから永住者へと移行した。永住者の多くは90年代以降の日本社会の中間層に顕著な個人主義的な価値観を持ち，日本の企業社会から逃れて様々なライフスタイルの要素（例：住環境，ワーク・ライフ・バランス，子供の教育，自己実現，海外生活への憧れなど）によって移住していた（長友 2013；Nagatomo 2011, 2015）。また，国際結婚の移住者は「組織」よりも子育てを行う上での個人的な「ネットワーク」を重視する傾向がある。これらの要素から，商工会や日本人会などの従来の組織型のエスニック組織の求心力が低下する一方，居住者増加や継承語としての需要から週末の日本語補習校（文科省のカリキュラム・教材）や日本語学校（州政府補助）は生徒数を増加させている。第3に，「エスニック・グループ」としての新たな連帯の模索を挙げることができる。ブリスベンでは駐在員が中心となって立ち上げたJSB（Japanese Society of Brisbane）と永住者が中心となって設立されたJCQ（Japan Club of Queensland）の2つの日本人会が存在していたが，駐在員の減少と永住者の増加を背景に両者が2007年に合併し，JCB（Japanese Club of Brisbane）となった（長友 2008：199）。また，シドニー，ブリスベン，ゴールドコーストなどに新たな継承日本語・日本文化の教育を主眼とした日本語学校が設立されている。これらに加えて，ニッケイ・オーストラリアという組織が，他のアジア系住民のようにエスニック・コミュニティとしての意識が浸透していない現実や二世・三世の増加を背景として2013年に設立されている。

　以上のように新たな動きを見せている日本人社会だが，二世の増加と社会進出が本格化しつつある現在，日本人社会をめぐる「日本人」とは誰かという問いや，慰安婦像の設立問題をめぐる論争に見られるようなエスニック・コミュニティが組織化・政治化し，ロングディスタンス・ナショナリズム（Skrbis 1999）の様相を見せる際の諸問題，その一方で継承語・継承文化としての日本語・日本文化教育の必要性，国際離婚の増加に伴い増加する在豪シングルマ

ザーや高齢化に伴う介護問題など，様々な要素や問題が日本人コミュニティ内には現在進行形で存在している。これらの点は今後の更なる研究を要すると言えよう。

3　本書の構成と概要

　本書は，日本人移民の声を通して彼らを取り巻くオーストラリア社会の様相を映し出すという狙いを軸として，執筆分担者は歴史学，社会学，文化人類学，社会福祉学と多岐に渡るものの，主に現地での質的調査の経験を有する研究者から構成されている。本書は，現地の日系社会の過去として現在を描きだすために，白豪主義下のオーストラリアで生きた日本人を論じる第1部と，現代の多文化主義に生きる日本人に焦点をあてる第2部から構成し，各執筆者が1章ずつ分担する形で構成されている。

　第1部「白豪主義そして多文化主義を生きる——日本人移住者の記録と記憶からひも解く——」では，白豪主義下のオーストラリアで生きた日本人のリアルな姿を描き出すことを主眼としており，主に歴史学および文化人類学的視点からオーストラリアに生きた日本人の歴史と記憶を考察している。

　第1章「初期のオーストラリアへの日本人渡航者」において水上徹男氏は，オーストラリアに渡った初期の日本人について，詳細な歴史資料をもとに論じている。開国以前の状況から日豪経済交流の開始期および移住制限開始への流れの中で，水上氏は真珠貝採取業，砂糖黍産業，性産業に従事していた日本人について，移民の送出と受入れをめぐる日豪の社会情勢との関連も踏まえつつ考察している。

　第2章「戦前までのオーストラリアの日本人労働者」で村上雄一氏は，19世紀後半から20世紀前半にかけてのオーストラリアにおける日本人，とりわけ契約労働者として渡った人々について詳細な歴史資料調査をもとに論じている。村上氏は，「2つのオーストラリア」，すなわちアジア・アボリジナル住民が人口の多数を占めていた北部と，白人中心社会の南部，の両者の統合過程に着目し，北部の真珠貝採取産業における白人労働者の導入に失敗し，有色人労働者との「共生」を余儀なくされた点を明らかにしている。

第3章「村上安吉が生きた時代——戦前・戦中期の集合的記憶をひも解く——」で金森マユ氏は，19世紀末から戦前までオーストラリアで写真を撮り続け，戦時中に強制収容所で亡くなった写真家村上安吉と彼が撮影した写真の歴史をひも解く作業を行っている。金森氏は，写真収集や写真にまつわるエピソードに関する綿密な歴史学的調査をもとに，村上安吉が16歳で西オーストラリアに渡り，結婚や破産，強制収容に至る人生を辿りつつ，集合的記憶としては忘れられがちな戦前・戦時中のオーストラリアの日本人の様子を描いている。

　第4章「戦前と戦後をつなぐオーストラリアの「日系人」たち——1940年～50年——」で永田由利子氏は，戦時中の強制収容と戦後の強制送還によって歴史的に戦前と戦後で「分断」しているオーストラリアの日系人の歴史をつなぐ存在として，ごく一部の収容されなかった日系人や戦後再定住を認められた日系人のライフヒストリーを追う作業を行っている。永田氏は，これまで蓄積してきた聞き取り調査の資料を基にしながら，分断期の日系人の歴史をひも解き，歴史に翻弄された彼らをリアルな質感で描き出している。

　第5章「出会い，交際，そして適応——日本人戦争花嫁とその移民体験——」において田村恵子氏は，第二次世界大戦後に広島に駐留していたオーストラリア軍人と結婚し，1950年代にオーストラリアに移住した，いわゆる日本人戦争花嫁について論じている。綿密なライフヒストリー調査を通して田村氏は，彼女たちのオーストラリア人兵士との出会いから移住，そして白豪主義に伴う同化政策と戦争の記憶が色濃い当時のオーストラリアでの経験について描いた上で，移行と変化の狭間における彼女達の自我の構築について考察を付している。

　第6章「日本人移民と先住民コスモポリタニズム——オーストラリア北西部ブルームの日本人移民とオーストラリア先住民——」で山内由理子氏は，北部オーストラリアの日本人移民の歴史と現在の状況を考察する中で，先住民との混血が進み，彼らのコミュニティに「統合」されたとみなされている日本人をルーツに持つ人々に焦点をあてている。山内氏は，先住民コミュニティへの統合が単なる「吸収」ではなく，複数の文化が相互作用を織りなす「コンタクト・ゾーン」の中で，「先住民コスモポリタニズム」的なアイデンティティが

生まれ,「アボリジニであること」が,先住民性と従来捉えられてきた「固定化され」,「ローカルな」ものではなくなっている状況を明らかにしている。

本書の後半,第2部「日本人コミュニティの現在——多文化主義・移民の女性化・新移民——」では,多文化主義が導入された1970年代以降の日本人コミュニティに焦点をあて,現在進行形で変化を遂げつつある日本人コミュニティおよびそれを取り巻くオーストラリアの多文化主義の様相を考察している。この点を考察するために,以下のとおり社会学および社会福祉学の研究者による章によって構成されている。

第7章「在豪日本人永住者と多文化主義——シドニーにおける日本語コミュニティ言語教育の発展——」で塩原良和氏は,オーストラリアにおいて多文化主義の制度化が進む一方で進展してきた公定言説としての多文化主義と移民の多文化的な日常実践との関係に着目している。塩原氏はシドニーにおける参与観察や聞き取りを通して,継承日本語教育に取り組む親たちの多文化的な日常実践としての活動が,公定多文化主義によって制度化され,そこから多文化的日常の姿が生み出されつつある過程を考察している。

第8章「日本人永住者コミュニティの社会福祉活動の広がり——日系コミュニティのエスニック・アイデンティティの構築——」で舟木紳介氏は,オーストラリアの移民・難民コミュニティに対する定住支援施策およびソーシャルワーク研究を概観した上で,シドニー,メルボルン,パースの日本人コミュニティを対象に行ったフィールドワークをもとに,日本人コミュニティが福祉専門職の支援や公的財政支援の活用を通してエスニック・アイデンティティの表明戦略が可能になった点を論じている。

第9章「結婚移住者と日本人永住者コミュニティの変容——近年のオーストラリアを事例として——」で濱野健氏は,近年増加傾向にあるオーストラリアへの日本人女性の「結婚移住者」について論じた上で,現代オーストラリアの日系コミュニティの特徴を考察している。濱野氏は,近年の移住者の社会階層上の多様化が,日本人居住地域の「拡散」を生み出していることを指摘した上で,シドニー西部郊外でのフィールドワークをもとに,結婚移住のパートナーシップや理想化された家族像が,限定された地理空間で厳格に制度化されているという事実を明らかにしている。

第10章「日本人女性の国際移動・海外移住を促す消費的「自由」の再検討——ジョン・スチュワート・ミルの「自由論」を援用して——」で横田恵子氏は，移民の女性化という近年の国際移動の状況を踏まえ，日本女性の国際移動をめぐる日常性からの脱出の契機としての「自由」や「自己実現」についてJ. S. ミルの自由論に依拠しながら考察している。横田氏は，観光産業や語学産業が作り出した自由なライフスタイルやワーク・ワイフ・バランスのとれた英語圏の社会の表象としてのオーストラリアのイメージが「消費財」となっている点を指摘した上で，彼女たちの感じる「自由」と，古典的な自由概念が促す「強い意志や理性の力で己の個性を発揮し，多数派（世論）の倫理的介入に抗し」た先にある「個人の幸福」の両者について，実際の日本人女性移民の語りを考察しながら哲学的解釈を試みている。

　第11章「移転・故郷訪問・再移住の経験——クイーンズランド南東部における日本人ライフスタイル移住者の移住後の動態性——」でジャレッド・デンマン氏は，日本人移住者の移住後の動態性について考察している。デンマン氏は，クイーンズランド南東部に居住する10人の移住者の事例について詳細な聞取り調査と分析を重ね，彼らの移住後の居住移動は限定的であると共に，帰国頻度は両親が高齢となった子育て後の段階に多く，彼らの大半が将来的な帰国よりもオーストラリアに留まる志向を持っている点を明らかにしている。

　第12章「遠隔地多文化主義——オーストラリアの日系移民と〈いまここ〉に根付いたトランスナショナリズム——」で岩渕功一氏は，今後の日本人移民研究において重要な視点として「遠隔地マルチカルチュラリズム」を提唱している。岩渕氏はトランスナショナリズム研究が越境性に過度の着目をしてきたため，包摂と帰属意識の文化政治の問題に軸足をおいたトランスナショナルとマルチカルチュラルの交錯への視点を欠いていた点を指摘した上で，ローカルに根付いたトランスナショナリズム（rooted-transnationalism）および，「いまここ以外の場所」や社会との関係が「ここの帰属」や相互融合と結びつく遠隔地マルチカルチュラリズムの視点を示している。

　以上のように本書は，歴史学から社会学まで様々な領域の第一線で活躍する研究者が各自の研究をもとに執筆しているが，いずれの研究者も現地での長期の居住・調査経験を有し，示されている質的データは，リアルな質感を感じさ

せるものが多い。多文化主義のダイナミズムの中に暮らす日本人の過去と現在を論じる本書は，移民という立場やエスニック・マイノリティが経験する様々な社会的相互作用を映し出している。本書がオーストラリア社会や多文化主義を学ぶ読者のみならず，多文化化する日本社会を学ぶ方にとっても有益な書となれば幸いである。

第1部

白豪主義そして多文化主義を生きる
──日本人移住者の記録と記憶からひも解く──

第1章　初期のオーストラリアへの日本人渡航者

水上　徹男

1　はじめに

　はじめての日本人としてオーストラリアに訪れたのはどのような人物で，いつごろだったのか。1870年代になると，日本人による渡豪の記録が残されている。しかし，徳川幕府が日本人の出国禁止令を解いたのは1866年であり，それ以前に留学を目的とした政府の役人の他，外国を訪れた人々が存在していた。日本人のオーストラリアへ接触に関する起源をたどるならば，実際にはこれよりさらに遡る必要があるだろう。その逆のオーストラリアから日本への訪問者については，1831年の遭遇がある。この年「オーストラリアの捕鯨船が北海道の東海岸，ウラヤコタン（現在の浜中町）に上陸」していた[1]。また，アデレード生まれ（1858年）のイギリス人で，落語家として活躍した人物，ヘンリー・ブラック（日本名は石井貌刺屈）もいる。かれは1860年代半ばに来日，日本で英語教師になったが，その後，快楽亭ブラックと称する落語家となり，1892年に帰化した（McArthur＝内藤・堀内訳 1992）。
　19世紀後半の日本からオーストラリアへの訪問者の特徴は，男性は真珠貝採取業者や砂糖黍農園の労働者，女性は「からゆきさん」など，極めて限定的な職種に偏っている。1901年にオーストラリアの連邦政府が成立して，通称「白豪主義」（White Australia）と称される移民制限法（Immigration Restriction Act）を施行した。日本はこの移民政策に反対してオーストラリアに圧力をかけていた。本章ではオーストラリアに渡った日本人，特に初期の日本人の渡豪に関す

る資料を整理して,その特徴を示す。日本人滞在者の状況などを取り上げて,移民史のなかでもこの移民制限法制定前後,おもに19世紀後半から20世紀前半の時期の移民について考察する。

2 日本人による初期のオーストラリア訪問

　オーストラリアに訪問した日本人をどこまで遡ることができるか,についてはいくつかの説がある。しかし,19世紀以前に関しては,確固たる証拠となる記録も希薄であり推測の域を出ない。オーストラリアへ訪れた初期の日本人についての有力な説の1つに海難事故説がある。特に近世以降に漂流の数が増すが,それは生還者が増加したことに影響している。江戸幕府により,すべての日本人の海外渡航が禁止された時代には,在外者の帰国も禁止されていたため,漂流しての帰国自体が容易ではなかった。「不可抗力の漂流であっても,国外に出ることは違法行為であった」(石川 1992：4)。そのため帰国することができても,繰り返し取り調べを受けることになった。実際には異国の地を踏んでいても,そのまま知られることのなかった漂流民が多かったと考えられる。日本の漂流に関する記録をみても,オーストラリアの情報は限られており,取り調べによる「口書」の記録でも明確には確認できていない。しかしながら,石川(1992)による広範な文献の分析以外にもオーストラリアの歴史研究において,漂流の可能性についての言及があり,最初の日本人の訪問者が実際の記録として存在する19世紀よりも以前だったことが推測できる。

　オーストラリアの歴史家マックファーレーンは,①日本の神話説(15世紀),②山田長政渡豪説(17世紀),③銭屋五兵衛のタスマニア領地取得説(18世紀後半から19世紀前半)などを取り上げているが,いずれも決定的な証拠が不足していることを強調した(Macfarlane, 1955：15)。

①日本の神話説であるが,マックファーレーンによれば,1930年代に木曜島に長く住んでいた日本人から聞いたもので,15世紀にオーストラリアの東海岸を経てタスマニアにたどり着いた日本の冒険団がいたという日本の伝説である(同書：15)。
②山田長政渡豪説は,1626年にシャム(タイ)に渡った山田長政が数百の軍人を率いて,軍船でオーストラリアを訪れたというものである(同書：16)。

③銭屋五兵衛に関しては，タスマニアで「かしゅうぜにやごへいりょうち」と平仮名で書かれた石の発見者がいるという話である。

②については，16世紀末ごろから朱印船が南洋に渡航し，17世紀初期には東南アジアの各地に南洋日本人町が形成されていたことを考えれば，日本の船舶や漂流民が訪れたことの信憑性はあるが，記録として確認されていない。

③については，海運業も営んだ加賀の商人である銭屋五兵衛が，18世紀後半から19世紀初期にかけてオーストラリア本土やタスマニアに来ていたと推測されている。銭屋が外国と密貿易をしており，「明治中期にタスマニアで5，6個の碑石が見つかり苔を剥がすと上記のひらがな文字が現れた」という話がある[4]（細田 1952）。

実際オーストラリアに滞在した初期の日本人の記録として，他にもサーカスのアクロバットなどの人物について記されている。ジョーンズは，西オーストラリアに最初に訪れた日本人が，「キオト軍団と呼ばれた奇術とアクロバットの演芸団」ではないかと述べている（Jones 2002＝2003：20）。彼らは1874年11月にバタビア（ジャカルタ）経由で来豪，12月から翌年1月にかけて，パース，フリーマントル，ヨーク，ノーサム，ニューキャッスル，チャンピオンベイを旅した（同書）。1870年代になると日本人の来豪についての記録がある。しかし，上記の日本の神話，山田長政，銭屋五兵衛の3つの説の可能性は認められるが，マックファーレーンの指摘の通り，いずれも正式な記録としては確認できていない[5]。

3　真珠貝採取業と日本人の来豪に関する初期の記録

1870年代には，木曜島に時折日本の船乗りが訪れていた（今野・藤崎 1985：166）。彼らが，記録に残る日本からの初期の訪問者となる。1874年に訪れたアクロバットの演芸団について先述したが，最初の日本人訪問者に関するオーストラリアの記録も旅芸人である。アームストロングによれば，「サカナワ・デコネスキ（Sacarnawa Deconeski）」という人物が1871年にオーストラリアに到着後，1875年にオーストラリア人とメルボルンで結婚，その後クイーンズラン

ドで暮らして1882年に帰化申請をした（Armstrong 1973：3）。彼は，1880年代〜90年代にかけてクイーンズランドの農村地帯をサーカスのアクロバットとして旅していた（Sissons 1988：635）ことや，岩吉という子どもの曲芸師で，当時，力之助という芸名を名乗っていた（全豪日本クラブ 1998：33）ことが知られている。

　19世紀後半のオーストラリアで，日本人は様々な職業に就いていたが，その中心をなしていたのが，男性では真珠貝採取業者や砂糖黍耕地の労働者であり，オーストラリアの沿岸や海域の島々も含めて北部に集中していた。本章ではまず，この真珠貝採取業者について取り上げる。真珠貝採取については，パプアニューギニアとオーストラリア北端のヨーク岬の間のトーレス海峡のあたり（西側がアラフラ海）や西オーストラリア北部のブルームあたりが舞台となった。商業真珠産業は西オーストラリアではじまり，1868年にはトーレス海峡まで広まっていった（Pownall 1983）。真珠貝採取の目的は，天然の装飾素材の製造である。主にボタンの材料となったが，それ以外に西洋の家具の装飾や食器類にいたるまで使用されていた[6]。その後は，養殖が進められたり，プラスチック産業の参入により，1960年代には衰退している[7]。

　この真珠貝採取の潜水夫として，日本人が深く関わってきた。ベインによれば，1876年に島根県広瀬の野波小次郎が，2年間の航海経験の後，翌年木曜島に向かうラガー船の乗組員としてシドニーで加わった（Bain 1982＝1987：47）。「雇い主には潜水夫として仕込んでもらえなかったが，マレー人の指導を受けて，まもなく同海峡でもっとも知られた潜水夫となる」（同書 47）。1881年以降数人，1883年には15人がラガー船で働いており，「かれらの好成績に刺激されて，オーストラリアの真珠会社の経営者であるJ. A. ミラー船長が潜水夫らの乗組員を雇うため，日本に向かった」（同書）。「交渉から半年後の1883年10月10日，6組の乗組員と通訳一人を雇う契約が成立」している[8]。彼らは日本政府，外務省の許可を得た最初の日本人であり，渡豪した37人がトーレス海峡で真珠貝採取に従事した（今野・藤崎 1985：165）。その後に，日本人が労働力としてオーストラリアに流入するようになった。1890年代から20世紀後半のオーストラリアにおいては，日本人が真珠貝の採取業を占有し，ブルーム，ダーウィン，木曜島などの一部の地域で日本人人口が増加した。例えば，木曜島では1890年代後半，日本人の数がヨーロッパ人数を上回っていた。1898年のヨー

ロッパ人の人口は608人（男性359人，女性249人）であり，その内約3分の1（212人）が子どもだったのに対して，日本人は619人（男性537人，女性82人）で，わずか8人が子どもであった（Armstrong 1973：3）。移民制限法採択後の1908年においても，トーレス海峡では165人の免許保有潜水夫の内，1人のマレー人を除いてすべて日本人であった（Lyng 1927）。

　日本人潜水夫がこの職種で重宝にされ，独占していった理由として真珠貝採取技術に長けていたことがあげられるが，次のような指摘もある。日本人潜水夫同志は，競争心も強くヨーロッパ人よりも低賃金で職に就いていた。また，日本人潜水夫は海底の状況把握に長けていて，詳細な航海日誌と海図を保有し，真珠貝の豊富な場所をつきとめることができた（Bain 1982＝1987）。リングによれば，日本人は短期間に恐れ知らずの専門の潜水夫となり，比較的低い賃金で働いた（Lyng 1927）。真珠貝産業のピーク時である1913年にはブルームに1166人，木曜島に574人の日本人年季契約労働者がいた（Sissons 1983：273）。その後もこの産業を日本人が独占して，木曜島においては1919年から20年のすべての免許保有潜水夫の内90％，1938年～39年の94.3％が日本人であった（Sissons 1988：636）。潜水夫の生活などについては，作家の司馬遼太郎も『木曜島の夜会』[9]のなかで説

資料1-1：タイジ通り

筆者撮影：2006年12月

資料1-2：ワカヤマ・クレッセント

筆者撮影：2006年12月

明している。司馬には和歌山県出身の友人がいて，その叔父たちから木曜島での真珠貝採取などの話を聞いていた。本書のなかで，元オーストラリア国立大学教授 D. C. S. シッソンズの論文を引用しているが，シッソンズは19世紀から20世紀にかけてのオーストラリアの日本人について広範な研究を行ってきた。彼によれば，1894年3月，木曜島の720人の日本人人口が1897年には約1000人に増加した（Sissons 1988:636）。

当時の国内事情では，明治政府の南進政策もあり，出移民が扇動されるようなこともあった。特にブラジルは，日本人の目的地として人気が高かったが，ブラジルへ行く意図で乗り継ぎのためシンガポールに停泊し，そこからシンガポールに留まった者から，ブルームなどに到着した者も含め様々な地へと流れていた。ブルームは，真珠貝採取業の主要港として機能していた。日本人人口も集中したが，多くの潜水夫が和歌山県出身であり，かれらは病院，学校，金融機関，うどん屋，しょうゆ屋などがある日本人町を形成していた（海野 1994:162）。そのため通りの名前に，ワカヤマやタイジなどいくつかの日本語名がある（資料1-1，1-2参照）。

しかし，採貝業そのものは潜水具も未発達であり，危険のともなう職業であった。ブルームの日本人墓地（資料1-3参照）には10代を含む多くの若い男性の墓碑が刻まれている。墓地の入り口には，簡略に「ブルーム日本人墓地の歴史」が記されている。
「ブルームの日本人墓地にある約900の墓石中，読みやすい830の名前を分析すると，労働者は和歌山県出身のものが一番多く，次にぐんと減って，長崎，広島，鹿児島の出身者が多かった」（Bain 1982=1987:54）。

資料1-3：日本人墓地

筆者撮影：2006年12月

4　日豪経済交流のはじまりと移住制限

　日本からオーストラリアへの労働者の移動は、潜水夫などの真珠貝採取業者を中心にトーレス海峡地域に集中していた人々ばかりではない。19世紀後半の真珠漁業以外でオーストラリアに訪れた日本人の代表的なケースとして農園労働者が挙げられる。また、この時期に日本企業が、貿易相手として、オーストラリア産業へのアプローチを開始している。オーストラリアからも事業家が日本移民誘致に向けた交渉をはじめていた。「今野・藤崎（1985）によれば、明治維新後間もなくアレキサンダー・マークルス、その後秋山某が係わり、2国間の貿易にかかわった。1879年～80年に横浜のワトソン商会が大蔵省の依託で米穀の輸出を開始、その後もデアス商会、ルカス商会、ブラオン商会が対豪貿易における活動を展開している」（水上 1996：125-126より引用）。当時のオーストラリアが、鉱物資源が豊富で畜産業が盛んなだけでなく、「羊毛産額の世界第一」であることから、1887年には兼松房次郎がシドニーに渡り、羊毛を中心とした日豪貿易開業の準備をしていた（今野・藤崎 1985：166-167）。

　1880年代には、日本が貿易相手としての可能性を探るためクイーンズランド植民政府に接触をしている。特にクイーンズランド植民地では、日本から来て年季契約労働者として従事する農園労働者が増加していった。1892年に砂糖黍農園に日本人が雇われた後から年々増加、クイーンズランドにおいては、砂糖黍農園労働者が日本人の職業でもっとも多く、正確な数字は記録されていないが、クイーンズランドの日本人人口の3分の2以上と考えられる（Armstrong 1973：3）。農園に雇われた日本人以外にも、料理人、洗濯屋、娼婦、小企業主などがいた。娼婦や低賃金労働者である日本人の増加が、クイーンズランドにおいて深刻な社会問題として捉えられたため、1890年代この地区の有色人移住規制問題は日本人が対象となっていた（同書：8）。日本の外務省は排日運動を考慮して、1887年6月に木曜島渡航を差し止め、8月にクイーンズランド渡航も禁止した（今野・藤崎 1985：172）。しかし1898年に、クイーンズランドにおける日本人人口のピークとして3247人が記録された。同時期に中国人人口は、1万人程であった（Armstrong 1973：7）。クイーンズランド政府は、同地区にお

ける日本人人口が1898年次を上限とすることで，1900年に日本政府と合意した（Yarwood 1964：84）。クイーンズランド植民地政府と日本政府によるこの紳士協定は，その後の連邦政府設立による移民制限法によって無効となる。移民制限法施行時，オーストラリアの日本人人口は3554人（男性3143人，女性411人）で，その内88％がクイーンズランドと西オーストラリアに集中していた（Sissons 1988：636）。

5　移住制限法の制定

　連邦国家が成立して移民制限法が制定される1901年まで，継続的に日本人が増加して多くの日本人がオーストラリア本土での仕事に就くことになった。1896年にはクイーンズランド植民政府管轄内のタウンズビルに日本初の領事館が創設された（海野 1994：162-163）。しかし同年植民地間の会議が開催され，各代表者らが全有色人労働者を排斥することを決めた（Bain 1982＝1987：62）。1901年に設立された連邦政府によってこの決定が批准される。この時期日本は，明治政府が西洋工業化社会への追従をめざしていた時代であり，オーストラリアにおける有色人締め出し政策は，著しく政府のプライドを傷つけるものとなり，この決定に反対し続けていた。オーストラリア入国の条件として設定されたヨーロッパ言語による書取試験（dictation test）に対しても日本政府は，一貫して抗議し続けた。学生，商人，旅行者もこの試験を受けなければならなかったが，1904年10月には日本政府からの圧力のため，オーストラリア政府は日本国民に対し，試験を免除して12カ月までの期間滞在許可を発行することに合意している（今野・藤崎 1985：183）。このオーストラリア政府が日本に対する態度を変化させなければならなかった背景には，母国と考えられたイギリスが1894年に日英通商航海条約（Anglo-Japanese Commercial Treaty）を日清戦争時に締結したことや1902年の日英同盟（Anglo-Japanese Alliance）などが，オーストラリア政府への大きな圧力となったことが挙げられる（竹田 1981：36）。また，日英通商航海条約によって，日本移民が自由にオーストラリアに渡ることが懸念されるようになり，有色人種の制限に向かった（村上 2015：67，82）。ホーネッジも19世紀のオーストラリアにおける黄禍論の対象は中国人であり，

移民送出国としての日本の図式はこの時期に登場しないと指摘して，1904年の日本政府との合意は日本の同盟国であるイギリスからの圧力を受けたためと述べている（Hornadge 1976：98）。

　移民制限法の制定以降も日本人居住者は存在していたが，その後のいくつかの政策の影響で，他のアジア系出身者とともに人口が減少することになった。1903年には連邦帰化法（The Federal Naturalisation Act）が制定されて，非白人が市民権を得ることを妨げ，1910年の土地法（Land Act）では非ヨーロッパからの移住者が，ヨーロッパ優先の語学テストにより厳しく制限された。しかしながら，年季契約労働者などの日本人はオーストラリアに残り，1911年には，3489人（男性3281人，女性208人）の日本人がオーストラリアに居住していたという記録があり，女性の大多数は熊本県，長崎県出身者であった。シッソンズによれば，オーストラリア全土の男性の半分以上（1824人）が真珠貝産業に従事，357人がクイーンズランドの砂糖黍産業に雇われ，それ以外の職業として，サービス業を中心に，洗濯屋（248人），ホテル従業員（170人），上流家庭の使用人や内陸地の駅の料理人（99人）などが挙げられる（Sissons 1988）。

　その後1913年のクイーンズランド政府による砂糖黍栽培法（Sugar Cultivation Act）では，アジア人が砂糖産業から締め出されている。さまざまな法律の制定とその効力によって，日本人人口は減少したが1921年には2761人（男性2565人，女性196人）が記録された（Lyng 1927：173-174）。この時期はまだ真珠貝採取業に日本人が多く従事したことを反映して，地域別にみると8割以上が西オーストラリア（1219人）とクイーンズランド（1079人）に集中しているが，タスマニアを含む各州にそれぞれ日本人が居住していた（ニュー・サウス・ウェールズ342人，ビクトリア72人，北部特別地区34人，南オーストラリア10人，タスマニア5人）。リングによれば，上記の日本人の他に74人の日本人両親の子供と，175人の日本人とそれ以外のエスニック集団の間に生まれた子どもも含まれていた（同書）。また，クイーンズランド北部農場で働く者のうち，数百人が永住者として生活していた。

　1901年に移民制限法が制定されてから，その後約50年，オーストラリア入国が可能であった日本人は，年季契約を結んで真珠貝産業に携わる者の他は，商人，旅行者，学生など一定期間の滞在許可を得て入国した者だけであった。

シッソンズ (1986) によれば,1902年から1952年の間,アジア人の居住は一時的な滞在以外は認められず,以下のような目的の限られた人のみだった。①真珠貝採取業の潜水夫や船員(日本人従業員は陸上業務は禁止され,雇用契約が更新されない場合は本国送還),②国際貿易の従業員(毎年手続きを更新して許可を得る)。例外としてオーストラリアの輸出産業にとって重要な企業経営者が挙げられるが,3年〜4年間に渡る滞在期間延長を許可されることは希であった。

6 移民送出の国内事情

1890年代には,移民会社設立の影響と航路の開設によって出移民が増加していった。しかし,オーストラリアへの移動は,必ずしも移民会社を経由していたわけではなく,「1897年までは,ほとんど移民会社によらない自由移民であった」(鈴木 2008:15)。また,いくらかの蓄えを海外で得た人の出現も,和歌山県や長崎県などの地域で出移民を促した。真珠貝採取業を中心に1890年半ばからオーストラリアに向かった日本人が増加している。

19世紀後半から20世紀前半の国内事情について考察すると,次のような状況にあった。封建的土地システムが改正され,商業経済が浸透,日本国内が混乱し,自身の出生地を離れて別の場所に仕事を探しに行く人々が多かった(若槻1972)。農村部から都市部への移動も活発になったが,都市部での労働供給が十分でなかった。さらに過剰人口問題が表面化し,政府の南進政策と相俟ってマス・メディアも出移民を扇動していた(同書)。いろいろな場面で海外への出稼ぎ熱が高まった。1891年にはオーストラリアへの移住を扱う日本吉佐移民会社が設立され,1892年50人の日本人をクイーンズランドの砂糖黍耕地に送り,翌年には520人の労働者,さらに1894年に425人を同地区の砂糖黍耕地に年季契約労働者として送っている(今野・藤崎 171)。もう一方で,日本郵船会社が1896年に東京とクイーンズランド間の海路を開設して,出移民数の増加を促した。

初期の女性による渡豪のケースとして,中心となるのは「からゆきさん」である。からゆきさんは日本の農漁村の貧しい家庭出身者が多く,主に東南アジアや中国に娼婦として送られたが,オーストラリアに訪れたケースも数多く報告されている。[12]「20世紀初頭に西豪州にやってきた真に先駆的な日本人女性ら

は娼婦であった」(曽根 2012：49)。その背景には故郷の経済的貧困がある。1886年には200人のからゆきさんがオーストラリアに入国した（Sissons 1977：32)。1890年代も数多くのからゆきさんがオーストラリアに訪れている。シンガポールを拠点に売春斡旋を国際的に実施した村岡伊平治の日記には，1891年頃から毎日，注文を受け，カルカッタ，ボンベイ方面に月20人，オーストラリアへ月20人〜30人の娼婦を送ったと記されている[13]。クイーンズランド警察の報告によれば，1897年に116人の日本人女性がクイーンズランド植民地に滞在して，領事の配偶者を除く残りの115人が娼婦であった（Sissons 1988：637)。シドニー領事の報告でも，1901年59人の日本人女性が，西オーストラリア州の沿岸や内陸地（Albany-Geraldton-Cue-Kalgoorlie）にいたが，そのうちの58人が娼婦であった（同書)。彼女たちは，ブルームなどで真珠貝漁業に関わる人々と一緒にいたケースだけでなく，カルグーリーなどの東部の金鉱地帯にも流入していた。国内の貧困問題と関係して外貨獲得に貢献したが，国際情勢の中で非難され，1920年には海外の日本人娼館も廃止されている[14]。

7　むすびにかえて

　以前筆者がブルームで会った人物が，自身をジャパリジニ（Japariginal）と称していた。日本人とアボリジニ（Aboriginal & Torres Strait Islander）の子孫である[15]。クイーンズランドや西オーストラリアの北部の都市，アラフラ海域の島々などでは，日本人が様々なエスニック集団と接していた。ヨーロッパからの人々の他に，年季契約労働者であった中国人，マレー人，カナカ人なども含まれる。船上を含めた真珠貝採取漁業でマレー人やカナカ人らと一緒に仕事に就いていたケースもある。
　1901年に連邦政府が移住制限法を制定したが，オーストラリアはその後も1世紀以上にわたり，今日でも移民の問題が政策的に重要な位置を占めている。移住制限自体は，連邦政府成立以前の各植民地行政で実施されており，連邦政府の成立によって施行されたのは，植民政府の政策を引き継いでいた。ここで取り上げた初期の日本人の事例は，オーストラリアの移民史のなかで特殊な事例を提供しているだろう。有色人種の入国が禁止された際に，アジア系の

人々，中国人などは上陸することを禁止されていた。しかし日本人に対しては，特別な扱いがされることがあった。例えば，「木曜島真珠貝採取従事者には特例が設けられた」（鈴木 2008：18）。木曜島には慰霊碑（1979年8月慰霊塔建設）があり，ブルームには日本人墓地がある。日本に帰国することなく，オーストラリアでその人生を終えた人々の記録として残っている。からゆきさんと称される人々も類似した点が認められる。なかには金鉱採掘地域の内陸地で生活していた記録があり，多くの人々が帰国できなかった。彼らは，当時の法律で市民権を認められることはほとんどなかったが，日本から渡り，何人もが自分の意志に反していたかも知れないが，結果として移民となった人々であった。

1) 本件については，遠藤（1993）が1831年に北海道に着いた捕鯨船レディ・ロウエナ号の船長B.ラッセルの曾孫に会い，船長の航海日誌も確認して，日豪両国の資料に基づいた考察をしている。その後，レディ・ロウエナ号の船長B.ラッセルの記録については，ジョーンズ（2012）がまとめている。
2) 「海難事故に遭遇したもののうちには，漂流して異国に漂着したとか，異国船に救助されたとかいうものも，当然あったはずであるが，これら漂流民のばあいには，なんらかの幸運にめぐまれて生還でもしないかぎり，その漂流の事実さえもが故国に知られる機会はまずなかった」（石川 1992：2-3）。
3) 石川（1992）によると，オーストラリア大陸の発見が比較的遅かったことなども影響して，日本人によるオーストラリア発見に関する文献も限定的である。
4) 遠藤は，1887年頃に日本の軽業師の一行がタスマニアで数個の石碑を発見したという話をもとに調査を行い，ノンフィクション『幻の石碑』（1993）のなかで，次のことを指摘した。この一行が「ジャパニーズ・ビレッジ」という名でオーストラリアに15ヵ月滞在し，南部を除く主要都市を回った。さらに銭屋の渡航説について1840年～52年の間にタスマニアに広大な土地を所有していた可能性を示唆している。
5) 銭屋についても当時の商いの記録が残っており，『年々留：銭屋五兵衛日記』（1984）に日本における細かな商売の記録があるが，タスマニア関係については読み取ることは困難である。実際，海外との取引が違法だった当時に，記録として残すのは考え難い。
6) 「東南アジアの女たちは，何世紀も前から，飾り物，ブローチ，バックル，扇子などに，伝説に由来する巧妙な模様を彫ってきたが，その生産量を増やした。他方ヨーロッパ諸国は，複雑な彫刻をほどこし，きらきら光る貝をはめ込んだ家具をますます使うようになった。さらに貝の使用は，ナイフ・フォーク類，マニキュア・セット，たばこ・粉白粉・カードなどを入れる箱，ヘヤピン皿，灰皿と様々なものに及んだ」。セイロンの漁場が乱獲で閉鎖され，西オーストラリアの漁場の真珠貝の発見された（Bain 1982 = 1987：9）。
7) 筆者が2006年12月13日にブルームで面接した元潜水夫によると，1950年代に半ばに和

第1部　白豪主義そして多文化主義を生きる

歌山県からブルームにやってきたが，その頃には真珠貝の採取は産業としても盛んではないうえに，海底はすでに多くのダイバーの足跡があり，漁場としてもあまり魅力はなかった。

8) 契約内容は，期間2年，賃金は契約書に著名をした日から支払われるはずで，その額は月給で「潜水夫50ドル，綱持ち（tenders）20ドル，通訳15ドル，水夫10ドル，と気前が良かった。潜水夫には，貝の採取量1トンに月50ドルの歩合も付いた」（Bain 1982：85＝1987：49）。

9) 「木曜島の夜会」は『別冊文芸春秋』137号（1976）で発表され，翌年1977年に単行本として新潮社より刊行された。本書のなかに，狩野という木曜島を案内をした人物が登場するが，これはクイーンズランド日本人会の元会長であった佐野彰氏（1922年東京生まれ）が，自分をモデルにしていた，と1989年に語っていたことがある。佐野氏は，大洋漁業に勤務して鯨採りなどを行っていたが，オーストラリア滞在が長く，永住を決意した人物である。オーストラリアの経験などを『よこメシ放浪記』（1978）芸文社より刊行した。この本の「刊行に寄せて」を司馬遼太郎氏とメルボルン・フィルハーモニーの指揮者でもある岩城宏之氏が寄稿している。出版社での打ち合わせの際に，司馬遼太郎氏に本の帯をお願いしようということになり，佐野氏が司馬氏に電話をすると，出版社の人達が半信半疑で聞き耳を立てていたことなど，佐野氏が語っていた。司馬氏の返答は，本の帯では読者が捨ててしまうこともあるので，本文に寄稿というかたちになった。司馬氏は，佐野氏について次のように括っている。「…島のだれもがこの人にあらゆる助言を乞いにくるのだが，かれは白い砂の上に立ちながら，早口の英語で助言したり，叱ったり，からかったりしている。そういう姿が，この稿を書いているあいだじゅう網膜の中でうごきつづけた」（司馬 1978：7）。

10) 筆者がブリスベンに留学をした1980年代後半，グリフィス大学の先生方から日本研究で著名なシッソンズ氏の研究室には，日本にいるよりも多くの戦前の記録がある，と聞いたことがあった。奇しくも，シッソンズ氏が他界（2006年10月17日）されたことを2006年（12月9-13日）に開催されたブルームの日本研究の学会（Japan Relates: Australia, Asia, The World）で知った。学会報告でも筆者を含めてシッソンズ氏の引用があり，何人かの研究者が追悼の意を表していた。

11) 「ブルーム日本人墓地の歴史　このブルーム日本人墓地の歴史は古く，まさに当地真珠業創生の期に遡る。そしてこの西北部の小さな町と日本の親密なかかわりを物語っている。この墓地で最初の埋葬が行われたのは記録によれば1896年である。真珠業に携わった人たちのうち，かなりの人が海に溺れあるいは潜水病のため亡くなっている。大きな石から造られた方火塔には1908年のサイクロンで亡くなった人達の名がはっきりと刻まれている。同じように，そこには1887年と1935年のサイクロンでそれぞれ140名の人達が亡くなったと記されている。1914年には33人が潜水病で亡くなっている。この墓地には707基919名の墓碑があり，その大部分は色のある浜の岩石をもって造られている。1983年9月」

12) 倉橋（1989：85-86）は，シベリアや満州に分布したからゆきさんの研究において，経済的な発生要因として19世紀後半の日本は，アジア，アフリカ，ラテン・アメリカ諸国のなかでも商品経済の進展が目覚ましく，「売春という性の商品化が進んで海外に進

出した」と述べている。
13) この日記に関しては歴史的な信憑性についての疑問も持たれているが，この時期に日本人娼婦が増加していたことはオーストラリアの資料でも記載がある。
14) 19世紀後半から20世紀前半にかけて貧困が原因となって，出身国を離れる「経済移民」のようなケースが多かった。外貨獲得のために，明治政府がからゆきさんを含む外国への出稼ぎを黙認していた事情もある（中岡 1991：201）。
15) 『ハート・オブ・ジャーニー（The Heart of the Journey）』（金森マユ作，2001）という，写真と音によるドキュメンタリーで，ブルームで生まれアボリジニとして育ち，日本人の父がいることを知って，和歌山の父親のところまで旅をする女性（Lucy Dann）の実話を取り上げている。本作は，オーストラリア国連マスコミ平和賞他文化推進コメンデーションと2001年ブルーム・ナイドック和解賞非先住民部門で受賞した。

第 2 章　戦前までのオーストラリアの日本人労働者

村上　雄一

「更に彼らは，雇われている労働者ほぼ全員がアジア人ではあるが，その産業が現在と同じように操業することを許可したとしても，『白豪』政策を弱めたり危険にさらしたりすることにはならないと述べている」

1　はじめに

　オーストラリアにおいて連邦国家創設の理念であった白豪主義政策が終焉し，それに替わる新しい国家統合の理念として提唱された多文化主義政策の導入は，1970年代後半に始まった。そして，白人とそれ以外の移民，つまりアジア系を中心とする有色人移民との多文化共生が声高に唱えられ，推進され始めた。それから30年程のちのハワード（Howard）保守連立長期政権（1996年～2008年）の間に，多文化「共生」から「競生」へと変化したと言われるほど，多文化主義政策は「福祉主義的」なものから「経済主義的」なものへと，根本的な政策転換が行われた。その政策転換の1つとしてハワード政権が積極的に推し進めたのは，高度な技術を持つ移民を優先的に受け入れるという，経済政策としての移民であった（関根 2009）。
　翻ってオーストラリアの歴史を概観すると，オーストラリア全土における白豪主義政策が推進された1901年以降も，北部オーストラリアにおける真珠貝採取産業を支えたのは白人労働者ではなく，日本人を始めとするアジア系労働者であった。ヘンリー・レイノルズ（Reynolds 2003：vii）は，そのような1901年の連邦結成当時のオーストラリアの状況を，主に白人が人口の多数派を形成し

ていた南部東海岸のオーストラリアと，主にアボリジナルやアジア系入植民が人口の多数を占めていた北部オーストラリアとを対比することで，連邦結成時には1つではなく，「2つのオーストラリア」が存在していたと指摘している。

　白人による国家建設を理念に掲げていた初期のオーストラリア連邦政府は，白豪主義による「2つのオーストラリア」統合を推進していくことになる。デイヴィット・ウォーカー（Walker 1999：4）は，この統合推進は，オーストラリア大陸北部や内陸部への白人による入植や開発が遅々として進まなかったことによって，同大陸所有の正当性に対し，白人オーストラリア人が有していた不安の裏返しであったと指摘している。

　このような白豪主義政策による統合推進の結果，北部クイーンズランドを中心とする砂糖黍大農園における有色人労働者数は1900年代に激減していくことになる。一方で，北部オーストラリアの真珠貝採取産業における日本人を中心とするアジア系労働者が一掃されることはなかった。

　そこで本章では，主に19世紀後半から20世紀前半にかけてのオーストラリアにおける日本人，とりわけ契約労働者として渡ってきた人々を中心に概観していく。まず幕末から明治中期に渡豪した日本人労働者が日豪両国にどのような影響を与えたのか，そして，1901年のオーストラリア連邦結成後の「2つのオーストラリア」を統合しようとする動きと日本人の関係について見ていくことにしたい。

2　オーストラリア連邦結成以前

(1)　日本人芸人

　江戸幕府が倒され，元号が明治へと改元される直前の1867年末，労働目的のため渡豪する2つの日本人グループが記録上初めて現れるが，その両方ともが芸人一座であった。一番初めに到着したのは，同年11月14日にスリランカのゲールからメルボルンに渡ってきた一行で，タンナケル・ブヒクロサン（Tannaker Buhicrosan）率いる，「ロイヤル大君一座」（Royal Tycoon Troupe of Japanese）の6名であった。当時30歳前後だった座長のブヒクロサンは，オランダ人医師と日本人女性の間に長崎で生まれた。この一座は開演冒頭，ブヒクロサ

ンが日本の生活や歴史文化などを英語で説明した上で,彼自身も「蝶」の手
品を披露したほか,それ以外のメンバーは曲独楽・綱渡り・軽業等を演じてい
る。同年11月18日のメルボルンでの初演を皮切りに,ジロング,シドニー,
ニューカッスルで上演し,1868年4月から6月はニュージーランドに渡った。
その後,再びオーストラリアに戻り,アデレードでの公演後は,メルボルン,
バララット等,ヴィクトリア植民地内で1868年10月まで巡演を続けている(Sissons 1999:84-86;松山 2010:36)。

　同年12月16日,今度は「グレート・ドラゴン一座」(Lenton and Smith's Great Dragon Troupe of Japanese)の一行が同じくメルボルンに上陸している。興行主はレントン(Thomas Lenton)という英国人で,彼は東アジアをスミス(John W. Smith)と一緒にサーカス団の興業中,日本の芸人一座をオーストラリアで興行させるというアイデアを思いつき,レントンが単独で上海経由で横浜に入った。パークス(Sir Harry Smith Parkes)駐日英国公使の仲介もあり,徳川幕府と交渉を開始,当時,江戸で人気のあった芸人一座を横浜まで呼び寄せ,芸を披露させ,その中から12名のメンバーを選びだした。その内訳は男性8名,女性3名,そして,10歳前後の男の子1名であった。選ばれた芸人たちは雇用条件にも満足しており,日本を離れることに躊躇はなかったが,横浜では幕府の役人が女性の出国に難色を示したり,男性たちが海外で軍事活動等に関わるのではないかと嫌疑をかけられたりするなど,出港するまでいくつかの障害が彼らを待ち受けていた。最終的には「芸人」としてではなく「使用人」として雇用されるという条件で,ようやく一行の出国が認められたが,それは駐日英国公使や米国総領事等からの圧力があったためでもある。彼らがようやく横浜を出港したのは1867年3月18日で,まず上海経由で香港へ行き,そこでの公演を皮切りに,マニラ,バタビヤ(現ジャカルタ),シンガポールなど東南アジア各地を回り,その後,ペナンやカルカッタまで足を伸ばし,同年12月末,メルボルンに到着した。同年12月26日から翌年の1868年1月22日までメルボルンで公演を行った後,バララットやジロング,ベンディゴウなど,ヴィクトリア植民地内を回り,その後,ニューサウスウェールズ植民地のシドニー,タスマニア植民地のホバートやローンセストンを巡演,再び,オーストラリア本土に戻り,ヴィクトリア植民地や南オーストラリア植民地内を回った。1868年10

月，一座はニュージーランドへ渡り，その翌年の5月1日，無事，横浜に戻ってきたことが確認されている（Sissons 1999：75-77；松山 2010：36-37）。

グレート・ドラゴン一座が出した広告によれば，1868年1月13日から18日の間，メルボルンでの公演に約1万人が訪れたとされている（*Argus*, 17 January 1868）。舞台には茶屋が再現されたり，富士山を描いた背景幕が掲げられたりするなど，日本の風景が再現され，その後のオーストラリアにおける日本イメージの先駆け的なものとなった。この一座の見世物には，天井から平行にして吊るされた竹の上で行う軽業や，独楽回しの芸，バランス技などがあったが，中でも一番人気の見世物は日本語で「うかれの蝶」と呼ばれた手品であった。舞台に再現された茶屋も好評であった。その舞台脇には赤いカーペットを敷き，その上に胡坐をかいた男性1人が鼓を，女性2人が「日本のギター」，すなわち，三味線で伴奏を行った。残念ながら，当時の邦楽は西洋音楽に慣れ親しんでいたオーストラリアの人々にはあまり聴き心地の良いものではなかったようで，それを楽しむには「日本人の耳が必要である」と新聞に書かれている。公演の終盤には富士山の幕絵を背景に，男の子が綱渡りを披露している（*Argus*, 20 January 1868）。

この「ロイヤル大君一座」や「グレート・ドラゴン一座」の興行成功を受け，日本人芸人は，時には日本人だけの一座で，またある時にはオーストラリアや外国のサーカス団の一員として，オーストラリア各地を巡業していくことになる。例えば，1871年2月には「薩摩一座」(Satsuma Troupe of Imperial Japanese) がメルボルンで活動を始めたが，ヴィクトリア植民地総督とその家族も観覧に来るほど評判が良かった。ヴィクトリア植民地滞在中，彼らはヤラ・ベンドにあった精神障害者施設を慰問するなど，慈善活動も行っている（*Age*, 9 & 22 February 1871）。その後，クイーンズランド植民地に移動し，ブリスベンやイプスイッチ，ダービーで公演を行っているが，ブリスベン公演には，クイーンズランド植民地総督代理とその妻も訪れている（*Brisbane Courier*, 12 June 1871）。

また，1873年に来豪した一蝶斎一座（Echowski's Troupe）のメンバーに「桜川力之助」という人物がいたが，彼は同一座が1875年に離れたのちもオーストラリアに留まり，同年ヴィクトリア植民地でオーストラリアの女性と結婚して

いる。その後，彼は奇術師・軽業師としてオーストラリア各植民地やニュージーランドで活動して回った。1882年クイーンズランド植民地で帰化し，オーストラリアにおける最初の帰化日本人となった。彼の英語名は「Dicinoski」で，1880年代から90年代にかけて，クイーンズランド植民地の農村地域で移動サーカス団を経営した。この彼の英語名は，クイーンズランド州に残る子孫の苗字として，今でも継承されている（Sissons 1999：74, 88 & 94）[5]。1870年代から80年代にかけて，日本人芸人たちはオーストラリア各地でその技を披露し続けたが，特に1886年から87年にかけてシドニー・メルボルン・ホバート・ブリスベン等で開催された「日本人村」(Japanese Village)[6] は大盛況で，メルボルンでは25週の間に延べにして31万7000人が会場を訪れたと言われている。このように，1890年代に入り真珠貝採取ダイバーのイメージに取って代わられるまで，日本人と言えば「芸人」や「サーカス」というイメージが，多くのオーストラリアの人々の心の中に定着することになった。[7]

(2) 1890年代以前の日本の移民政策

　これまで見てきたように，幕末から明治中期にかけて，日本人芸人は海外でとても人気が高かったわけだが，それでは明治維新後の政府高官たちは，このような海外への移民（出稼ぎ）について，どのように見ていたのであろうか。

　西洋列強に対する日本の開国は，和親条約締結によって形式的には1850年代に始まってはいたが，日本人の海外渡航がようやく認められるようになったのは1866年であった。それは，徳川幕府は日本人の海外渡航完全自由化に対してかなり難色を示していたにも関わらず，英国公使パークス卿が留学生・貿易商・水夫・使用人の出国を認めるよう強硬に迫った結果であった（石井 1966：437）。この取り決め後も，幕府は芸人のような人々の出国を規制しようと試みたが，上述のレントンが日本人「芸人」を「使用人」としてパスポートを得ることに成功したように，そこには抜け穴があった。

　明治維新後，新政府は徳川幕府と西洋列強との間で結ばれた条約を引き継ぐとともに，1869年1月には「海外旅行規則」を発布，海外へ渡航したい者には免（許）状（パスポート）を交付することが定められた。もちろん，この規則は旅行に関するもので，いずれ日本に帰国することが前提となっており，海外

への出稼ぎや移住を奨励するものではなかった（『もしほ草』1870年1月13日）。一般的に，明治政府高官の自国民（当時は天皇の「臣民」）の自由な海外渡航に対する眼差しは，とても冷ややかなものであった。それは，日本人の海外での就労は，日本の国力増進にとって有益であると捉えるのではなく，それどころか，世界における日本の威信を辱めるという認識が強かったからである。

　無論，明治政府は自国民が海外渡航すること自体を奨励しなかったわけではない。しかし，それは，諸外国との貿易を発展させるであろう商人や，国内産業に有益な世界（特に西洋）の最新知識や技術を持ち帰るであろう学生と言うように，あくまでも明治政府が日本の近代化（欧米化）に必要だと考える社会階層に属する人々の海外渡航に対してのみであった。

　明治政府は1878年に「海外旅券規則」を制定，より手続きが簡素化され，海外渡航のためのパスポート取得は義務ではなくなり，希望者に交付する制度に変更された（倉田 1983：31）。しかしながら，1884年頃までに，この制度の欠点が明るみになってきた。先にも述べたが，明治政府高官は労働者階級に属するような人々（特に芸人や職人）は，低い社会階層に属する日本人であり，そのような者が海外で雇用されることは国の体面を汚す不名誉なことで，世界に対する日本の威信を貶めると考えていた。以下は当時の外務卿，井上馨から兵庫県令にあてた通達であるが，そのような認識であったことを如実に示している。

> 近来，我国無知の貧民等，一時糊口に窮迫致候より，些少の利に迷い，欺きに遭い，買収同様の約定を締結して，海外に出稼ぎ候者有……然るに此等の輩は都（すべ）て海外に於て生計に苦み，貧困に陥り，尚は甚きは飢餓に迫り，我国の体面を汚し，正業に従事せしものの恥辱とも可相成者に付……

　他にも領事館や公使館といった在外公館は，このような貧困にあえぐ在留邦人のため，保護や送還に多額の費用を負担しなければならないことがあった。そのため，明治政府は各県令に対し，海外への出稼ぎのためにパスポートを申請する者の動機について調べ，海外で生計を立てることがどれほど大変なことか「厚く説論」すること，そして雇用契約がいかに大事であるかを知らせれば「無知の者」といえども反省し，奴隷のような有様に陥る事を未然に取り締ま

ることができるであろうという通達を出した。さらに上述の通達で井上外務卿は，最近，英国人がロンドンで「日本博覧会」（Japanese Village）なるものを開き，我が国の「賤民」を大衆の見世物にしているが，そのような目的で海外で雇われる場合，政府は許可を出さないとも通達している[12]。

　一方，明治政府は海外への出稼ぎすべてに対して否定的だったわけではない。例えば，ハワイ王国との条約に基づき1885年から始まった官制移民は該当しないと井上外務卿が上述の通達の中でわざわざ述べているように，雇用契約が適切でさえあれば，海外への移民や出稼ぎを否定することはなかった。

　このように，1884年以降，明治政府は芸人や職人といった人々の海外渡航の取締を強化しようと試みたのであるが，その後も外国人雇用主がこのような職種の日本人を海外に連れ出すことを完全には止められなかった。例えば，1887年，上述のオーストラリアでの「日本人村」で働く日本人9名がパスポートを申請した際，兵庫県庁の役人は彼らを説諭し，一度は申請の取り下げに成功したが，その後，興行主であるペンバートン・ウィラード（Pemberton Willard）自身が県庁に姿を現し，パスポート発給拒否の理由について説明するよう，強く求めた事例がある。彼は，自分が雇う予定の日本人は大衆への見世物ではなく，半完成品を持ち込むことで関税を減らし，顧客の目の前で要望に応じて製品を完成させるのが目的であると主張した。結果，政府監修の下，ウィラードと日本人たちの間に雇用契約を結ばせることで，パスポート発給を認めざるを得なかった。ウィラードは総勢38名の日本人を雇い入れたが，その内，パスポートがある日本人6名を横浜で，パスポートがない日本人23名を神戸で雇い入れていることを明治政府は事前に察知することができなかった。さらにウィラードは，日本人の一団を二手に分け，それぞれ別々の港から乗船させることで，官憲の目に留まらないようにしていた（倉田 1983：134）。

(3)　1890年以前のオーストラリアにおける真珠貝採取産業への日本人導入

　1870年代後半から，日本人が北部オーストラリアにラガー船[13]の船員として現れ始めたと言われているが，その正確な時期や人数は不明である。ある日本人の真珠貝ダイバーは，クイーンズランド植民地の北端部，トレス海峡諸島にある木曜島で1874年と書かれた日本人の墓石を見たと証言している（小川 1976：

43-44)。オーストラリアの真珠貝採取産業に従事した最初の日本人は，島根県広瀬町出身の野波小次郎と言われている。彼は，1874年頃，英国商船水夫として横浜から出国し，1878年シドニーで下船，木曜島に渡り真珠貝採取船でダイバーに空気を送るポンプ係となった。やがてダイバーとして頭角を現し，ジャパニーズ・ノナとして知られるようになる（Sissons 1979：9）。1882年には和歌山県出身の中村奇琉が木曜島に来島しダイバーとなり，ノナと同様，卓越した技術で名を上げ，ジャパニーズ・キリスと呼ばれた（和歌山県 1957：635；記念誌編集委員会編 1998：192）。そのため，木曜島，ダーウィン，および，西オーストラリアのブルームの3地域の白人真珠貝採取業者が中心となって，競って日本人ダイバーを求め始めた。

　1883年，英国人ジョン・ミラー（John Miller）が，駐日英国領事を通じて明治政府と交渉し，横浜の潜水業者，増田萬吉配下の千葉県人・鈴木与助以下37名（潜水夫6名，テンダー6名，ポンプ係24名，通訳1名）を木曜島に呼び寄せることに成功した。これが日本からオーストラリアに渡った最初の組織的移民の嚆矢となったわけだが，あくまでも契約労働者としてであり，自由移民ではなかった。ミラーは北部オーストラリアにおける日本人ダイバーたちの働きぶりを見て，この交渉を思い立ったことからも，1883年以前に，複数の日本人が同地域でダイバーとしてすでに働いており，白人雇用主からの評価も高かったことが窺われる。事実，ミラーと一緒に渡豪した日本人の1人は，香港で雇われた15名〜16名の日本人がトレス海峡ですでに真珠貝採取業に従事していたと後に報告している（日本外務省 1884：478）。

　英国領事を通したミラーの要請に対し，神奈川県庁は直ちに中央政府の指示を仰いだ。明治政府は北部オーストラリアでの奴隷制の有無について憂慮を示すとともに，ミラーと日本人労働者の間でしっかりとした雇用契約を結ばせることを神奈川県庁が指導するよう指示し，ミラーと日本人労働者の両者は，日本語と英語で2通の契約書を作成し明治政府に提出，海外渡航の許可を求めた。先述の1878年に制定された規則では，官庁による雇用契約の監督義務はなかったが，国民の権利や海外における保護を確かなものにすると言う名目で行ったのである。このようにして，ミラーは37名の日本人と2年間の雇用契約を結び，明治政府も一般的な契約労働者ではなく，真珠貝採取産業に必要とさ

れる技能を持った移民として渡航許可を出した。さらに明治政府は，横浜の英国領事代理がこの契約が適切に履行されることを保証したこともあり，それを信用することにした（日本外務省 1883：440-449）。この事例からも明治政府は，雇用契約が合理的で国の威信に傷がつかないのであれば，契約労働者として国民を海外に送り出すことに反対ではなかったことがわかる。

1884年に北部オーストラリアの真珠貝採取産業で雇用された69名の日本人のうち30名が和歌山県からであったが，これが同県から海外へ職を求めて出国した最初の集団海外渡航となった。また，西オーストラリア植民地のブルームには，1885年に6名の日本人が契約労働者として渡ったのが最初である。1891年末の木曜島における日本人の人口は200人にも満たなかったが，先述の中村が和歌山県から後続者を呼び寄せたり，1890年，木曜島の日本人10名が共同購入したメルボルン・カップの馬券が大当たりし2万2500ポンドもの賞金を手にしたり，またそのような幸運がなくても，真珠貝ダイバーの多くが十分な金銭的蓄えと共に故郷に富をもたらしたため，同郷の人々，その中でも特に和歌山県の人々に大きな影響を与え，オーストラリアにおける日本人ダイバーの多くは同県の新宮から周参見間のわずか80kmの海岸沿いからの出身者で占められていくことになる（日本外務省 1884：475-480；Sissons 1979：9；Sissons 2001：522；和歌山県 1957：190）。

木曜島の日本人から在メルボルンのマークス（Alexander Marks）名誉領事や[16]日本政府に，時に不平や不満が伝えられることはあったものの（日本外務省 1884：478），1880年代後半にかけて，北部オーストラリアの真珠貝採取業に従事する日本人の数は徐々に増え続けた。しかし，この増加は明治政府の意図するところではなく，1886年2月にはマークス名誉領事に邦人の保護，並びに，雇用契約が終了した者は速やかに帰国することを促すよう，指示を出している。同年3月には，井上外務大臣名で国内の各府知事，開港地の県令，そして北海道庁長官に対して，北部オーストラリアへ出稼ぎしようとする者には，彼の地での生活困難な状況を伝え，それでもなお渡航を希望する者には雇用契約書案を提出させ外務省に問い合わせるよう，通達を出している（日本外務省 1886：511-512）。このように，明治政府は北部オーストラリアへの出稼ぎを抑制しようとしていたにも関わらず，同地域での日本人ダイバーや船員の需要

は，1880年代後半以降も増え続け，渡豪者が増加していく。

1880年代後半，『ノーザンテリトリータイムズ』(*Northern Territory Times*) 等，新聞や雑誌を通じて，真珠貝採取産業への日本人導入が折に触れ報道されてはいたが，それに対し批判的なコメントがなされることはなかった。1891年当時，461名の日本人がオーストラリアに在留していたとされるが (Vamplew ed. 1987：13)，その多くは真珠貝採取産業で働いていた日本人であったと思われる。

(4) 1890年代北部クイーンズランド植民地における日本人契約労働者

1885年に1890年以降のメラネシア系労働者導入を禁止する法律を制定させたクイーンズランド植民地首相のサミュエル・グリフィス (Samuel Griffith) は，砂糖産業の不況を理由に，彼自身が導入したこの政策を1892年に180度転換，その禁止令を解いた。このグリフィス政権によるメラネシア系労働者導入禁止の政策が，クイーンズランドの砂糖黍大農園所有者たちに，メラネシア系労働者よりも更に農業に精通した日本人労働者の導入を促す契機になった。そして1893年のクイーンズランド植民地議会選挙では，マックイルレイス卿 (Sir Thomas McIlwraith) 前植民地首相が率いる保守政権が返り咲いたことで，更に資本家階級寄りの政策を打ち出していくことになり，砂糖黍大農園所有者たちに日本人を含む有色人労働者の導入を一層促す結果となった (村上 2003)。

1892年には当時大手海運会社であったバーンズ・フィリップ社が[17]，吉佐移民会社を通じて[18]，50人の日本人契約労働者をクイーンズランドの砂糖黍大農園に初めて導入した。この日本人契約労働者の一団はクイーンズランド植民地北部ハーバート (Herbert) 川に到着し，その内25名がケアンズ近郊のマクネイド (Macknade) 農園へ，残りはリップル・クリーク (Ripple Creek) 農園へ向かったと報じられた。その報道記事には，以下に引用するように，日本人労働者の契約内容は他の有色人のものより厳格であるばかりでなく，いくつかの点において，白人労働者の労働条件よりも良いとまで述べられていた。

> 彼らの住宅はほとんどの大農園で白人労働者に提供されているものより優れており，鉄製の屋根に覆われた硬木で作られ，地面から2フィートの高さに床があり，その他

に日本政府が要求した必需品の中には，彼らに湯風呂を提供するというものがある。
(*Sugar Journal and Tropical Cultivator*, 15 December 1892)

　また，その記事では，日本人労働者はメラネシア人よりも人件費がかかり，彼らが稼ぐ収入のほとんどがクイーンズランド植民地から出て行ってしまうことは良くないとも報じられたが，その一方で，日本人が優良な労働者かどうかを明らかにするためにも，彼らを観察するために1ヵ月の試行期間を与えてはどうかと提案している。

　翌1893年にはさらに530名近い日本人が北部クイーンズランド地域に到来し，年を追って増加していった。1893年，木曜島在島の日本人は約500名となり，その内，日本人倶楽部の会員は150名ほどになっていた。同植民地内で最も日本人が多かった1898年には，木曜島には1865人，砂糖黍耕作地域に1416人を数えた。この日本人労働者の増加に対応するために，1896年2月，ブリスベンから北へ1300キロほど離れたタウンズヴィルに，日本人外交官が駐在する機関としてはオーストラリアで最初の領事館が開設されている（Armstrong 1974：4；Queensland 1893：136；内閣統計局 1898；Meaney 1999：57）。

　このように北部クイーンズランドにおいて日本人労働者が2000人を超え始めた1890年代中ごろから，北部オーストラリアを管轄する各植民地では様々な規制を課し始める。1895年，南オーストラリア植民地政府は，アジア人への真珠貝採取許可証の発行を停止した。1896年クイーンズランド植民地政府は，木曜島における真珠貝採取産業の実態を調査すべくハミルトン委員会（Hamilton Royal Commission）を設置した。この委員会が後に，木曜島の日本人が1000人を超え，231艘の真珠貝採取船の内，22艘が日本人所有，46艘が日本人に賃借されていると報告した結果，1898年12月には『真珠貝及び海鼠漁業法』（*The Pearl-Shell and Bêche-de-mer Fishery Act*）を設け，外国人が真珠貝採取船を借りたり，真珠貝採取許可証を得たりすることを禁止した（Sissons 1979：15）。

　1890年代後半になると，オーストラリアの諸植民地政府は，北部における日本人人口の増加や1894年に締結された『日英通商航海条約』によって，日本人移民がオーストラリアにも自由に渡ってくることができるようになるのではないかと懸念を持ち始め，日本人移民を含む，有色人移民を制限する方向で動き

だした。1896年に開催された植民地間会議の結果，1897年から98年にかけて，ニューサウスウェールズ，タスマニア，および，西オーストラリアの各植民地は，制限的な移民法を導入した。一方，北部地域開発をアジア系労働者に頼っていたクイーンズランド植民地は，同植民地が必要と認めれば日本人移民の流入を制限できるという条件を附す形で，1894年の『日英通商航海条約』を批准した（村上 1996：110-111）。

3 白豪主義と日本人契約労働者

(1) 1901年以降の真珠貝採取産業と日本人契約労働者

1901年，オーストラリア連邦議会が全ての有色人移民に門戸を閉ざす『移民制限法』(*Immigration Restriction Act*) を通過させたことにより，有色人移民は，事実上，オーストラリアへの入国が制限されることになり，白豪主義による連邦国家建設の理念が明確に示された。その時，3554名の日本人（男性3143名，女性411名）[22] がオーストラリア国内にいた。そのうち88％の日本人がクイーンズランド州と西オーストラリア州におり，202名がノーザンテリトリーにいたが，その数は，ニューサウスウェールズ州やヴィクトリア州にいる日本人よりも多かった。その後，半世紀にわたり，オーストラリアに入国することが許可された日本人は，真珠貝採取産業で働く契約船員やダイバー，そして，短期の入国許可を得た商人や観光客，そして，学生だけであった（Sissons 2001：522）。

1902年以降，オーストラリアの真珠貝採取業者は，相当な額の保証金を預けることで，オーストラリア全土で4000名程度の有色人労働者の雇用が認められたが，有色人労働者が逃亡することがあれば，その保証金は没収されることになっていた。木曜島での成功に続いて，1908年，ブルームにおける真珠貝採取産業に従事する外国人の中で日本人が最大の集団になった。同産業の最盛期となった1913年には，日本人契約労働者1166名がブルームに，574名が木曜島に存在していた。(Sissons 2001：522)

このように白豪主義政策が導入された後も，日本人ダイバーは北部オーストラリアで活躍を続けた。例えば，木曜島では，1919年〜20年にはダイバー許可

第1部　白豪主義そして多文化主義を生きる

書の90％が日本人によって所持されており，1938年〜39年には日本人の同所持率は94.3％であった。日本人ダイバーは，必ずしも漁師や潜水夫経験者だったとは限らず，真珠貝採取に必要とされる特別な経験や技術を予め持って渡ってきたわけではなかった。死の危険と隣り合わせの仕事であり，勇気が必要とされた。1911年，木曜島においてダイビング許可書を所持していた日本人172名のうち，19名（11％）が潜水病，もしくは，潜水中の事故で亡くなった。数少ないヨーロッパ系ダイバーでも同じような統計結果となっていたことからも，日本人が特別な潜水能力を持っていたわけではなかった（Sissons 2001：522）。それでも日本人をこのような危険な仕事に駆り立てたのは，江戸時代の間，身分制度に縛られていた人々が職業選択や海外渡航を含む移動の自由を手に入れた結果，明治以降急速に高まった「立身出世」や「故郷に錦を飾る」といった気風の高まりが主な要因であったと筆者は考えている。通常漁期は4ヵ月間で，その間，主に狭苦しい船の上で過ごし，夜明けから日没まで何度も潜水する仕事ではあったが，それに耐えて得られるダイバーの報酬は，当時の日本人を魅了するのに十分であった（Sissons 2001：522）。それに加えて，貝の水揚げ高に対する日本人ダイバー間（特に異なる出身地域間）の強い対抗意識も，彼らが成功した大きな要因の1つとなったと筆者は考えている。

(2)　白豪主義と砂糖産業

『移民制限法』が制定された1901年には，『太平洋諸島労働者法』（*Pacific Island Labourers' Act*）も制定され，1904年4月からの太平洋諸島労働者の雇用が禁止された。1903年には『砂糖産業助成法』（*Sugar Bounty Act*）が制定され，白人のみ雇用する砂糖黍栽培者に対し，1トン当たり2ポンドの助成金を支給することが決定された。さらに，1906年には『太平洋諸島労働者法』が改正され，クイーンズランド州に1879年以前に来た者，または，20年以上オーストラリアに滞在している者以外，すべてのメラネシア人を強制的に送還することが定められた。その結果，1906年当時のクイーンズランド州に約5000人程度いたとされるメラネシア人のうち，総計3642人が送還されている（関根 1989：194-196；CBCS 1940：903；シソンズ 1974：31）。

このような様々な施策の結果，連邦内の砂糖黍農場における有色人労働者数

は1905年の8952人から1912年には1383人と激減する一方，同時期の白人労働者数は2万人台から多いときには4万人以上に増えることもあった。同様に有色人労働者による連邦内の砂糖黍生産高は最盛期の1904年～1905年には，10万7000トン余りだったものが，1912年～13年には7000トンを切り，白人労働者による同生産高は1905年～1906年には6万8000トン余りだったものが，翌1906年～1907年には14万9000トンと2倍以上増加，その後1912年～13年まで，13万トン台から多い年度には21万トン近い生産高をあげるようになった（CBCS, 1914：340）。

移民制限法が施行されて10年後，1911年に行われた国勢調査では，オーストラリアにおける日本人（男性3181人，女性208人）の職業について，興味深い結果が見て取れる。日本人男性のうち，最大を占めた集団が，真珠貝採取産業で働く者たち（1824人）であった。次に大きな日本人集団は，クイーンズランド州の砂糖産業に雇われていた357名の日本人であった。彼らは，砂糖黍大農園や製糖所で働くために移民会社によって1892年から1902年までの間に，3年契約で渡豪してきた2651名のうち，その後も豪州に留まっていた者たちであった。そのうち，熊本県出身者が35％，和歌山県出身者が18％，そして，広島県出身が10％を占めていた。自営農はたったの16名しかいなかったが，それは，クイーンズランド州の法律では，外国籍の有色人が5エーカー（2ヘクタール）以上の農地を所有したり，借りたりするには，書き取りテストに合格する必要があったためである。残りの341名は，砂糖黍大農園，または，製糖所で働いていたが，その後，州政府による補助金政策によって，有色人労働者は砂糖黍の刈り取りからは完全に排除され，さらに45エーカー（18ヘクタール）以上の大農園での雇用が禁止されることになり，日本人労働者は砂糖産業から追い出されていった（シソンズ 1974：31；Sissons 2001：522）。

1911年当時，残りの日本人男性の多くは，サービス業に従事していた。248名が資本が少なくても開業でき，英語もあまり必要ではなかった洗濯屋を，170名がホテル従業員を，そして，99名が使用人として働いていた。日本人を使用人として雇っていた著名人としては，西オーストラリア州首相リーク（George Leake），BHP社社長ウィルソン（W. R. Wilson），ナショナル銀行頭取グレイ－スミス（F. Grey-Smith），ヴィクトリア州鉄道局長官グリーン（W. H. Greene），クイーンズランド州高等裁判所判事シャンド（Mr Justice Shand），そ

第1部　白豪主義そして多文化主義を生きる

して，ソプラノ歌手のメルバ（Nellie Melba）がいた（Sissons 2001：522）。

4　白豪主義「実体化」の試み

　これまで述べてきたように，オーストラリア連邦結成以後，白人国家建設の理念を達成すべく，多くの有色人労働者が砂糖黍大農園から追われていった。一方，木曜島やダーウィン，そしてブルームを中心とする真珠貝採取産業では，日本人を中心とするアジア系有色人は契約労働者として雇われ続けたのであるが，そのような白豪主義の理念に反するような事態に対し連邦議会や政府からは，当然，白豪主義を実体化させようと様々な圧力がかかることになる。

　1905年，白豪主義を党綱領とする労働党に所属する西オーストラリア州選出のピアス（George Foster Pearce）上院議員は，真珠貝採取産業への有色人労働者導入を停止するよう動議を起こしている。一方，同州から選出されていた自由貿易派のスミス（Miles Staniforth Cater Smith）上院議員は，白豪主義には賛成だが，白人労働者に見合う賃金が払えない以上，真珠貝採取産業はそのままにしておくべきだと主張し，さもないと，同産業の拠点がオランダ領ニューギニアのアルー諸島へ移ってしまうという危惧を表明した。その結果，上院ではアジア系労働者の総数を現状維持とし，雇用許可制にすること，および，白人労働者が有色人労働者にとって替わることができるように補助金を与えることを連邦政府に要求することが可決された。しかし，連邦政府は，雇用許可制は採用したが，補助金の導入は行わなかった（Commonwealth of Australia, 1905：4459；Baily, 2001：116）[23)][24)]。

　その後，この問題に関して連邦レベルで大きな動きはなかったが[25)]，1910年に第二次フィッシャー（Andrew Fisher）労働党政権が発足すると[26)]，白豪主義の更なる実質化へ向けて連邦政府は動きだす。1911年1月にバチェラー（Egerton Lee Batchelor）外務大臣は，1913年1月1日以降，白人ダイバーと白人テンダーが乗船する真珠貝採取船のみ，有色人契約労働者の雇用を許可すると通達を出した。しかし，この急な通達に対し準備が間に合わなかったこともあり，真珠貝業者協会が白人労働者導入に向け努力することを条件として[27)]，先の通達適用が12ヵ月，すなわち，1913年12月31日まで延期されることになった

42

(Baily, 2001：129-132；CBCS, 1911：471)[28]。

　白豪主義政策推進の一環として，労働党政権が真珠貝採取産業に対し規制を強化しようとする動きに対し，西オーストラリア州ブルームの真珠貝採取業者のうち4業者が，英国海軍でダイバーとしての経験がある白人9名，および，テンダー3名，合計12名を英国から招聘した。1912年1月末までに8名のダイバーと3名のテンダーが，残りのダイバー1名は同年3月までに到着した（Baily, 2001：7 & 138）。

　1912年当時，真珠貝取引価格が高騰しており，その結果，日本人ダイバー雇用費用も増大傾向にあったことから，オーストラリア連邦政府は「（白人ダイバーへの）転換期において起こりうる実際上の困難は克服されると思われる」(CBCS, 1912：464) と，かなり楽観的な見通しを示していた。

　1912年4月，連邦政府内に真珠貝採取産業について調査するバンフォード委員会が設立されると，同委員会のメンバーはすぐに北部クイーンズランド，木曜島，およびダーウィンを視察した。しかし，1913年9月，オーストラリア外務省は，同委員会の報告が出ていないことを理由に，有色人ダイバーおよびテンダーの雇用停止を1916年まで延期すると発表，その翌月になって同委員会はようやく中間報告を公表した。その中で，スコットランドや南ヨーロッパ（主にギリシャ），および，クイーンズランド州の少年院から白人労働者を導入すれば，5年以内に真珠貝採取産業から有色人労働者を駆逐できるという意見を掲載するなど，この段階でも同産業における白人労働者の導入は容易に進められると考えられていた（Bailey, 2001；285-287；BRC, 1913；xv）。

　しかし，ブルームに導入された白人ダイバーおよびテンダーは，期待された成果，すなわち，白人でも有色人に劣らず北部オーストラリアの厳しい環境に適応しながら真珠貝を採取することで，有色人労働者を必要とはしないことを証明できなかった。それどころか，1912年から1913年にかけて，9名の白人ダイバー全員が潜水病に罹り，その内3名が亡くなり，残りの6名も全員ブルームを離れてしまったのである。3名の白人テンダーのうち1名は，貝開け職人として同産業に引き続き従事したが，残りの2名もブルームを去ってしまっている（Baily 2001）。

　1914年8月に第一次世界大戦が勃発，オーストラリアも大英帝国の一員とし

て参戦したことで、さらに事態が急変した。中間報告が公表されてから2年以上経った1916年4月、ようやくバンフォード委員会がブルームでの現地調査を行った。滞在期間はわずか9日間ほどであったが、その間に7箇所視察し、50名から証言を得ることができた。その5ヵ月後の9月、同委員会が最終報告書を公表したが、それは中間報告で述べられていた内容とは全く異なるものであった。

　最終報告書では、第一次世界大戦勃発のため、連邦政府は真珠貝採取産業における有色人労働者導入許可を1918年6月30日まで延期すると表明したこと、並びに、戦争が同産業に与えた影響は深刻であることが指摘されている。例えば、ブルームの人口は、開戦後、ヨーロッパ系が約200人減少し約500人、アジア系が約2200人、合計2700人であった（BRC, 1916：3-4）。

　ブルームでの現地調査よって、バンフォード委員会は、白人ダイバーのダイビング技術そのものは他の人種と同様であると述べる一方、有色人ダイバーが有しているとされる、海底で真珠貝を探し出す能力を白人ダイバーは有していないため、同じようには真珠貝採取ができないと結論づけた。また、白人ダイバー試験導入が失敗した別の要因として、真珠貝が多く残っているのではないかと期待されていた漁場に白人ダイバーを投入したが、実際にはその漁場にあまり真珠貝がなかったことを挙げている。その結果、白人ダイバーが必要でなくなったので、契約期間終了前にも関わらず、雇用者と白人ダイバー双方の合意に基づき、契約が破棄された点も紹介している。この最終報告書にはダイバーの「異常な死亡率」[29]も指摘されているが、この時点ですでに白人ダイバー3名が亡くなっていた点について、特に言及していない（BRC, 1916：4）。

　結論としてバンフォード委員会は、①生活環境はヨーロッパ系労働者には望ましいものではなく、異常な死亡率からも明らかなように危険度が高い、②仕事は骨が折れ、労働時間が長く、報酬も全く十分ではない、③採取船の居住空間は狭苦しく、食事はすべて保存食で、ヨーロッパ系労働者の生活権とは両立しがたい、④社会的な生活は不可能であり、娯楽は問題外である、という理由から、貝採取のための潜水業は、オーストラリア人が従事するように推奨すべき職業ではないと結論付けた（BRC, 1916：6）。

　このように、労働条件や生活環境の過酷さから、白人労働者が真珠貝採取産

業で働くのは不適切と結論付け、白人労働者によって有色人労働者を真珠貝採取産業から駆逐することを、事実上、バンフォード委員会は断念した。この最終報告を受け、1916年11月、マホン（Hugh Mahon）外務大臣は、真珠貝採取産業に対する、有色人労働者雇用の停止措置方針を撤回したのであった（Baily, 2001：291）。

　第一次世界大戦後、真珠貝採取産業に白人労働者を導入する動きは鎮静化することになる。その原因としては、まず、第一次世界大戦後、真珠貝の主な輸出先であったヨーロッパ市場が凋落し、その後も戦前のようには復活しなかったことが挙げられる（Baily, 2001：292）。また、バンフォード委員会が指摘したように、ダイバーの死亡率が非常に高いことをはじめ、真珠貝採取産業が栄えた木曜島やブルームは僻地にあったため、医療体制に対する不安があったことや、社会的な生活を送るうえで娯楽施設等が少なかった点によって、多くの白人労働者が忌避したことが挙げられる。

　さらには漁業、特に「マスター・パーラー」（Master Pearler）と呼ばれていた真珠貝採取産業の白人雇用主に対する嫌悪や蔑視もあった。例えば、先述の労働党ピアス上院議員は1905年の議会で、「一握りの裕福な者たちが豊かな収益を得ているが、この国自体の利益に関して言えば、（中略）、真珠貝採取産業は全くもって役に立っていない」と述べ、低賃金で有色人労働者を雇うことで膨大な利益を享受していると見なされていた白人雇用主達に対し、激しい嫌悪感を表明している（CA 1905：4459）。

　バンフォード委員会の最終報告書においても、砂糖産業と真珠貝採取産業を同列に扱うべきではないと述べている。すなわち、同報告書では、現状の真珠貝採取産業を混乱させるべきでないとする一方、オーストラリア人労働者を同産業に従事させるように仕向けるべきではないため、連邦政府が同産業振興のためにいかなる助成もすべきではないと結論付けている。そのため、砂糖産業に対しみられたような、公的資金による援助にも結びつかなかったのである（BRC, 1916：7）。

　その結果、クイーンズランド州の砂糖産業における日本人労働者の数は回復することもなく減少の一途をたどった。一方、真珠貝採取産業で働く日本人労働者の数は、景気に左右されるときもあったが、その後も一定数を保ち続け、

1941年の太平洋戦争開戦時にも約520名の日本人が北部オーストラリアで働いていたのであった（Sissons 2001：523）。

5 おわりに

　1860年代後半の幕末から1880年代にかけて，江戸幕府や明治政府は，芸人や職人といった，役人目線から「賤民」とみなした日本人の海外渡航を規制しようとしてきたが，そのような階層の日本人こそが，オーストラリア社会からは移民制限にはつながらない「無害な人々」という初期の日本人イメージの創造に一役買ったのである。同時期には，北部オーストラリアにおける真珠貝採取産業に日本人契約労働者の導入も始まるが，まだ規模も小さく，人口が集中しているオーストラリア南東部から遠かったこともあり，オーストラリアの白人系住民から警鐘を鳴らされることもなかった。

　1890年代に入り，北部の真珠貝採取産業で働く日本人の増加が続く一方，クイーンズランド植民地では砂糖黍大農園で働く日本人が増え始めた。そして，『日英通商航海条約』の締結によって，日本人が流入してくるかもしれないことを恐れたいくつかの植民地は，有色人移民に対して制限的な移民制限法を制定した。一方，北部クイーンズランド地域の産業にとって日本人労働者が欠かせない存在となってきていたクイーンズランド植民地政府は，日本との条約を締結する一方で，日本人を含む外国籍の有色人には様々な規制を設け，真珠貝採取産業への影響力を極力抑えつけようと試みたのであった。

　1901年以降のオーストラリア連邦結成後に導入された白豪主義政策によって，まず砂糖産業に従事する有色人労働者が，連邦政府からの補助金によって，白人労働者に取って代わられていき，「2つのオーストラリア」統合がすぐ目前まで迫って来ているかのように見えた。しかし，白人ダイバーの導入失敗や，連邦政府の補助金政策が採用されなかったこともあり，真珠貝採取産業で働く日本人を含む有色人契約労働者は，その後も北部オーストラリアを中心に，一定数が残り続けることになった。

　白豪主義政策下の真珠貝採取産業における白人ダイバーの導入の試みは，広義の意味で，アジア系を中心とする有色人労働者との「競生」の先駆け的なも

のだったと言えるかもしれない。しかし，その試みが失敗したことによって，白人による国家建設を理念とするオーストラリア連邦は，有色人労働者との「共生」を余儀なくされた。無論，ここでの「競生」や「共生」は，現代オーストラリアにおけるような人種平等という大前提が無かったという点において，始めから白人優位のものであった。

その結果，白豪主義による「2つのオーストラリア」の統合は不完全なまま，1941年の太平洋戦争を迎えることになる。この戦争中，オーストラリア国内に滞在または居住していた日本人が強制収容所に送られた。戦後，一部の例外を除き，収容されていたほぼすべての日本人が強制送還された（永田 2002）ことで，木曜島やブルームを含む，北部オーストラリアにおけるより完全な白豪主義が達成された。しかし，冒頭でも述べたように，その後のオーストラリアは白豪主義の終焉から福祉主義的多文化主義，さらには経済主義的多文化主義へと進み，今でも多数を占めるヨーロッパ系オーストラリア人が，アジア系を含む高度技術移民と「競生」していくことになるのである。

1） バンフォード委員会（Bamford Royal Commission, BRCと略記）を指す。詳しくは本章参照。
2） Commonwealth Bureau of Census and Statistics（CBCSと略記）（1916：403）。
3） 「蝶」の手品とは，紙でできた蝶を，扇を用いて，あたかも生きて飛んでいるかのように見せる芸で，開国前後の日本手品を代表するものであったと言われている（松山 2010：10-24）。
4） この内，男性1名が現インドネシアのジャワ島で病死している。一方，1868年7月23日，メルボルンからアデレードへの移動中の船内で，日本人一座の座長の娘で，芸人の妻でもあった女性が子供を出産している（Sissons 1999：76）。
5） シソンズ氏は，以前，桜川力之助の来豪を「1871年ごろ」と推測しており，そのため彼は薩摩一座の一員として来豪した可能性が高いとされていたが，本章でも述べたように，1999年に出された同氏の論文の中では，1873年に一蝶斎一座の一員として来豪したことが確認されている。
6） このオーストラリアにおける「日本人村」について詳しくは，村上（2001）を参照。
7） その他，現在確認されている日本人一座には，「Matz Noski's Troupe」（1870-73），「Godayou's Troupe」（1891-1900）がある。また桜川力之助のように，日本には戻らず，オーストラリアに残った日本人芸人が他にもいたようである（Sissons 1999）。
8） 現在の外務省ホームページでは，「1878年（明治11年）に定められた『海外旅券規則』には，旅券携帯免除の正式な決まりはありませんでした。しかし，明治時代後期になる

第 1 部　白豪主義そして多文化主義を生きる

　　と，日本から中国へ渡航する者が非常に増加し，旅券発給事務が追いつかなかったことから，中国渡航に際しては旅券を携帯しない例が多くみられました」(外務省)と説明されているが，本章でも述べるように，オーストラリアに渡った日本人の中にもパスポートなしで出国する者もいたことが分かっている。
9) 　1885年（明治18）12月の官制改革以前の外務省長官。外務大臣の旧称。
10) 　1871年 8 月（明治 4 年 7 月）の廃藩置県以降，府には「知事」，県には「令」が置かれたが，1886年（明治19年） 7 月の地方官官制によって，「知事」に統一されている。
11) 　「親展第79号　明治17年10月31日　外務卿井上馨ヨリ兵庫県令森岡昌純宛」『日豪関係文書　1868-1945』（日本外務省外交史料館，オーストラリア国立図書館蔵マイクロフィルム G16163 file no. 3. 8. 4. 7）。なお読みやすいように，カタカナはひらがなに替え，読点，及び，よみ仮名を筆者が附した。
12) 　ロンドンにおける「日本博覧会」について詳しくは，倉田（1983）を参照。
13) 　「ラグスル」(lugsail) と呼ばれる帆を持つ小型帆船で， 2 本マストか 3 本マストの漁船。
14) 　『オーストラリアの日本人』では，中村の名前は「奇流」と表記されているが『和歌山県移民史』では「奇琉」と書かれており，こちらの方が正しいようである。
15) 　「テンダー」とは，水中に潜るダイバーのために，送風ポンプや命綱の操作を担当する者。
16) 　オーストラリアにおける初の日本名誉領事（在任期間1879-1902）。詳しくは，「マークス」村上（2010：293）を参照。
17) 　英語名は「Burns, Philp & Co, Limited.」であるが，本章では「バーンズ・フィリップ社」と記す。
18) 　1891年12月に設立された，日本で最初の移民事業会社。
19) 　倶楽部の主な役割は曜日によって決められており，日曜日は手紙の代筆，月曜日は送金手続き代行，火曜日は労働契約取り決め，水曜日は通訳，木曜日は日本への郵便発送というものであった（記念誌編集委員会編　1998：192）。
20) 　タウンズヴィル領事館は，ブリスベン領事館開設に伴い，1908年閉館となっている。
21) 　クイーンズランド植民地におけるアジア人に対する差別的な立法として，1897年に制定された『アボリジナル保護及び阿片販売制限法』(*The Aboriginals Protection and Restriction of the Sale of Opium Act*) が1899年に改正され，アジア人によるアボリジナル雇用が禁止されたと説明されていることが多い。それはヤーウッド（Yarwood 1967：18）の著作に基づいているようであるが，そのような改正案が議会で議論された事実はあるが，その可決・成立までには至らなかった。なぜなら，法案に対する最終的な裁可の可否を判断する英国政府は，大英帝国内における様々な人種を考慮し，人種に基づいて差別的な規制をするような法律には裁可を与えなかったからである。1901年に同法の改正が再び議論された際，今度は「人種」ではなく，「中国人」に限定することで，アボリジナル雇用禁止を明文化し，翌年から施行された（Ganter 2006：77-78）。また西オーストラリアでは1884年に『移入労働者登録法』(*Imported Labourers' Registry Act*) を改正，契約労働者の待遇改善を図る一方で，外国人の真珠貝採取許可証取得を禁止している。

22) クイーンズランド植民地警察によれば，1897年当時，116名の日本人女性が同植民地内におり，日本人領事の妻を除いて，全員が娼婦であると報告している（Queensland State Archives）。1901年，在シドニー日本領事は，西オーストラリア州のアルバニー（Albany），ジェラルドン（Geraldton），キュー（Cue），カルグーリー（Kalgoorlie）の地域に滞在している59名の日本人女性のうち，58名が娼婦であると報告している。10年後の1911年，208名の日本人女性がオーストラリアに居たが，このような女性たちの多くは「唐行きさん」や「娘子軍」と呼ばれた娼婦であったようで，多くは熊本県と長崎県の出身であった。明治以降，シベリアから喜望峰まで広がる売春宿のネットワークに日本人女性たちが送り込まれており，早くも1887年にはメルボルンに2名，木曜島に4名の日本人娼婦が存在すると，当時の在メルボルン名誉領事マークスは明治政府に報告している（Sissons 1977a；Sissons 1977b；Sissons 2001）。
23) 以下 CA と略記する。
24) 真珠貝採取産業に白人労働者が従事する際，砂糖産業のように補助金が支給されなかった理由の一つに，有色人ダイバーによって水揚げされた真珠貝が，海上で白人ダイバーが乗船する採取船に移し替えられると，白人労働者の就業実態がないまま，補助金を不正に受給できてしまうという危惧もあったようである（BRC 1913；xii）。
25) 州レベルでは，1908年クイーンズランド州が真珠貝採取および海鼠産業に関するマカイ委員会（Mackay Royal Commission, MRC と略記）を立ち上げている。そこでは，白人ダイバー養成の学校を設立することで，5年以内に，有色人ダイバーを駆逐することが可能であると提言されている。一方，ダイバー以外の船員については，引き続き有色人契約労働者の雇用を維持するようにも提言している（MRC, 1908：LXXVI）。
26) 第一次フィッシャー労働党内閣は1908年11月から1909年6月まで，第二次は1910年4月から1913年6月まで存続した。
27) ブルームでは1902年に10月，西オーストラリア真珠採取業者協会（The West Australian Pearlers' Association）が設立されている。初代会長はシドニー・ピゴット（Sydney Pigott）で，当時224艘あった真珠貝採取船のうち176艘を所有する船主45名が参加した（Shire of Broome 2012：11）。
28) 後に1914年12月末日まで再延長されている（CBCS 1913：vii）。
29) 例えば，木曜島において1906-11年の間に1,031名のダイバーのうち，事故や病気等で亡くなった者は131名にのぼり，死亡率は約13％であった（MRC 1913：97-98）。

第3章　村上安吉が生きた時代
―― 戦前・戦中期の集合的記憶をひも解く ――

金森　マユ

1　はじめに

　写真は撮影されたその時代を語り，アナログ時代の人物写真は個々の写真に写っているその人間の過ぎ去った存在の証明だとも言える。写真家にはそれらを記録として後世の記憶に残す機会が与えられる。そして後世に残された写真はその写真家の活動した社会環境やその後の歴史保存のプロセスとシステムとが複雑に絡み合い，人々の集合的記憶として存在しつづける可能性が与えられる。

　19世紀末から太平洋戦争が始まるまでオーストラリアで写真を撮り続けた写真家，村上安吉は，戦争が始まると共に，敵国民として抑留され，収容所で亡くなった。連行されたときに軍部に預けたと記される村上の自宅兼写真館にあった家具や生活品の一覧表がオーストラリア国立公文書館にある。一覧表には様々な日用品が細かく記録されているなか，村上が撮影した写真やネガのことについては何も記されていない。戦争とともに村上が生涯撮り続けた写真の所在は不明となっていた。

　オーストラリアにおける日本人・日系人史は明治時代から続いているにも関わらず，戦争が及ぼした暴力の結果，現在のオーストラリアでは太平洋戦争前のオーストラリアで生きた日本人や日系人の記憶は一般の人々の集合的記憶として残っていない。多くの現代のオーストラリア人やオーストラリアに住む日

本人にとってオーストラリアの日系史の記憶は戦時中日本軍のダーウィンの空爆から始まっているように思える。まるで戦前のオーストラリアの日系史が記憶から喪失しているかのようである。

歴史に残る写真というものが，国家の集合的記憶に焼き付いた記憶の一部だとすると，抑留されたがために消えてしまった村上の写真はオーストラリアに戦前の日本人や日系人が存在していたことの記憶の喪失のメタファーとして捉えられる。

舞台作品 Yasukichi Murakami – Through a Distant Lens を創るために，筆者は村上の生涯を調査し，彼の写真を探す機会を得た。この論考はオーストラリアにおける日系史，写真史およびその記憶との関係について触れながら，村上安吉と関連する写真の調査結果を報告する。

2　村上安吉と西岡エキ

村上安吉は和歌山県の漁村，田並村（現在串本町田並）の網元の次男として1880年に生まれた。16歳で西オーストラリアへと渡り，金鉱山採掘や天然真珠貝産業で栄えていたコセキ（現在，コサック）の荷馬者屋のもとで水運びの仕事に付いた後，岡山県出身の実業家西岡高蔵経営の雑貨店『Nishioka Emporium』に就職した。[2]

1900年頃，コセキの真珠や金鉱業が低下し，そこで生計を立てていた多くの日本人労働者が，真珠業がまだ始まったばかりのブルームに移動した。西岡と長崎県出身の西岡の妻，西岡エキも村上と共にブルームに引っ越し，ブルームのカナーヴォン・ストリートに雑貨店『Nishioka Emporium』を開業した。カメ

資料3-1：村上安吉と自家用車。ブルームにて

撮影：村上安吉／西岡エキ　　写真提供：村上家写真コレクション

第1部 白豪主義そして多文化主義を生きる

ラ技術を持っていたエキは高蔵の経営する店の裏で写真館を始めた。村上は西岡エキに写真技術を習った[3]。

翌年，西岡高蔵が突然病死した。商売を受け継いだ未亡人エキと共に村上は西岡の事業を引き継いだ。英語，経理，真珠採集業に関する海事法を学び，英語の出来ない日本から来た真珠業契約労働者のために労働条件や再契約などの手助けをした[4]。写真館の他に，日本製品の雑貨，呉服，干物，缶詰などを輸入，小売りをしながら，真珠採集船に投資[5]，真珠業契約労働者の日本への送金等代行などの銀行業務を行い，賃貸も賄っていた[6]。

村上はその後1906年に15歳年上の西岡エキと籍を入れた[7]。村上とエキとの結婚は養子制度のないオーストラリアで生活，業務を行うためだったと言う説もある[8]。

当時成功したパーリング・マスター（真珠貝業網元）ヒュー・ノーマンのことが書かれた *A Pearling Master's Journey: In the Wake of the Schooner Mist* の著者，ブルームで生まれ育ったジョン・ノーマン[9]は，ブルームの歴史上最も優秀な写真家は光を良く理解していた西岡エキで，村上は肖像写真の方が得意だったと述べている。風景写真を得意としていたエキが高台から町並みを撮影するために，村上が三脚を担ぎ，2人でケネディー・ヒルを登ったという。自らの著書にも引用されている1900年頃のブルームのケネディー・ヒルから撮影された真珠貝採集船の並ぶブルーム・クリーク（入江）の写真をノーマンは村上とエキの共同作業の賜物だと語っている[10]。

前文の写真は，現在西オーストラリア州立博物館に撮影者不明の状態で保存されている[11]。当時のブルームの地形，真珠貝採集船や建物の姿を記録された写真が，個人の手元にではなく州立の博物館に保存され，ノーマンの著書にも引用されることにより，後世ブルームの集合的記憶の一部になりつつある。また，風景の中に写り，生活をしている1人のアボリジニの男性の過ぎ去った存在を証明しているようにも思える。

しかし，ノーマンの証言以外にこの写真の撮影者がエキであると言う証拠は現在正式な形では残っていない。エキは村上に写真を教えたということ以外に写真家としての自分の活動を「写真記録」という形で残していない。自ら撮影した写真を作品，もしくは商品と認識し，自分の名前を絵はがきとして加工さ

れた写真の裏や，当時よく使われていたプリントを囲む厚紙の台紙にシグネチャーとして印刷していなかったからかとも考えられるが，いずれにせよ，現在のところエキが撮影した写真は彼女の撮影した写真として戦前オーストラリアの日系史跡としては残っていない。[12]

西オーストラリア州エディスコーワン大学の研究室によってデジタル化されたノーリーン・ジョーンズ・フォト・コレクションの中に三瀬家と山本家の写真コレクションがある。愛媛県からブルームに住み移り成功した実業家，三瀬豊三郎と山本亀三郎の子孫がジョーンズに寄付したもので，写真の内容から1901年頃から1926年頃までのブルームの日系社会の様子が伺える。写真館で撮影された肖像画や，家の前で撮影された家族写真と行事記念の集合写真が殆どだが，多少動く被写体のスナップなどもある。記念撮影のための集合人とともに撮影された垂れ幕には，佛教小学校開講2周年記念，囲碁大会，愛媛倶楽部設立10周年記念相撲大会，ダイバー會の運動会，西豪日本人同盟会や仲間の結婚披露宴，送別記念や葬式，演劇，映画の上映会などと日本語で書かれている。[13]

多数のプリントを囲む厚紙の台紙に写真家の名前が印刷されている。H. Wada, K. Kitagami, Maeda, と Y. Nishioka があり，村上安吉は西岡の名字を使っていたかのようであるが，西岡エキが撮影者だった可能性もある。[14] 西岡写真館は写真用台紙にだけではなく，Y. Nishioka というシグネチャーを業務名として銀行代行業務用通帳などにも印刷がされていたことから，Y. Nishioka [15] 個人のシグネチャーより事業ブランド名だと考えられる。

現在分かっているのは1942年までに西オーストラリアでエキと村上を含む6人の職業写真家，もしくはポストカード生産者が活動していたという点である。[16] その他にシドニーではカギヤマ・イチロウ (Ichiro Kagiyama) と石田喜一郎，[17] 木曜島でクワガキ・ヤスサブロウ

資料3-2：ブルームの日本人コミュニティー

撮影：村上安吉　写真提供：村上家写真コレクション

(Yasusaburo Kuwagaki)[18]がいずれも史跡を残している。名声のあるシドニー・カメラ・サークルに所属していた石田喜一郎[19]と村上の名前だけが写真家として、少なくても一部のオーストラリア人の記憶に残っている[20]。

村上は日本や他のアジアからの真珠産業労働者の歴史が今でも語り継がれているブルームという比較的小さな町に長年住み、写真とは別に多様な面で英雄として伝説化されていることから、写真を後世に残す事に成功しているのかもしれない。また、ヨーロッパ系オーストラリア人を中心としたシドニー・カメラ・サークルに所属していた石田と同様、村上は白人社会と親密な関わりを持っていた。シドニーの日本企業など主に日本人相手に商業写真を撮っていたカギヤマの写真や写真家としての活動は殆ど知られていない。

3 村上安吉が生きた時代をひも解く

(1) 写真と人間関係

村上は1906年にウェールズ出身のパーリング・マスター[21]、アンセル・クレメント（A. C.）・グレゴリーにお金を貸したことから、親しい関係になり[22]、その後1909年にグレゴリーが弟フレミング・クレメント（ディック）・グレゴリーとブルームで新しく始めた『Gregory & Co』の真珠貝採集船4船の融資援助をした。当時真珠貝採集船の所有を禁止されていた日本人が船をヤミで投資することは時々あり、『dummying』（ダミー・ing）と呼ばれていた。真珠業関係者に村上は『グレゴリーの影』として知られていた[23]。

村上は太平洋戦争が始まり、敵国民として逮捕された当日まで、A. C. グレゴリーとの関係を続けている[24]。人種的分離の構造が定着していた当時のブルームで2人の間柄は珍しい関係であったと為されている。グレゴリーが一時英国に帰国した際に、村上は彼の家に滞在していたが、白人の家に日本人が住んでいたことが社会問題として批判されたこともあった[25]。2人はブルームで初めて自動車を所有した人達の一員で、その車種などもブルームの歴史の一部として書物やブルームの歴史資料館を通して伝えられている[26]。

三脚を使用し撮影されたものなのか、エキが撮影したものなのかは分からないが、車の運転席に座る村上自身のポートレート写真は、ブルームの歴史資料

館,ノーザン・テリトリー準州立図書館,そして村上の故郷である田並に住む村上の次女南パール・ヤス子(旧姓,村上)の手元に残っていた。[27]パール・ヤス子の持つ写真の裏に書かれた村上の母親宛の自筆にて車の速度,馬力,値段等が書かれており,村上が自動車の所有を誇りに思っていたことが伺える。[28]

また,別の車種の助手席に村上が座り,白人の運転手,日本人5人,うち最後部席にエキが座っている写真もノーザン・テリトリー準州立図書館とパール・ヤス子宅に残っていた。[29]村上はパースからヨーロッパ系オーストラリア人の運転手を呼び寄せ,[30]日本人客相手にタクシー業も営んでいた。[31]

1913年頃に村上は後妻となるコセキ生まれの日系女性,村田テレサ・志げのと知り合った。テレサ・志げのは村上の母親と暮らすために田並に向かう途中シンガポールで村上との間に産まれた長女,キャサリン・枡子を出産した。シンガポールの写真館にて撮影された,着物に日本髪姿の若いテレサ・志げのの肖像写真はノーザン・テリトリー準州立図書館にあった。同じ写真がパール・ヤス子宅にもあり,写真を囲むマットにはシグネチャーとして,Togoとその下に27. MIDDLE ROAD SINGAPORE とエンボス加工にて刻印されていた。[32][33]

ノーザン・テリトリー準州立図書館に保存されていた村上に関係する写真は,村上の三男,村上ジョセフ・喜三郎が1960年代に日本の親族の家で見つけた写真を複写し,オーストラリアの親族に送ったものが1980年代にダーウィンに住む村上の長女,村上キャサリン・枡子と五男,村上ピーター・佐吉に聞き取りをした研究者フェイ・キルガリフを通し,図書館へと寄付されたものだった。ブルームの歴史資料館にある写真もジョセフ・喜三郎が複写し,直接寄付したもので,原本の手焼き写真プリントは田並のパール・ヤス子の家に保管されている。[34][35]

村上が生涯故郷に送り続けた写真は三瀬家や山本家の家

資料3-3:村上テレサ・志げのと長女キャサリン・枡子。
ブルームにて1920年頃

撮影:村上安吉　写真提供:村上家写真コレクション

族写真と同様，子孫を通し，公的機関や研究者に寄付され，その後著者や作家がそれらを引用することによりオーストラリアの集合的記憶の一部となりつつある。[36]

(2) 破産

ブルームを度々襲ったサイクローン[37]の水害や第一次世界大戦は，真珠貝産業にも悪い影響を与えた。1914年にはヨーロッパの真珠市場が不況に陥った。債務返済や賃貸収入の収集が困難となった村上は『Nishioka Emporium』を閉鎖し，1915年にグレゴリーとブルームの酒場ダンピア・ホテルの経営を始めた。村上が運営するダンピア・ホテルは日本人労働者の溜まり場となり，村上は酒場客の中から優秀なダイバーや真珠貝採集船の乗務員をグレゴリーのために引き抜き，確保した。[38]

心臓を弱らせていたエキはその後，賃貸収入を密かに回収し，1918年に500ポンドを持ち，日本へ治療のために帰国した。2ヶ月後に村上は破産を宣言した。[39]

当時日本人は酒場を所有することが許されていなかったことから，村上はダンピア・ホテルを所有していたにも関わらず，表面上はグレゴリーに雇用され，ダンピア・ホテルの契約マネージャーを装っていたため，グレゴリーの証言協力のもとに，免責許可の申立て審問の際，幸いにもダンピア・ホテルまで失う事を免れた。[40]

ブルームの歴史資料館，ノーザン・テリトリー準州立図書館と次女パール・ヤス子宅にダンピア・ホテルの写真があった。正面玄関を囲むベランダに白人や黄色人などが7人写っており，[41]パール・ヤス子宅にあるものはポストカードとして加工されており，裏にはStanding on front with white suit myselfと村上の自筆がある。英語で書かれているため，日本に送られた母親宛のポストカードではなく，母親のもとに世話になっていたテレサ・志げの宛だったのかもしれない。[42]

エキは帰国した後間もなく亡くなり，[43]同年，テレサ・志げのはブルームに戻り，[44]翌年村上との間に長男，村上フランシス・安之助が誕生している。[45]1920年にブルームの登記所にて村上とテレサ・志げのの婚姻届が提出されており，[46]そ

の後 7 人の子供を授かった。[47]

(3) 家族写真

ブルームの修道院『Sisters of St John of God Kimberley』のヘリテージ・センターにリレーションシップ・エキシビションと題する宗派の地域での活動歴史の説明，写真やビデオ等の展示品が並んでいる。宗派と日本人との関係を表す展示として，テレサ・志げのと子供達が修道女と一緒に写っている写真があり，『シスターと日本人家族』と記録されていた。[48]

展示の一環として，来館者がコンピューターを使い，センターの写真コレクションを検索するコーナーが設けられている。テレサ・志げのがカトリック信者であったことから，戦前の村上家の家族写真が最低でも 4 点ある。うち 2 点はスタジオで撮影されたもので，テレサ・志げのが一人で写っているものと村上家を含む日本人と思われる子供 8 人が写っている写真であった。[49] 子供 8 人の写真はパール・ヤス子宅にもあり，裏には『堤家が引っ越すので記念撮影。村上写真館』と書かれてある。[50]

前文のスタジオ写真に使われた，彫刻を施した円柱と纏り付く萩の葉のようなツル，階段と咲き誇る芍薬のような花の絵が描かれたバックドロップは，ブルームの民宿『リフレクションズ』の経営者ダグ・フォングの家族遺産として民宿内にある歴史資料室にも飾られており，チャイニーズ系移民も村上写真館を利用していたことが分かる。[51]

同じようなバックドロップの模様が伺える写真が他にもブルームの人達の家族写真の中に残っている。戦後養殖真珠産業で渡豪した日本人と結婚をしたブルーム生まれのパール・ハマグチ宅にはアボリジニの母親の写真，および戦後日本人ダイバーとフィリピン系アボリジニ女性との間の長女コーリーン・マスダの家には母方の祖母の写真が飾られている。いずれも被写体の後ろに同じような模様が写っている。両者共，それぞれの母親か

資料 3 - 4：バーバラ・リノット

撮影：村上安吉
写真提供：パール・ハマグチ

第1部　白豪主義そして多文化主義を生きる

らの口述から，村上が撮影したものと言われている。[52]

(4) 英雄と伝説

真珠貝産業で働く様々な人種が生活，労働していたブルームでは1907年，1914年および1920年に人種的暴動が起きている。1907年のマレー人と日本人の間で起きた暴動の際，村上は26歳の若さで和解協定書にサインをしている。1920年の日本人とコーパンガーの間で起きた暴動ではグレゴリーと共に仲介者として活躍した。[53]

ブルーム歴史資料館の売店で近代画家ジェームズ・ベインズが描いたBroome Odysseyの一部を印刷した絵はがきが売られていた。[54]内容は1920年の暴動をテーマにした，村上やグレゴリーの肖像画を含む警察や暴動者，海，真珠採集船などが描かれた絵で，写真ではない。その他にもブルームに住む画家レスリー・マーシが木炭スケッチで描いたブルーム著名人4人のシリーズの一つとして，村上の肖像画が資料館の壁に飾られていることからも，村上はブルームの歴史上英雄化されていることが分かる。[55]

現在のブルーム養殖真珠の孵化場へ向かう道路はムラカミ・ロードと名付けられている。道の入り口には1m以上の幅の看板が建てられ，説明が記されている。内容は村上とグレゴリーが近接地でオーストラリア初の養殖真珠を計画したにも関わらず，町民の反対で閉鎖されてしまい，開発機材が破壊されたことや，村上が日本人コミュニティーのリーダーであったこと，戦時中日本人コミュニティーが収容され，村上が収容所で亡くなったことなどが記され，[56]村上は町の伝説の一部になっている。

(5) 潜水服

村上は1920年頃から安全な真珠採集用潜水服の開発に挑んだ。当時真珠貝採集は大変危険な作業で，多くの真珠ダイバーが事故や潜水病で亡くなった。1899年には村上の渡豪のきっかけを作った義理兄アサリ・マスタロウ（Masutaro Asari）も潜水中，ヘルメットが外れて死亡した。多くの仲間が亡くなるなか，村上は実験を続け，現在のスキューバ用具の発端となる革新的な潜水服具を研究・開発し，1926年にパテントを獲得した。[57]その後も1927年に改良された

第3章　村上安吉が生きた時代

デザインのパテントを登録している[58]。

　当時潜水服を開発販売していたヘインケ社にプロトタイプの開発のため，ロンドンに招かれたが，村上はなぜか断っている。パテントの更新期は太平洋戦争中に訪れ，収容所に抑留されていた村上は自分のパテントを更新することができず，1943年にフランス人エミール・ガニアンとジャック・イヴ・クストーが村上のデザインとほぼ同じデザインのスキューバ用具のパテントを登録した[59]。

　村上は，収容所への持参を許されたごく少量の身の回りの手荷物の中に，長年多額の費用を費やし行った潜水服の実験経過の写真アルバムを持って行った。村上がビクトリア州のタツーラ収容所で亡くなり，そのアルバムは遺族が受け継ぎ，戦後1970年代まで五男の村上ピーター・佐吉がダーウィンの自宅で保管していたが，友人に貸し，返してもらう前にピーター・佐吉は亡くなってしまった。1974年ダーウィンを襲ったサイクローンの際に紛失してしまったのではないかという説もあるが，ジョー・喜三郎は弟がアルバムを貸した友達の名前を覚えている[60]。

　現在，ノーザン・テリトリー準州立図書館写真検索インターネットサイト『Picture NT』を使い，『Yasukichi Murakami』を検索すると18枚の村上に関係する写真がノーザン・テリトリー準州立図書館で貯蔵されていることが分かる。そのうち12枚がフェイ・キルガリフ・コレクション内にある[61]。なおノーザン・テリトリー準州立図書館のコレクションは寄付した人の名前が使われている。

　18枚のうちフェイ・キルガリフ・コレクション以外の残りの6枚が貯蔵されているコレクションの名前の中に，偶然にもピーター・佐吉がアルバムを貸した友達と同名のコレクションがある。調べてみた結果，真珠貝採集に関する写真は何枚かあるが，アルバムを埋める程の数はなく，写真技術や構図，機材の質等からもパール・ヤス子宅にある数枚の村上が撮影した実験中の写真に似たようなものはなかった[62]。

(6) ダーウィン

　オーストラリア初の真珠養殖所が破壊された後もグレゴリーと村上は事業を

59

第1部　白豪主義そして多文化主義を生きる

続け、蘭領東印度（現在インドネシア）にて養殖真珠生産に挑んでいた形跡も残っている。1930年代半ばにはブルームでの真珠業が難しくなり、グレゴリーは真珠業をダーウィンに移し始めた。1935年に村上はグレゴリーの招待で、汽船クーリンダ号の一等船室にて一家とダーウィンへ引っ越した[63]。[64]

村上はダーウィンの日本人倶楽部の会長に就任し[65]、ブルームでの経験と同様にダーウィンで働く真珠産業労働者の手助けをし、倶楽部に出入りしていた著名小説家ザビア・ハーバート等とも付き合いがあった。下の子供達をカトリック学校へ通わせ、テレサ・志げのは教会の活動に参加し、総督官邸のパーティーにも招かれたりした[66]。

ダーウィンのチャイナタウンにあった村上の写真館は栄え[67]、地元のフットボールチーム、科学者の標本や警察の法医学写真を撮影した[68]。軍備増強が進み、ダーウィンに派遣されていた軍隊員が実家に送る肖像写真の撮影や固定客の撮影した写真の現像処理やプリントの依頼も多く、当時ダーウィンの住民の半分は村上が撮影をしていた[69]。

1940年にはオーストラリア当局により国内に住む日本人の諜報関係書類が制作されていた。村上が二人の軍曹の日本語を教えていた事もあり、地元ダーウィンの軍部は村上一家と親交があり、諜報書類の制作に疑問を訴えた[70]。

太平洋戦争が始まる半年程前に軍および海軍の情報将校の付き添いで地域検閲官が村上の自宅兼写真館を家宅捜査した。国家の安全規則に反する内容と思われる、船、波止場、ダム、軍キャンプや銃類などの83個の写真プリントおよびネガが押収されたが、その後それら全ては村上自身が撮影した写真ではなく、写真館の客のために現像、プリントしていたものと分かり、起訴はされなかった[71]。

太平洋戦争が始まると同時に村上一家は全員、他の日本人同様、敵国民として逮捕された。家族は簡単な身の回りのものだけを持ち、トラックでアデレート・リバーの軍用拘置所に一時収容され、後ビクトリア州のタツーラの収容所へ船と電車で連行された[72]。ジョセフ・喜三郎の証言によると逮捕された日、銃剣を持つ軍隊員の間を抜け、海軍の正装を纏ったグレゴリーが家に駆け込み、自分の力ではどうにもすることが出来ないことを謝り、何か預かるものはあるかと村上に聞いたらしいが、ジョセフ・喜三郎は村上がグレゴリーに何かを預

第3章　村上安吉が生きた時代

けたかまでは覚えていない。[73]

村上は収容所にカメラを持っていく事は許されなかった。[74]収容された際に軍部に預けたとされる村上の家の中に残した家具や生活品の一覧表があるが、結局それらのものは略奪された。[75]一覧表には細々な日用品が記録されており、カメラも5台記されている。[76]

連行される半年前に押収された83個の写真やネガとは別に、生涯プロ写真家として活動をしていた村上のダーウィンの写真館には沢山の写真やネガがあったはずである。ダーウィンの人口の半数の人達の写真を撮っていたという前述の証言以外にも、村上がダーウィンの『全ての写真』を持っていたと言う証言もある。[77]村上に現像処理を郵送で委託されていたアデレード・リバーに住む客は、村上が活発にダーウィンの写真を撮り、挨拶代わりに送っていた事を証言している。[78]

以上の点から推察すると、現在様々な形で使用されている1930年代後半のダーウィンの写真の多くは村上の撮った写真である可能性は高く、村上の写真はオーストラリアの日本人や日系人の記憶だけではなく、ブルームやダーウィンなど、オーストラリア北部全体の集合的記憶の一部になっていても不思議ではない。

(7)　田並——パール・ヤス子宅保管の写真——

村上の次女ヤス子・パール宅に、現在保管されている200枚程の村上の自筆や日付、シグネチャー入りの手焼き写真プリントやポストカードがある。実質的にはヤス子・パールの長女、村上の孫にあたる手話アーチスト南瑠霞（実名南玲子）がこれらの写真の管理をしている。[79]成安造形大学の津田むつみ教授の手でこれらの写真が一部デジタル化されていた。[80]

ヤス子・パールの写真コ

資料3-5：村上安吉の子供達と影　ブルームにて

撮影：村上安吉　　写真提供：村上家写真コレクション

レクションの中には家族写真以外にも村上が撮影したブルームや隣接地ダンピア半島のアボリジニの写真も含まれている。デジタルカメラで複写したものをヤウル族の公式機関ニャンバ・ブル・ヤウルに勤める人類学者セーラ・ユーに見てもらったところ，ヤウル族の伝統的踊りの様子を写真として発見されるのは歴史上初めてで，非常に貴重な記録だと語っている。[81]

今後，村上安吉の写真に関する研究者にとって，これらの写真をオーストラリアに現在存在する写真と照合する事によって村上安吉の写真がいかにオーストラリアの公的写真コレクションの一部になっているかを確かめることが可能であろう。また，日本とオーストラリアの研究者が協力しあえば村上安吉の残した写真という歴史財産を通して，忘れられがちな戦前のオーストラリアの日系史を思い起こし，言葉やその翻訳より直接的な視覚記憶が両国の集合的記憶をつなげることが出来るのではないだろうか。

4 おわりに

村上は1944年6月26日にタツーラの収容所にて肋膜炎で亡くなった。64歳だった。村上の棺桶が遺族に囲まれ，タツーラの墓地に埋葬されている様子が写った写真がブルームの歴史資料館，ノーザン・テリトリー準州立図書館およびパール・ヤス子宅に残されていた。[82]

国立公文書館に残る諜報関係書類ファイルのなかに村上が亡くなった年の8月10日にテレサ・志げのが書いたタツーラ収容所の司令官宛とメルボルンのコダック社宛の手紙がある。司令官への願書は，亡くなった村上安吉の肖像写真の複写3枚と写真用額をメルボルンのコダック社からの購入許可を申込み，コダック社には葉書サイズの複写プリントと額の購入申込みを行っている。コダック社への手紙の最後には，元の写真を必ず返却するよう記してある。3ヵ月間近くの収容所期間内での，費用，著作権に関する責任などの内容で数回やり取りを行った後，テレサ・志げのは村上の写真の複写と額を購入出来たようである。[83]村上の肖像写真は当時独り立ちしていた上の子供達のための父親の形見わけのためではないだろうか。

1) 以降,日本人はと記されたもの日本国籍を持つ人の事を示す。日系人は本人の先祖を持つが,(国籍は別として)オーストラリア生まれの人を示す。日系史は日本人と日系人の歴史を両方示す。
2) Sissons, D. C. (2000). Murakami, Yasukichi (1880-1944). In *Australian Dictionary of Biography* (15th ed.). Retrieved from http://adb.anu.edu.au/biography/murakami-yasukichi-11201
Bain, M. A. (1982). The Remarkable Adventures of AC. Gregory and Y. Murakami. In *Full fathom five*. Perth: Artlook Books.
網元
Kilgariff F., & State Library of the Northern Territory. (n. d.). c. 1984 (unpublished) A Sociological History, Japanese Pioneers of Northern Australia.
3) Bain, M. A. (1982).
4) Sissons, D. C. (2000).
Bain, M. A. (1982).
5) 北村章 (1994). 西岡高蔵1858-1901・3・9.『岡山県歴史人物事典』(739頁).
6) Bain, M. A. (1982).
7) Sissons, D. C. (2000).
8) Bain, M. A. (1982).
9) Norman, J. E., & Norman, G. V. (2007). *A pearling master's journey: In the wake of the schooner Mist*. Strathfield, N. S. W: J. E. deB. Norman.
10) Norman, J. (5 July 2011) personal communication with the author.
11) Western Australian Museum. (n. d.). *Broome Creek circa 1900 (f223 7600-285)*. Bourne Collection.
12) 白人や男性が優位の立場にあった当時の社会構造の結果なのかもしれない。
13) Jones, N. Photographic Collection, Mise & Yamamoto Photographic Collections personal identification by the author. Jones, N. から直接デジタルコピーを頂いたが,Sisters of St John of God Kimberley Heritage Centre Photographic Archive にもデジタルコピーがある。
14) Ibid
15) National Archives of Australia. (n. d.). *No 10 of 1918, Yasukichi Murakami [bankruptcy]* (PP92/1, 1918/10). Retrieved from http://recordsearch.naa.gov.au
16) Jones, N. (2002). *Number 2 home: A story of Japanese pioneers in Australia*. Fremantle, W. A: Fremantle Arts Centre Press.
17) Oliver, P. (2007). Japanese relationships in White Australia: The Sydney experience to 1941. *History Australia*. doi:10.2104/ha070005
18) National Archives of Australia. (1913). *Japanese Photographer at Thursday Island* (MP1049/1, 1913/0269). Retrieved from National Archives of Australia website: http://recordsearch.naa.gov.au
19) Kiichiro Ishida and the Sydney camera circle 1920s-1940s | Sydney Living Museums. (n. d.). Retrieved from http://sydneylivingmuseums.com.au/exhibitions/kiichiro-

第1部　白豪主義そして多文化主義を生きる

ishida-and-sydney-camera-circle-1920s-1940s
20)　村上は2014年 Yasukichi Murakami – Through a Distant Lens 舞台作品公演以降マスコミ等を通して知られるようになった；　Kiichiro Ishida は上記⑰展示会から写真関係者に知られている
21)　National Archives of Australia. (1980). *Murakami, Y – Naturalisation (1939)* (A659, 1939/1/12989). Retrieved from National Archives of Australia website: http://recordsearch.naa.gov.au/ 1939年に村上が提出したオーストラリア市民権申込書（拒否）に村上を33年間面識があるとグレゴリーが自筆記入。
22)　Jones, N. (2002) Lance, K. (2004). *Redbill: From pearls to peace: the life and times of a remarkable lugger.* North Fremantle: Fremantle Arts Centre Press.
23)　Bain, M. A. (1982).
24)　Lance, K. (2004).
25)　Ibid.
26)　Lance, K. (2004). Bain, M. A. (1982). Broome Historical Society (Broome Museum) Mosaic Photographic Archive.
27)　Northern Territory Library., & Picture NT. (n. d.). *Man sitting in drivers seat of a car* (PH0096/0025). Retrieved from Fay Kilgariff Collection website: http://hdl.handle.net/10070/5972. Broome Historical Society (Broome Museum). (n. d.). *Murakami in car with carbide gas lamps* (2006. 865). Minami, Yasuko photographic archive (20 February 2013) personal identification by the author.
28)　Minami, Yasuko photographic archive (20 February 2013) personal identification by the author.
29)　Northern Territory Library., & Picture NT. (n. d.). *Five men and a lady sitting in a car* (PH0096/0026). Retrieved from Fay Kilgariff Collection website: http://hdl.handle.net/10070/3502. Minami, Yasuko photographic archive (20 February 2013) personal identification by the author.
30)　Jones, N. (2002)
31)　Lance, K. (2004). Bain, M. A. (1982).
32)　Northern Territory Library., & Picture NT. (n. d.). *Studio portrait in Japanese national dress of the young Shigeno (Theresa) Murata, who after 1920, became the wife of Yasukichi Murakami* (PH0096/0017). Retrieved from Fay Kilgariff Collection website: http://hdl.handle.net/10070/4204
33)　Minami, Yasuko photographic archive (20 February 2013) personal identification by the author.
34)　Murakami, J. K. (21 August 2011) personal communication with the author.
35)　Ibid.
36)　Lance, K. (2004). Jones, N. (2002). Ellis, T. B. (2010). *The Pearls of Broome.* Brisbane, QLD: Copyright Publishing Company.
37)　インド海と南西太平洋地域の台風。
38)　Lance, K. (2004).

39) NAA: PP92/1, 1918/10
40) Lance, K. (2004).
41) Northern Territory Library., & Picture NT. (n. d.). *Dampier Hotel* (PH0096/0024). Retrieved from Fay Kilgariff Collection website: http://hdl.handle.net/10070/5007. Broome Historical Society (Broome Museum). (n. d.). *Dampier Hotel. Murakami's Hotel in Broome* (2009. 410). Minami, Yasuko photographic archive (20 February 2013) personal identification by the author.
42) Minami, Yasuko photographic archive (20 February 2013) personal identification by the author.
43) Sissons, D. C. (2000).
44) Lance, K. (2004).
45) NAA: A659, 1939/1/12989
46) Sissons, D. C. (2000).
47) Joseph Kisaburo's handwritten family tree attached later to NAA: PP92/1, 1918/10
48) Sisters of St John of God Kimberley Heritage Centre. (n. d.). *Relationships Exhibition* personal identification by the author.
49) Ibid (p2422), (p2424), (p3106), (p42118)
50) Minami, Yasuko photographic archive (20 February 2013), digitised by Mutsumi Tsuda/Seian University of Art personal identification by the author.
51) Fong, Doug photographic archive (11 July, 2011) personal identification by the author.
52) Hamaguchi, Pearl (4 July 2011) personal communication with the author. Masuda, Cauline (14 June 2013) personal communication with the author.
53) Bain, M. A. (1982).
54) Baines, J. (2012). *Broome Odyssey* (JB 3). Retrieved from Post Card/Broome Printing Company website: http://www.hannahwestdesign.com/artistjamesbaines/broome-odyssey/
55) Marsh, L. (1999). *Yasukichi Murakami* (Charcoal and brown wash sketches from old photographs of four Broome identities in glass and wood frame). Broome Historical Society (Broome Museum).
56) Murakami Road signage, Broome W. A. (6 July, 2011) personal identification by the author.
57) Lance, K. (2004).
58) National Archives of Australia. (2001). *Application for Letters Patent for an invention by: Yasukichi Murakami – Titled – Improved diving dress* (A627, 1525/1926). Retrieved from National Archives of Australia website: http://recordsearch.naa.gov.au
59) Lance, K. (2004).
60) Murakami J. (21 August 2012) personal communication with the author.

第1部　白豪主義そして多文化主義を生きる

61) Northern Territory Library, Fay Kilgariff Collection. 今回の村上の調査を始める前 (2011年) は11枚の写真が検索されていた。その後7枚は調査の結果パール・ヤス子宅にあるものと図書館内にある写真の一部を照り合わせ，村上の名前から検索可能になるように図書館に報告したことから足された。
62) Northern Territory Library, Peter Spillet Collection.
63) Bain, M. A. (1982).
64) Lance, K. (2004). 村上は先に1人かグレゴリーと共にダーウィンに行き，1935年5月に開業知らせの広告を出し，その後写真館を Bennett St と Cavanaugh St の角に設け，8月に家族を連れにブルームに戻った。National Library of Australia. (1935, August 27). Advertising, Northern Standard. Retrieved from http://nla.gov.au/nla.news-article49426403
65) Nagata, Y. (1996). *Unwanted aliens: Japanese internment in Australia = Gōshū Nikkeijin kyōsei shūyō*. St. Lucia, Qld: University of Queensland Press.
66) Carment, D., Powell, A., Maynard, R., & Kilgariff, F. (1990). Murakami, Yasukichi (1880-1944). In *Northern Territory dictionary of biography: Volume one* (pp. 217-218). Casuarina, N. T: NTU Press. Lance, K. (2004).
67) Bennett St と Cavanaugh St から Stone Houses, Cavanaugh St (現在33Cavanaugh St) へ1938年に引っ越した。National Library of Australia. (1938, April 12). Advertising, Northern Standard. Retrieved from http://http://nla.gov.au/nla.news-article49447325. Murakami, P. S. (1984, February 29). Transcript of Interview: Peter Murakami [Transcript] (F. Kilgariff, Interviewer). NTRS 226 - TS 96. Northern Territory Archives Service, Darwin.
68) Carment, D., Powell, A., Maynard, R., & Kilgariff, F. (1990).
69) Kilgariff F (1984). Caudle, R. (1982, November). Transcript of Interview: Rex Caudle [Transcript] (D. Cooper, Interviewer). NTRA 226 - TS 26. Northern Territory Archive Service, Darwin. Murakami, P. S. (1984, February 29). Transcript of Interview: Peter Murakami [Transcript] (F. Kilgariff, Interviewer). NTRS 226 - TS 96. Northern Territory Archives Service, Darwin. Murakami, K. M. (1984, May 25). Transcript of Interview: Kathleen Murakami [Transcript] (F. Kilgariff, Interviewer). NTRS 226 TS95. Northern Territory Archive Service, Darwin.
70) Kilgariff F (1984).
71) National Archives of Australia. (1992). *Murakami Shigeno Theresa (and Yasukichi)* (A367, C68988). Retrieved from National Archives of Australia website: http://recordsearch.naa.gov.au
72) Carment, D., Powell, A., Maynard, R., & Kilgariff, F. (1990). Murakami J. (21 August 2012) personal communication with the author
73) Murakami J. (21 August 2012) personal communication with the author. Lance, K. (2004).
74) Kaino, L. (2013). On-Board Train Australia: Some contest of the works of Kanamori and Murakami. *Zeitschrift für Australienstudien*, ㉗, 105-124.

第 3 章　村上安吉が生きた時代

75) Kilgariff F (1984). Murakami J. (21 August 2012) personal communication with the author
76) National Archives of Australia. (2007). *Prisoner of War/Internee; Murakami, Yasukichi; Year of birth‐1880; Nationality‐Japanese (1939-1945)* (MP1103/2, DJ18100). Retrieved from National Archives of Australia website: http://recordsearch.naa.gov.au
77) O'Connor, S. (1979). Transcripts of oral history interviews with Scott Thomas O'Connor [Transcript]. NTRS 226 TS 616. Northern Territory Archive Service, Darwin.
78) Sack, E. (1984, July 27). Transcripts of oral history interviews with Sack, Eva [Transcript]. NTRS 226 TS 114. Northern Territory Archive Service, Darwin.
79) Minami, Yasuko photographic archive (20 February 2013) personal identification by the author.
80) Minami, Yasuko photographic archive, digitized by Mutsumi Tsuda (19 April, 2014) email to author.
81) Minami, Yasuko photographic archive (20 February 2013) personal identification by the author. Yu, S. (3 June 2014) communication to the author.
82) Northern Territory Library., & Picture NT. (n. d.). *The Murakami family, photographed 26 June 1944 at the funeral of Yasukichi Murakami at the Tatura Camp, Victoria, where the family was interned after Pearl Harbor when Japan entered the Second World War* (PH0096/0019). Retrieved from Fay Kilgariff Collection website: http://hdl.handle.net/10070/3053. Broome Historical Society (Broome Museum). (n. d.). *Murakami's funeral* (206. 245). Minami, Yasuko photographic archive (20 February 2013) personal identification by the author.
83) NAA: A367, C68988

第4章　戦前と戦後をつなぐオーストラリアの「日系人」たち
―― 1940年〜50年 ――

永田由利子

1　はじめに

　現在オーストラリアにはどのくらい「日系人」がいるのだろうか。これを把握するには，「日系人」とはいったい誰を指すのかという定義によるため，正確な数字の把握は不可能に近い。海外日系人協会が出している日系人数統計を見ると，2013年現在，アメリカ合衆国の154万人（ハワイ2万4000人を含む），ブラジルの150万人，カナダの9万8900人，そしてペルーの8万人に次いでオーストラリアは3万6000人となっており，オーストラリアは世界で5番目に日系人が多い国ということになる。しかし，オーストラリアでは「日系人」という呼称はほとんど聞かれない。と言うのも，今日のオーストラリアの日本人コミュニティが，戦後の移住者に始まった日本国外務省用語のいわゆる在留邦人，つまり長期滞在者や日本国籍保有の永住者たちの「日本人」で占められているからである。2013年現在の日本国外務省の海外邦人数統計によると，オーストラリアに居住する「日本人」は8万1981人で，アメリカ合衆国，中国に次いで世界第3位となっており，その内訳は，長期滞在者が3万6113人，永住者が4万5868人（男性1万6680　女性2万9188）である。この統計調査は海外に在留する日本国籍保有者を対象にしたもので，「海外邦人数」には日本国籍を保有しないか，放棄した「日系人」は含まれていないのである。移民研究者の石田智恵は「日系人」という呼称は，1957年に開催された「海外日系人大会」を

第4章　戦前と戦後をつなぐオーストラリアの「日系人」たち

きっかけに,「海外に移住した日本人」を指して「日本人」と区別した呼び方として広く用いられ始めた用語であると述べている[4]。また，海外日系人協会の定義によると,「日系人」とは「日本から海外に本拠地を移し，永住の目的を持って生活している日本人並びにその子孫の二世，三世，四世等で国籍の有無は問わず，また混血を含む人々」となっている。本章で取り扱う「日系人」はこの定義に基づき，その実態を考察するものである。

　オーストラリアへ渡った日本人移民の歴史は既に140年を経過している。しかし，明治期から戦前期にかけての日本人移民をルーツに持つ日系人の存在と足跡は太平洋戦争で中断され，忘れ去られてしまったかのようにみえる。本章の目的は，オーストラリアの日本人移民史に埋もれたオーストラリアにおける「日系人」を浮き彫りにすることにある。開戦時，日系人家族のほとんどが在豪日本人と共に敵性外国人として強制収容された。そして，終戦後，一握りの日系人を除いては全員本国に強制送還され，戦前の日本人移民社会は事実上消滅した。だが，戦後も「日系人」が少数ではあるが存在した。本章ではこの戦後オーストラリア社会に再定住した日系人を一次資料と二次資料を基に調査し，戦前から戦後にかけてのオーストラリア日系人史を解明しようと試みた[5]。

　紙面の関係上ここでは詳しく述べることはできないが，オーストラリアでの日本人強制収容は，オーストラリア国内だけにとどまらなかった。オーストラリア委任統治領のパプア・ニューギニアの34人を始めとして，連合軍政府の要請で周辺の英領，蘭領，仏領地域で検挙された日本人・日系人等3160人が移送され，最高時には4301人もの人々がオーストラリアの収容所に抑留されたのである[6]。本章では，国外の日系人についての記述は，省いた。また日本名については，判明している漢字名以外はカタカナ表記とした。

2　オーストラリアへ渡った日本人移民

　まず「日系人」を生み出した初期日本人移民について簡単に触れておこう。第2章でも紹介されているように，オーストラリアに定住した最初の日本人は，サーカス団の曲芸師の桜川力之助で，定住した年は古く1873（明治5）年に遡る。その後，1880年代からは，真珠貝採取産業や砂糖キビ農園に雇われた

契約出稼ぎの日本人移民が始まった。彼らの多くは家族を同伴せず，出稼ぎを目的とした単身男性であったため南米や北米でみられたような大型定住移民社会を形成するまでには至らなかった。しかし，真珠貝産業で栄えたオーストラリアの北部の木曜島・ブルーム・ダーウィンなどの町には，こうした日本人労働者相手の商売を目的とする自由移民の日本人も流れ込み，小さくとも活気のある日本人コミュニティを形成していった。砂糖キビ農園はと言えば，クインズランド州の北東部のケアンズやマカイなどの町にあったが，これらの農園で働く日本人の数は真珠貝産業に従事する日本人の数より多かったものの，農場単位で拡散していたため日本人社会を形成するまでには至らなかった。

　1901年にオーストラリアが連邦政府になり，白豪主義政策に基づき移民を制限するようになるまでは，誰でも自由に入植できたのである。入植者の中には，金鉱の町や日本人町に流れた日本人娼婦も含まれていた。日豪関係研究者のパム・オリバーは，この自由移民時代にオーストラリア南部の都市部でも商業活動に目をつけた日本人が様々な商売を手掛け，戦前のオーストラリアでの日本人ビジネスの発展を促したと述べている[7]。1890年には，豪州兼松貿易商店がシドニーに支店を構えている[8]。また，これらの都市部には，真珠貝産業やサトウキビ産業で契約満了になった労働者がそのまま流れこみ，自由入植者たちと共に個人商店を手掛けた。彼らが就いた職種は様々だったが，とりわけ，洗濯業が圧倒的に多かった。ビクトリア州のジーロングの町では，同じ通りに4件もの日本人経営の洗濯屋があったほどである。

　オーストラリア連邦国成立の1901年時点で，日本生まれの人々が3554人オーストラリア各地に居住していた。同年に布かれた白豪主義政策の下で非白人の帰化や永住が制限されたが，入国が全面的に禁止されたわけではなかった。しかし，英語または他のヨーロッパ語による聞き取りテストが課せられたため，事実上，日本人の出稼ぎや自由入植者の時代は終わり，日本人の数は徐々に減っていった[9]。一方で，オーストラリアの経済振興に寄与する真珠貝採取産業に関しては，継続して日本人労働者の入国が一定数許可された[10]。また，移民法によって人的移動が制限されたのとは逆に，日英同盟に基づく日豪関係は政治的，特に経済的関係が深まり，1904年には日豪旅券協定が結ばれ，日本からの商業目的で入国する者や学生，観光客にはこの語学試験が免除された[11]。さら

に、商社駐在員は家族同伴で入国することができたため、日本人駐在員を中心とした非永住型邦人コミュニティが、シドニー、メルボルン、ブリスベン、パースなどの州都に次々とできていった。1921年のオーストラリアの国勢調査では、日本生まれの人々が2761人住んでいた。1930年半ばには、日本はオーストラリアの輸出相手国としてイギリスに次ぐ地位を占め、輸入相手国としても四番目の地位を占めるようになっていた。とくに、シドニーでの日本企業数は1941年には22社を数え、日本人商社駐在員とその家族は、活気ある日本人コミュニティを形成していた。[12]

このように開戦直前のオーストラリアの日本人社会は大別すると、真珠貝採取の出稼ぎ労働者や企業の駐在員とその家族などの非定着型と、当初は出稼ぎや自由入植で単身で入国し、現地人との結婚で現地生まれの日系二世をもうけた定着型が共存していたと言えよう。真珠貝採取産業の中心地のオーストラリア北東部トレス海峡の木曜島、オーストラリア北西部のブルームなどではこれらの日系家族が早い時期からみられた。また、南部の都市部には白人女性との混血日系家族が多く存在した。移民制限法が布かれて以降、日本人が家族単位で移住し、オーストラリアに根を下ろした例はほとんどいないが、そんな中で、ビクトリア州スワンヒルでジャポニカ米の開発で知られる高須賀穣の家族は例外と言えよう。高須賀は、妻と子ども2人を連れて1905年、当初は日本物産品の輸入を目的に3年の商業ビザで入国した。その際、語学テストが免除されている。[13]オリバーによると、当時、制度上は3年間の契約期間終了と同時に国外退去することとなっていたが、連邦は多くの場合ケースバイケースで期間延長を認めていたと述べている。[14]

3 太平洋戦争と日系人家族

1939年にヨーロッパで第二次世界大戦が勃発すると、英連邦としてオーストラリアは、敵国のドイツ、イタリア系住民の取り締まりを始め、危険分子を強制収容した。戦時体制の下、国家安全外国人取締り法により16歳以上のすべての外国人は外国人登録が義務付けられた。1941年に入ると、米国や英連邦領土で次々と日本資産が凍結され、一連の情勢悪化に伴い、日本政府は海外在留邦

第1部 白豪主義そして多文化主義を生きる

資料4-1：1941年7月 外国人登録済みの在豪日本人数〈16歳以上〉[16]

地　　域	男	女	合　計
クイーンズランド州　本土	396	116	412
木曜島	301	16	317
西オーストラリア州	77	124	101
ダーウィン	65	5	70
ニューサウスウェールズ	122	66	188
ビクトリア	44	7	51
＊パプア・ニューギニア委任統治領	27	9	36
合計	1032	143	1175
領事館関係（家族・使用人を含む）			21

出典：*Unwanted Aliens*, p. 46

資料4-2：オーストラリア日系家族数推計（地域別）1941年時点

地　　域	家族数計（混血）	豪軍に入隊した2世
クイーンズランド州　本土	29 (15)	4
木曜島	7 (4)	
西オーストラリア州　ブルーム	6 (5)	1
その他	11 (9)	
ダーウィン	5 (1)	1
ニューサウスウェールズ	20 (17)	6
ビクトリア	8 (5)	4
合計	86 (61)	16

出典：永田日系データベース

人の引き揚げを4月と8月に行った。シドニー・メルボルン在住の企業の駐在員とその家族のほとんどがこの引き揚げでオーストラリアを去った。しかし，出稼ぎ労働者やオーストラリアに根を下ろした日系人たちはこの引き揚げの対象には入っていなかった。1941年7月の時点でオーストラリア国内には外国人登録をしている16歳以上の日本人が1175人いた（資料4-1参照）。シドニーのあるニューサウスウエールズ州とメルボルンのあるビクトリア州の日本人の数（資料4-1参照）には，8月の引き揚げ前の駐在員の数が含まれていると思われる。太平洋戦争が勃発した12月8日には，1141人の日本人・日系人が敵性外国人として身柄を拘束され，強制収容所に送られた。日本人抑留者の内訳をみると，ビクトリア州のタツラ収容所には家族組と女性が，南オーストラリア州

のラブデー収容所とニューサウスウエールズ州のヘイ収容所には男性が収容された。筆者の現時点までの調査では，太平洋戦争勃発直前のオーストラリアには少なくとも86世帯の日系家族が抑留の対象になったことが判明している。

資料4-2は，抑留された日系人についての複数の公文書ファイルを参考にしながら家族単位で数えた数字である。その結果，抑留された家族の大多数が，混血家族であることが判明した。そして，その6割強が白人女性の母親を持つ家族であった。

4 オーストラリアの国籍法と日系人強制収容

日本の参戦はオーストラリアにとって今までとは違う新たな戦局の始まりを意味した。オーストラリア国内のドイツ系，イタリア系の住民に対しては，基本的には国家の安全を脅かす者を男性を中心に抑留したが，日系人に対しては強硬な政策が打ち出され「日本人である」ことが，国家の安全を脅かすものと考えられ，全員抑留を目標とした。その結果，女性や高齢者も抑留の対象となった。

当時，オーストラリアには「オーストラリア市民権」というものは存在せず，オーストラリア市民は英連邦国籍法（1920年〜30年）の下で皆「英国臣民」とみなされていた。父系優先主義に基づく国籍法では，英国臣民の妻は英国臣民と，外国人の妻は外国人とみなされ，日本人と結婚した妻は英国籍を喪失し，夫の国籍つまり「日本国籍」とみなされた。オーストラリア生まれの子どもたちも，父親が日本人なら日本国籍になり，治安維持法の外国人取り締まり法第13条により，日系家族は全員自動的に敵性外国人となり，抑留対象となった。

5 強制収容にならなかった日系人

このように，オーストラリアにおける日本人・日系人強制収容は，一網打尽政策を理想に掲げていたにも関わらず，実際には，状況，事情によって特別措置が適用され，抑留されなかった日系人がいることが判明した。その特別措置

の一例が日本人と結婚していた白人妻たちであった。上記資料4-1のビクトリア州やニューサウスウエールズ州の外国人登録女性数にこれらの妻たちが含まれていると推察する。

　日本の戦争介入が色濃くなってきたころ，オーストラリア政府は，日本人と結婚している白人女性を収容所送りにすることに戸惑いを示した。そして，1941年8月に英国籍を失った白人妻に国籍法の「英国籍の復活権」を認め，彼女らを抑留の対象から外したのである。1，2の例外を除き，ほとんどの白人妻がこの法的措置に訴え，抑留を免れた。[19] その結果，これらの日系家族のほとんどは，父親のみが収容所に送られることになった。[20] また，これらの家族の多くが洗濯屋を営んでいたが，母親が抑留を逃れたことで，家族は家業を守ることができた。元サトウキビ農場の労働者だったオヤマ・ハシは，シドニーで1912年マーガレット・マッキーと結婚し，ジャパニーズ・ランドリーという洗濯屋を始めた。オヤマの娘は，オーストラリア人と結婚していた。[21] オヤマは収容所で，「……この戦争によって家族の平和は乱され，私は愛する家族を残して来なければなりませんでした。でも，家族が商売の面倒を見ていてくれています」と語った。[22] ビクトリア州のジーローングにあった4件の日本人洗濯屋の場合も同じである。

　また，これら白人の母親を持つ混血日系家族の娘や息子について調査した結果，彼らが抑留されていない場合が多いことも判明した。さらに，混血日系家族の息子のうちオーストラリア軍に従軍している二世が，少なくとも16人いたことが確認されている。[23] 在豪50年のシドニーの絹貿易商，井出ヘンリー・ヒデイチロウは英国籍の妻クレアーとの間に4人の息子と3人の娘をもうけた。[24] 父親が抑留されている間，次男のウインストン（1914年生まれ）はシンガポールで1942年日本軍の捕虜として捕えられ，ビルマ鉄道で強制労働をさせられた。そして，1944年，日本へ移送される途中，船が撃沈され命を落とした。[25] 父親は，1943年1月に早期釈放され，収容所を出た。[26] クイーンズランド州北部のバークタウンのパン屋の山口リンゾウとアボリジニの母の間に生まれた混血の息子アーサーは開戦時20歳になっていた。父親が収容所に送られた後アーサーは，1942年，北部オーストラリアの先住民監視兵団に動員された。アーサーは「私が本当に入団する意思があるのかを確認してから，『（日本軍が上陸してき

第4章　戦前と戦後をつなぐオーストラリアの「日系人」たち

たら）君はオーストラリア人として真正面から撃たれるだろうし，いざとなったらオーストラリア兵の中には君を信用せず，背後から撃つ者もいるかもしれない』と言われましたが，その時はその時だと思いました……私はオーストラリアのためにどんなことでもする用意があったのです。なぜなら私はこの国しか知らないからです」と当時を語った。父親は，1945年2月，終戦の半年前にようやく釈放され，妻のもとに戻ることができた。

　オーストラリアの日系家族で記録上一番古いサーカス団をルーツに持つディキノスキー・ファミリーからも二世と三世がオーストラリア軍に入隊していた。しかし，この家族で強制収容の対象になった者は誰もいなかった。1873年にオーストラリアに来た桜川力之助（1848年生まれ，通称 Sacranawa Dicinoski）は，メルボルンで同業のオーストラリア人の女性曲芸師ジェーン・カーと結婚し定住したが，1884年に36歳で早世した。ディキノスキーの苗字は，1873年の巡業の際に団の一員として連れてきた子役の岩吉（1865年生まれ，当時8歳，通称 Ewar）が引き継いだ。1892年，長じた岩吉（イワー）は，同業のクイーンズランド州出身のスーザン・ボーテルと結婚し，"イワー・ディキノスキー"と名乗り，2人の子どもと家族曲芸団を作りオーストラリア各地を巡業した。これが，ディキノスキー家の子孫繁栄の源となったのである。オーストラリア連邦の公文書館のファイルにイワーが1914年10月に帰化申請をしたという記録が残っているが，1917年にイワーが外国人登録をしているところからすると，イワーの帰化申請は却下されたと思われる。イワーは1938年にブリスベンで他界したが，ディキノスキー夫婦の間には1893年生まれの長男を筆頭に合計8人（息子5人と娘3人）の二世が生まれていた。太平洋戦争勃発の際，ディキノスキー・ファミリーは全員オーストラリア生まれで白人との混血，また，ディキノスキーという姓が日本人名らしくなかったこともあって，ディキノスキー家の二世たちは政府のレーダーにかからなかったようである。また，彼らは白人オーストラリア社会に完全に溶け込んでいたものと思われる。

　ビクトリア州スワンヒルに定住した高須賀ファミリーも，開戦前に父親を亡くしていた。開戦時，未亡人のイチコに関して軍司令部は特別恩赦によりイチコを抑留しなかった。長女の愛も英国生まれの男性と結婚していたので英国臣民として扱われ，抑留の対象外となった。また，オーストラリアで生まれた二

75

第1部　白豪主義そして多文化主義を生きる

男のマリオは，ヨーロッパ開戦時すでにオーストラリア陸軍に入隊していた。しかし，5歳のときにオーストラリアに来た長男のショウは，志願したが「日本生まれ」が理由で入隊できず，太平洋戦争勃発の12月8日，他の日本人・日系人と共に収容所に送られた。ショーは，オーストラリア人の友人たちの献身的な釈放運動に支えられて，抑留に対し申し立てをし，それが聞き入れられ，審問委員会法廷で審査を受けた。その結果，法廷はショーがビクトリア州のベンディゴでトマト農園をやっていることが国家利益になるとの理由で，翌年2月に早期釈放とした[33]。ショーの釈放の背景には，戦時下で野菜供給不足状態のために，西オーストラリアでトマト農園を経営していたイタリア人抑留者を釈放した前例があったと思われる[34]。

　上述のディキノスキー・ファミリーとほぼ同時期に，もう1つ五大夫というサーカス団をルーツに持つ鏡という日系家族があった。鏡ファミリーは当時の他の日本人サーカス団と同じように世界のあちこちを巡業していたが，1891年南アフリカからタスマニアに着き，それ以降オーストラリアに定住した。鏡ファミリーには二世の娘が二人いた。上の娘（ミニー）は1874年にイギリスのマンチェスターで生まれ，下のカメは1882年にイタリアで生まれた[35]。2人とも日本で一時期も過ごすことなく，英語を話して育った。上の娘のミニーはメルボルンで，日本領事館に随行員として派遣されていた愛媛県宇和島出身の古澤基と出会い，1895年に結婚した。父親の鏡五大夫は1900年に他界し，母親も1916年に亡くなった。ミニー（二世）と日本人の夫古澤（一世）の間には3人の娘が生まれたが，古澤は1936年に心臓発作で急死した。1940年，ミニー（当時66歳）も娘たちも，戦時体制に入ったオーストラリアの国籍法下で日本人とみなされていたが，ミニーは元々はイギリス生まれであること，そして日本人の夫は既に死亡していることを理由にオーストラリア政府に英国籍復権の申請を提出した[36]。戦時中，ミニーも娘3人（当時44，42，35歳）も強制収容にならなかったことから察して，高須賀イチコと同じように特別恩赦を受けたか，他の白人妻と同じように英国籍を取得し，抑留を免れたものと思われる[37]。この家族で唯一収容所送りになったのは，イタリア生まれで独身の妹の鏡カメであった。カメは当時64歳になっていた。高須賀ショーと同じように抑留に対し申し立てをし，1942年2月早期抑留解除となった。早期釈放の際，抑留者審問委員

会法廷の審査で「鏡カメは，イタリア生まれである。日本に一度も住んだことがないし，心情的に反日である。日本語も話さない」などが抑留解除の理由として挙げられた[38]。収容所を出た後，カメは姉の家族とメルボルンで余生を送った。

このように家族の一部が抑留された場合は，家や家業を守ることができ，家族全員で抑留された家族が受けたような物資的，経済的損害を最小限にとどめることができた。

6　強制収容された日系人

家族全員で収容所送りになった家族のほとんどは，身の回りの物を持っただけで連行された。その結果，家屋や家財を失うことになり，多大な損害を被った。損害が最も大きかった地域は，日本軍の攻撃に晒されたオーストラリアの北部である。木曜島やダーウィンでは，日本人の強制収容に加え，住民全員が強制転住させられた。国防上，最前線に置かれたダーウィンは，1942年2月から1943年11月にかけて合計64回の空襲を受け，合計280余人の死者を出している[39]。白豪主義が布かれる以前から様々なベンチャーで成功していた村松次郎，村上安吉，中芝岩松の家族の家屋は，駐屯軍によって荒らされ，家財は略奪にあった[40]。また，戦後もしばらく家に戻ることができず，その結果，全てを失うことになった。また，北西部のブルームも1942年3月に3回空襲に遭っている[41]。なかでも，戦前ブルームの町でレストランやタクシー業で成功していた中国系との混血日系二世のジミー・チャイの損失が最もひどかった。洗濯屋をしていたシオサキ・ファミリーの長女ペギーは「私たちは何もかも失いました。それが一番の打撃でした。でも，どうすることもできませんでした。政府は戦争の損害手当を出しただけ。実際持っていたものから考えれば〈損害手当は〉ほんのちっぽけなもので……。でも両親は甘んじてそれを受け取っていました」と当時をふりかえった[42]。北東部に位置するトレス海峡にあるホーン島は，日本軍の爆撃を10回に渡って受けたが，すぐ隣の木曜島は爆撃を受けなかった。しかし，この島の日系家族も全てを失うことになった。木曜島の日本人会長で醤油工場をやっていた山下春吉，ダイバーの芝崎久吉や藤井富太郎らの家

第1部　白豪主義そして多文化主義を生きる

族の家は，オーストラリア軍の駐屯地になった関係上，駐屯軍により荒らされ多大な損害を被った。山下ファミリーの長女エブリンは「何も残っていませんでした。私たちが知る限りでは，駐屯軍が戦争中家を取り壊したんです。他の住民たちの家も同じでした」[43]と言っている。クイーンズランド州本土では，タウンズビルが攻撃されただけである。ケアーンズで日本人会の役員で輸入雑貨商をしていた岩永時太郎の家族は，連行されて間もなく店やその他の所有地に火をつけられ，すべてを失った[44]。

　このように多くの日系家族にとって強制収容がもたらした損害は大きかったが，二世との聞き取り調査で，収容所での取り扱い自体に不服を語る抑留者は少なかった。ブリスベンで下宿業を営んでいたトリマル・ショウイチの家族は戦争勃発の12月8日，家族全員が収容所に送られた[45]。次女グローリーは当時を次のように語っている。

> 家は政府に没収され人手に渡ってしまったようです。権利書など持ち出す暇もなく連行され，証拠が何も残っていないので，戦後になっても返還を要求でませんでした。しかし，収容所ではとても大事に扱われました。食糧が豊かな国であるうえに軍の施設だったからでしょうが，主食はもとよりバターやミルクもたっぷり支給されるのです。そのころの日系人はまだ洋式の食生活になれていない人が多かったので，あり余ったバターで床をピカピカに磨いたり牛乳風呂をわかしたりしていました。父は収容者用の食堂のコックになって働き，他に衣料品をつくる作業場などで働く人たちもいました。働けば給料をもらえましたが，いやなら働かなくてもいいのです。監視役の軍人さんたちは，収容者たちの生活に干渉せず，ほとんど自由に任せていました[46]。

　しかし，タツラやラブデー収容所では，オーストラリア生まれの二世と日本人の間で心情や習慣の違いが表面化し軋轢が生じた。収容所は一世の日本人抑留者の運営によるものだったので，日本への愛国心が色濃く出た行事をしばしば企画した。トリマル・ファミリーの母親はスペイン系オーストラリア人だった。次女のグローリーは当時を次のように振り返った。

> 母はスペイン人的な気質で，けんか早いので，収容所内はもとより監視役の軍人さんたちにまでトラブルメーカーとして知られていました。けんかの相手は主に国粋主義的なイナガキという男性で，プロフェッサーと呼ばれていましたから，大学の先生だったのかも知れません。イナガキさんが所内の共同浴場を，日本では本来の姿だと称して混浴にしようと言い出したときなど，とんでもないことだと怒り，相手の顔面

第 4 章　戦前と戦後をつなぐオーストラリアの「日系人」たち

をなぐりつけたほどです。[47]

　ダーウィンの中芝ファミリーの母親も白人女性で抑留された数少ないケースである。混血の長女メアリーは，朝礼の際，太陽に向かって遥拝の際，頭を下げるのを拒んだので，収容所のリーダーが彼女の頭を押さえつけようとした。メアリーは，反抗して彼の横っ面を殴ったと当時を回想する。メアリーは18歳だった。似たような反抗的な行動が，ラブデーの二世たちにもみられた。ある二世は「私はまだ19歳で太陽に向かって頭を下げることがどういう意味だか分かりませんでした……一人の男が私のところに来て，『それでも日本人か』って言うんです」と語っている。[48] ラブデー収容所のスタッフは二世たちについて「彼らはきれいな英語を話した。彼らは日本人と違っていました。彼らは天皇に対する忠誠の署名をすることを拒み，そんなことで他の日本人とうまく行かないところがあったので，彼らを隔離した」と語り，彼らを日本人とは別扱いしていた様子がうかがえる。[49]

　オーストラリアで抑留された二世・三世は約100人いた。この中には北米でみられた「帰米二世」と同じように，子どもを一時帰国させ日本で教育を受けさせた日系家族がいた。この子供たちを「帰豪二世」と呼ぶことにする。筆者の調査では，抑留された二世の中少なくとも20人が帰豪二世だったことが判明している。[50] 帰豪二世の多くは，初等教育から中等教育を済ませ，日本語はもちろんのこと，日本の文化・生活習慣を身につけて戻ってくる。ダーウィンの村上安吉の家族を例に挙げると，母親のテレサ自身がオーストラリア生まれの帰豪二世で彼女の子ども9人の中，5人が日本で教育を受けた。彼らは，正確には帰豪三世になる。3番目の娘のバーナデットは，開戦前に日本へ送られ，戦争が始まったためオーストラリアに戻ることが出来なかった。戦争中を日本で過ごし，スパイ呼ばわりされし辛い思いをした。[51] 下4人の息子は戦争により日本行きが果たせず，オーストラリアで育った。オーストラリア育ちのジョーは，「同じ兄弟姉妹でも，日本育ちとオーストラリア育ちでは，言語面や考え方に違いが生まれ，今でも，ぎくしゃくした感じが残っている」と語っている。[52] ジョーは戦後しばらくしてから，念願の日本行きを果たすことになる。

第1部　白豪主義そして多文化主義を生きる

7　日系オーストラリア人の戦後措置

　戦争終結の時点で3つの収容所には合計3268人の日本人・日系人抑留者がいた。そのうち958人がオーストラリア国内で連行された抑留者たちだった。抑留中、収容所で国外組も含め193人が亡くなり、中、56人はオーストラリア国内組の抑留者で、初期移民の男性が多く、平均年齢が66歳だった。[53]
　抑留者の戦後処置は、オーストラリア連邦政府の移民局に委ねられた。オーストラリア政府は、アメリカ・カナダに倣いオーストラリア生まれやオーストラリア生まれの妻や夫を持つ日系人156人と、健康上の理由で移送が困難であると診断された5人の高齢者を除くその他の抑留者を全員本国に送還した。その中には、在豪40～50年の初期移民が多く含まれていた。残留した高齢者5人は病院等の施設へ運ばれ、その他の156人は引き続き収容所に留まり、移民局の下に設置された抑留者特別調査委員会による審査を待つことになった。
　この残留組156人の日系人は、家族持ち、単身者それぞれ個々の家族・生活状況や今後の本人たちの希望についてインタビューされ、オーストラリアに残留するか、日本に戻るかの選択肢が与えられた。ほとんどがオーストラリアに残ることを選んだ。しかし、本人たちの意思が完全に通ったわけではなく、審査の結果、改めて20人が1947年1月に引き揚げ船で日本へ帰還することになった。[54]その中には、審査官の判断で、オーストラリア社会での再定住にふさわしくないと判断された人々も何人か含まれていたと思われる。しかし、この20人の中、誰が再定住に不向きと判断されたかは、現調査では不明である。インタビューの報告書には、忠誠心が強く心情的に日本に傾いている者や、戦前日本人会のリーダーをしていた者たちの残留を懸念している文面が随所にみられる。戦前オーストラリア政府は日本人会を、日本という祖国に献身的で利敵行為を起こす可能性がある愛国的組織と捉えていた。そのような会の役員を務めた人物についてのコメントが、戦前木曜島の日本人会の会長だった山下春吉をインタビューした審査官の報告書にみられるので、一例として挙げておく。

　山下は1887年に11才で親戚に連れられて木曜島に渡った。木曜島生まれの日系二世の

女性を妻にし，木曜島で醬油工場を始め，戦前の木曜島の日本人コミュニティーのリーダー的な存在になった。山下はもともと軍当局から疑惑を持たれていたが，私見では，彼は日本の軍事政策を嫌っていたにも関わらず，決して日本への愛国主義的な見方を変えなかったようだ。彼を抑留したのは正当だった。しかし，彼には18歳から3歳までの子どもが9人もいる。家族は皆オーストラリアに残りたいと言っている。元木曜島の日本人コミュニティのリーダーだった山下を戦後の木曜島に帰還させるのは適切ではない。どこかクイーンズランド州の別の場所に定住させる方向で山下の釈放を考えたい。[55]

しかし，実際には，山下ファミリーは父親が強制送還されることもなく，親子ともども戦前の居住地木曜島に帰還することができた。

8 日系オーストラリア人と戦後再定住

残留を認められた141人[56]の日系人たちは，行先が決まり次第，徐々に収容所を出て行った。シドニーのジャパニーズランドリーのオヤマのように戦争中家族が家や家業を守っていた者は比較的スムーズに復帰できた。しかし，戦時中に住む家を失った家族は，生活再建に多くの時間を要した。ダーウィンへの帰還は特別長くかかった。反日感情が特別強かったためである。村上安吉の妻テレサは抑留中夫を病気で亡くし，育ち盛りの息子4人を連れ，パースでカトリック系の福祉施設に取り敢えず入所したが，村上ファミリーがダーウィンに戻れたのは9年後の1956年だったという。[57]ブリスベンのトリマル一家は収容所を出てから，メルボルンの海岸に収容所から支給された給料で買ったテントを張って住み，そこでドライクリーニングを始めたと言う。母親は収容所を出た1年後に亡くなり，父親もその後間もなく亡くなった。63歳だった。長女はタツラ収容所の元衛兵と知り合って結婚，次女も朝鮮戦争からの帰還兵と知り合って結婚した。2人とも子どもをもうけ孫たちにも恵まれた。[58]木曜島に帰還した日系人家族は山下ファミリーの11人を含め子どもを含め総勢38人であった。[59]木曜島は，全島民が強制転住になったので，「島民ほとんどがゼロからのスタートだったので，みんなで協力し合った」と山下ファミリーの長女エブリンは語る。[60]現在，木曜島には山下ファミリーの子孫でその名前を引き継ぐ二世の数は少なくなっている。島には他に真珠貝ダイバーをルーツに持つ日系家族

の藤井，芝崎，中田ファミリーの子孫が残っている。

　戦後のオーストラリアの一般社会には反日感情が蔓延していて，日系人の社会復帰は困難だった。ある者は，戦後，名前を変え，また，ある者は中国人の振りをし，エスニシティーを隠すことで徐々に生活の再建を計った。戦時外国人取締り法が解除され，1949年にはオーストラリア国籍法が成立した。オーストラリアに残留した日系一世や二世の多くがオーストラリア籍を取得し，初めて法的にオーストラリア人としてオーストラリア社会に仲間入りすることになった。だが，強制収容体験は後遺症として戦後も長く尾を引いた。ダーウィンの中芝岩松の長女メアリーは，看護師になり，戦争で故郷を亡くしたポーランド人で戦後オーストラリアに移住したザザブコワスキー氏と結婚し，4人の子どもをもうけた。メアリーは抑留の体験を次のように語る。

> 自分が生まれた国で敵国人になったという事実と日本人の収容所に入れられたということが，最悪でした。自分の血に流れる日本に対する憎悪そして，同時にその血を受け継いだ父への愛とで私の心は二つに裂けそうでした。[61]

　メアリーの弟のサムは，戦時中，抑留に対して申し立てをし1944年に早期釈放された。サムは中芝という日本姓を捨てて英語の姓に改姓し，オーストラリア軍隊に入隊した。姉のメアリーは「サムは死ぬまで，心が軍隊を離れることはなかった。兵役に就いていることが，彼のオーストラリア人としての証だった」と語っている。[62] こうして，現在，中芝の名を継ぐ子孫は途絶えた。

　ベンディゴのトマト農園で働いた高須賀ショーは，戦後1964年から1970年までビクトリア州ハントリー区の区議会に務め，その間1年間は区長にも就任した。1967年の愛媛新聞のインタビューで「私は根っからの豪州っ子ですからね。鏡の中の私が皆と違うだけで，ほかはオーストラリア人だと思っています。皆もずっと私を豪州人として見てくれています。」と答えている。[63] 姉の愛子は4人の子どもと7人の孫をもうけ，1970年にスワンヒルで亡くなった。ショーも1972年でその生涯を閉じ，高須賀の名を名乗る子孫は途絶えた。

　ダーウィンの村上安吉の息子たちは1人も結婚しなかった。三男のジョーは，収容所出た時，20歳を迎えていた。筆者宛ての手紙で次のように書いている。

第4章　戦前と戦後をつなぐオーストラリアの「日系人」たち

血統のことに触れられるのではないかといつも怖れていた。お互いに過去の経験を話し合え，慰め合えるような自分と同じ境遇の人もまわりにいなかった。今日に至るまで，私たちは社会生活に必要なことが身につかず，社会的なハンディを感じている。家の兄弟も戦争の傷痕から抜け出せず，結婚もせず，心は満たされず……でも自分の運命を変えようとするにはもう年を取りすぎてしまいました。[64]

ジョーは37歳で日本に移住し，日本語を磨き，日本企業に就職し，定年まで勤めあげた。現在88歳を迎え，日本の老人ホームで老後を過ごしている。

9　おわりに

オーストラリアにとって太平洋戦争は対日戦争に他ならなかった。対日戦争であった太平洋戦争は，他のどの戦争よりもオーストラリアという国家を脅かした。戦後オーストラリア社会に復帰した日系人は少ない。彼らはあちこちに分散し，日系アメリカ・カナダ人にみられるような連携や団結はできなかった。彼らは，戦後反日感情が広まるオーストラリア社会で，一世は晩年をオーストラリア社会から隠れるようにひっそりと暮らし，戦時中の体験を語らぬまま亡くなっていった。

1947年のオーストラリア政府の統計では，日系人が335人いたとなっている。[65] 筆者の推定では，残留を認められた141人と終戦前に早期釈放で収容所を出た69人，そしてその他抑留されなかった日系人を合わせても300人弱と見ている。いずれにしても，この一握りが，明治からの日本人移民をルーツに持つオーストラリアの日系人であり，彼らの末裔は広がっている。

近年になって，戦前の日系移民をルーツに持つ日系家族の子孫たち，日系三世，四世，五世の人々がそれまで葬られていた家族史を掘り起こし始めている。これは，様々な公文書館の情報がインターネットで検索できるようになり，そういう作業が一般市民にもし易くなったという理由もある。しかし，なんと言っても戦後が過去の事になりつつあることが最大の理由であろう。ダーウィン育ちの中芝ファミリーのメアリーは，2010年にナカシバの姓で家族の伝記を自費出版した。そこで，はじめて戦争体験を綴った。筆者の知る限りこの書が抑留経験者の当事者の日系オーストラリア二世による作品第一号である。

第1部　白豪主義そして多文化主義を生きる

また，ディキノスキー・ファミリーの子孫五世のミッシェル・ディキノスキーも自分の家族のルーツを織り込んだ小説を出した。その他，日系人作家・ジャーナリストたちによるオーストラリアの日系人ヒストリーを題材にしたフィクションやドキュメンタリーも出始め，注目されている[66]。筆者は，今これら一連の「語り」と「表現」が徐々にオーストラリアの日系人史の歴史認識を推し進める原動力になっていくと感じる。

1) 海外日系人協会，www.jadesas.or.jp
2) 海外在留邦人数調査統計（平成23年度速報版）www.mofa.go.jp/mofaj/toko/tokei/hojin/
3) 二重国籍保有者も含まれる。
4) 石田智恵（2010）「戦後日本における「日系人」の誕生」，『移民研究年報』16号，97頁。
5) 本章は，拙書 Unwanted Alien: Japanese Internment in Australia during WW2, UQPress, 1996並びに日本語簡約バージョン『オーストラリア日系人強制収容の記録』高文研，2002の内容をオーストラリアの日系人史の観点から部分的に再構成し，更に一次・二次資料で得た新情報を織り込みながら考察した。
6) 太平洋戦争中のオーストラリアでの日本人強制収容の国外組の全容については，上述の2冊を参照されたい。
7) オリバー，パム（2009）「西オーストラリア州日本人の家族ビジネス」，ブラック，デイビッド・曽根幸子編，有吉宏之・曾根幸子監訳，2012『西オーストラリアー日本交流史：永遠の友情に向かって』，日本評論社（以下『西オーストラリア交流史』と省略する）76頁。
8) 岡崎一浩（1996）「オーストラリア移民史抄」，『移住研究』国際協力事業団 No. 33, 44頁。
9) Sissons, D. C. S., 1972, *Japan and Australia in the Seventies*, Angus & Robertsons, Sydney, p. 200.
10) 真珠貝採取産業への特別考慮については，村上雄一氏の章を参照されたい。サトウキビ園の労働者は日本人に代わってイタリア人の起用が始まった。
11) 岡崎一浩，45頁。
12) Oliver, Pam, 'Citizens without Certificates or Enemy Aliens ?' In Beaumont, J., Ilma Martinuzzi O'Brien and Mathew Trinca, eds., 2008, *Under Suspicion: Citizenship and Internment in Australia during the Second World War*, National Museum of Australia, p. 136.
13) Sissons, D. C. S., 押本直正訳（1979）「ある移民の一族」『移住研究』No. 16. 66頁。
14) オリバー，『西オーストラリア交流史』，84頁。
15) 1943年抑留者再編成が行われ，それ以降，戦前真珠貝採取業，船舶など海事業に携

わった労働者たち約500人は戦争捕虜扱いになりヘイ収容所に集められた。

16) オーストラリア公文書（以下 NAA）MP729/6.
17) NAA A437, 46/6/72；A37, 1149-214；A373, 11557；A373, 11505/48；MP508/1, 255/702/1526他複数のファイルに加え、聞き取り調査で得られた情報を基に筆者が作成したデータベース。データの内容は、抑留された日系人の名前、年齢、出身地、家族構成など。以下永田日系データベースと呼ぶ。
18) 永田『オーストラリア日系人強制収容の記録』61-62頁。
19) Ibid. pp. 56-58.
20) 永田日系データベース。
21) 永田日系データベース。
22) 永田『オーストラリア日系人強制収容の記録』59頁。
23) 永田日系データベース。
24) Oliver, *Raids on Australia*, p. 70.
25) NAA B883, QX13648.
26) NAA A367, C69851.
27) 永田『強制収容』、66-67頁。
28) Nagata, *Unwanted Aliens*, p. 67.
29) NAA, B884, Q265679.
30) Jan. 22, 2015取得, GENI www.geni.com、全豪日本人クラブ（1998）『オーストラリアの日本人：一世紀をこえる日本人の足跡』33頁。
31) NAA A1, 1914/18529；BP4/3, 1917.
32) シソンズ、デービッド、押本直正訳（1979）「ある移民の一族」『移住研究』No. 16. Sissons, D. C. S., 1975, 75頁。
33) Ibid.
34) Nagata, *Unwanted Aliens*, p. 119.
35) 永田日系データベース；A659, 1940/1/4195；B78, 1957/Kagami K、プライス町子、「セント・キルダ墓地に眠る日本人」、全豪日本人クラブ編1998『オーストラリアの人日本人』42-44頁。
36) NAA: A659, Furusawa, M., 1940/1/4195.
37) プライス町子「セントキルダ墓地に眠る日本人」『オーストラリアの日本人』42-44頁。
38) NAA: A659, Furusawa, M., 1940/1/4195.
39) 鎌田真弓（2012）「国防の最前線：ダーウイン空襲を追悼する」鎌田真弓編『日本とオーストラリアの太平洋戦争』御茶ノ水書房、86頁。
40) Australia's War 1939-1945, www.ww2australia.gov.au/underattack/airraid.html.
41) www.ozatwar.com/bomboz.htm.
42) 永田、『強制収容』192頁。
43) Ibid., p. 194.
44) 寺田満春、「ある日本人移住者：岩永時太郎さんのこと」、全豪日本人クラブ編・前掲注35) 104-105頁。

45) 朝日新聞〈大阪〉, 溝上瑛, 1991年8月20日。
46) Ibid.
47) Ibid.
48) Nagata, *Unwanted Aliens*, p. 161.
49) 永田『強制収容』150頁。
50) 永田日系データベース。
51) インタビュー, 村上ジョー。
52) Ibid.
53) 永田日系データベース；彼らは, 戦時中一旦収容所のある町の民間人墓地に埋められていたが, 1964年, ニューサウスウエールズ州のカウラ収容所から集団脱走を企て命を落とした日本人戦争捕虜兵士を葬る日本人戦没者墓地が建設された際, 改葬されカウラに集められた。
54) Nagata, *Unwanted Aliens*, p. 210.
55) NAA A373, 1/505/48.
56) 高齢者の5人を含めた人数である。
57) インタビュー, 村上ジョー。
58) インタビュー, メアリー・ナカシバ。
59) Nagata, 1999, 'Japanese-Australians in the Post-war Thursday Island Community', Regina Ganter ed., *Queensland Review: Asians in Australian History*, University of Queensland Press, p. 34.
60) インタビュー, 鈴木エブリン。
61) インタビュー, メアリーナカシバ。
62) Ibid.
63) 押本直正（1982）「日豪親善に貢献した日本移民」『移住研究』No. 19, 16頁。
64) 永田,『強制収容』197頁。
65) "Population, Race, Australia 1947 and 1954" in Official Yearbook of the Commonwealth of Australia, No. 47 (1961) p. 316.
66) 日系写真家金森マユはオーストラリアの日系人史をモチーフとして数々の作品を手掛けている。ダーウィンの写真家村上安吉をモチーフにした「Through A Distant Lenz」(2014), オーストラリアの日本人の墓地を題材にした「In Repose」, ブルームのアボリジニの日系混血の娘の父探しを題材にした「The Heart of the Journey」；日本人の母を持つクリスティーン・パイパーは「After Darkness」(2014)でブルームで抑留された日本人の医者を描いた。また, オーストラリア育ちのジャーナリスト福井マサ子は, Radio Nationalラジオ番組「Acrobats to Bankers」で2015年ニューヨークラジオ番組祭の歴史部門で金賞を受けた。

第5章　出会い，交際，そして適応
──日本人戦争花嫁とその移民体験──[1]

田村　恵子

1　はじめに

　第二次世界大戦は世界各地でそれまでみられなかった規模の女性の移住をもたらした。これは戦時中や戦後の占領期間に各国に駐留した外国兵と現地女性たちの結婚によるものである[2]。これらの女性は一般に「戦争花嫁」と呼ばれる。日本の占領期間中，多くの日本人女性がオーストラリア軍人と知り合いその後結婚した。この結婚による移住は，朝鮮戦争中やその終了後もオーストラリア軍が日本に駐留したため，占領が正式に終了した後も続いた。合計約650人の日本人女性が1952年以降に戦争花嫁としてオーストラリアに渡っている[3]。

　本章では，筆者が実施した女性へのライフヒストリー調査から浮かび上がったオーストラリアに移住した日本人戦争花嫁の体験について考察する。女性たちはオーストラリア人兵士との最初の出会いから渡豪体験，そしてその後のオーストラリアでの生活など，50年間にわたる体験を回想し語っている[4]。

　日本人戦争花嫁の個々の体験は，1950年代にオーストラリア人男性と結婚し，オーストラリアへ移住したという共通点はあるものの，一般化することは難しい。筆者が収集したライフヒストリーのひとつひとつが半世紀という時間軸を持つ個別な体験である。本章では，歴史的背景を略述した後，女性たちの人生における重要な3つの転機，すなわちオーストラリア人兵士との出会い，交際の始まり，新しい国への適応について彼女たちがどのように語ったかにつ[5]

いて論じたい。戦争花嫁の体験についての研究者の分析だけではなく、その体験を読者により深く理解してもらうために、彼女たち自身の語りも併せて引用する。

　第二次世界大戦後のオーストラリアへの移民のうち日本人戦争花嫁は、オーストラリア人との婚姻を理由にオーストラリア社会に受け入れられた最初のアジア人女性たちだったという独自性がある。それまでにも個々のアジア人女性がオーストラリア人男性との結婚後オーストラリアに移住した事例はあったが、アジアからの相当数の女性移民グループとしては日本人戦争花嫁が初めてだった。また日本から見ると、占領中および占領後に大きな規模で西洋人と結婚し、夫の国に移住した初の女性移民グループという点である。それまでも欧米人（オーストラリア人を含む）と日本人の結婚はあったが、戦争花嫁グループほどの規模で生じた例はなかった。[6] 戦争花嫁の移住先にはオーストラリアだけでなく、米国、カナダ、ニュージーランドがあった（移住人数が最も多かったのは米国である）。

2　出会い

(1)　オーストラリア軍による日本占領

　1945年8月に日本が降伏してから1952年に平和条約が批准されるまで、日本は連合軍によって占領された。オーストラリアは1946年2月から西日本を占領した英連邦占領軍の一員として占領に参加した。英連邦占領軍は英国、オーストラリア、ニュージーランド、インドの4ヵ国の軍で構成されていた。占領初期に多くの兵士が上陸し、1946年末には約3万7000人に達したが、このうちの1万1000人がオーストラリア兵だった。[7] 英国、インド、ニュージーランドは占領初期に軍を引き上げたが、オーストラリアは駐留を継続し占領軍の中心として活動した。オーストラリアの管轄地域は広島県で、オーストラリア軍部隊は広島市の東に約40kmの距離にある呉市に司令本部を置いて駐留した。

　終戦まで呉港は日本海軍四大軍港の1つとして、最先端技術を備えた造船所や飛行機製造施設を持ち、江田島には海軍士官養成のための海軍兵学校があった。[8] しかし1945年7月の空襲により、市街地も港湾施設（造船施設を含む）も完

全に破壊され,英連邦占領軍が到着した時期にはまだ,呉市民は敗戦の事実を受け入れるのに精一杯で,帝国海軍という主要な雇用先が消えてしまった街でその日その日を生き延びようと苦闘していたのだった。

　1947年2月頃のピーク時には,約1万2000人のオーストラリア人(陸軍および空軍人員を含む)が日本に駐留していた。[9] 日本の情勢が落ち着くとしだいにその数は減少し,1950年3月にはオーストラリア連邦政府閣議で約2300人の軍人のみを残して軍の撤退を決定した。しかし1950年6月に朝鮮戦争が勃発したため,英連邦朝鮮派遣軍が編成され国連軍の一員としてオーストラリア軍は引き続き日本に駐留することになった。1953年の休戦協定後日本撤退が始まり,最後の部隊が呉を離れたのは1956年11月で,これによってオーストラリア軍の日本駐留が終了した。

　呉市民は約10年間,オーストラリア軍人と生活を共にしたことになる。[10] この期間中,占領軍と朝鮮派遣軍の基地は呉の人々の雇用先として重要だった。1946年3月の占領開始時点での基地内の日本人就労者数は約8000人だったが,まもなく飛躍的に増加して1946年10月には2万人に達した。その後就労者数は8000人前後で落ち着いた。[11] 多くの女性がキャンプ内でウェイトレス,ハウスメイド,売り子,事務員,タイピスト,通訳など様々な仕事に就いた。一方で兵士たちは基地周辺に建ち並んでいた土産物屋で買い物をしたり,バーや食堂に出入りしたり,地元住民と闇市で取引するなど,呉市の経済において重要な役割を担った。このような状況が,日本人住民とオーストラリア人兵士が頻繁に接触する環境を生み出したのだった。

(2) 反宥和政策

　占領開始後まもなく,オーストラリア軍が指揮を執る英連邦占領軍司令部は,宥和による問題発生を予測し,1946年3月に反宥和の指令を兵士に伝達した。占領軍の呉到着からわずか1ヵ月後のことである。この指令は,英連邦占領軍構成員すべてに「日本人と付き合うことは,我々に対して戦争を起こすことにより大英帝国全体の何千もの家庭に深い苦痛と損失を与え,そして我々が打ち負かした敵である国民と付き合うことである」と認識させるものだった。占領軍軍人は日本人に「形式に則り正しい態度」を取り,「決して家庭に立ち

入ったり，家庭生活に関わったりしてはならず」，「日本人との非公式な付き合いは最小限にとどめなければならない」とされた。[12]

オーストラリア陸軍はここでは明言していないものの，一番の懸念は兵士と日本人女性との交際で，二者間の結婚の可能性を避けるための施策が取られたのだった。公式指令によると，占領軍構成員は英連邦占領軍総司令官の書面による許可がなければ結婚できないことになっていた。許可なく結婚式を挙げた場合は，すべての兵士について次のような制裁が下される可能性があると警告していた。

① 懲戒処分が検討される。
② 原則として，たとえオーストラリア軍人と結婚していてもアジア人女性のオーストラリア入国は禁止する。
③ 扶養家族手当および結婚手当を支給しない場合がある。[13]

このように，結婚は特別許可を得ない限り出来ないだけでなく，ほぼ確実に許可が出ないことは極めて明らかだった。もし兵士がこの規則を無視して結婚した場合には，オーストラリアに妻を連れて帰国することも，日本で妻を養うことも不可能だった。

(3) 結婚と戦争花嫁の容認

反宥和政策によってオーストラリア人と日本人の友好的交流を妨げようとしても，すべてを阻止することは不可能だった。英連邦占領軍は占領を維持するために日本人就労者を必要としており，基地内での日本人との付き合いは避けられなかった。また，兵士は娯楽を求めて街に繰り出し，そこでは地元住民との交際が必然的に発生した。

占領初期から，英連邦占領軍兵士が日本人女性に対して日本人男性とは異なる見方をしていることは明らかだった。日本への派遣が決まったオーストラリア軍人の家族に配布されたパンフレット *BCOF Bound*〔英連邦占領軍駐留に向けて〕には，「女性は何か異なって見える。日本には男性と女性という2つの人種がいると言われている。女性はまず家族のために働き，結婚すると夫と子供のために働くように変わる」と書かれていた。[14] 日本人男性は日本の戦時侵略に責任があると考えられたが，女性は同じ責任があるとはみなされず，家庭

第5章　出会い，交際，そして適応

的な存在として描かれていたのだ。

　実際に日本に駐留したオーストラリア人兵士も，このような日本人男性観や女性観は広く受け入れていた。1947年3月の諜報報告書には「多くの部隊は日本人を2種類のみに分類している―可愛い女性と『野郎ども』である」と書かれていた。長期的な観察から，この見方が，特に兵卒の間では実際に極めて一般的であったことがみて取れる。[15] 兵士らは若い女性を，日本語の「娘」をもじってアメリカヘラジカを意味する「ムース」というあだなをつけて，狩りで射止めるべき獲物のように呼んだ。[16]

　オーストラリア人兵士と日本人女性の交際が，真剣な関係に進展するのは避けられないことで，最終的には結婚の可能性を模索する兵士も現れ，結婚禁止令にも関わらず，占領開始後すぐに結婚許可申請が提出されるようになった。[17]

　結婚申請の数が増えるにつれて，政府の反宥和政策が強硬なものであることがはっきりとしてきた。1948年に兵士ヘンダーソンからの結婚申請が却下された後，労働党内閣のアーサー・コルウェル移民大臣は公的に宥和への反対と嫌悪感を表明し，「日本人の手によって苦しんだ男たちの親族が存命なうちは，男女を問わず日本人によってオーストラリアやその統治下にある海岸を汚されることを認めるのは，最悪の冒涜行為である」と述べた。[18]

　政府や世論の強硬な反対にも関わらず，申請は続々と提出された。その中でも，チェリー（日本名桜元信子）という日本人妻と2人の子供をオーストラリアに連れ帰ることを希望したゴードン・パーカーの嘆願はメディアで大きく報道された。平和条約の交渉が始まり，日本との通商関係の発展が確実に見え始めると，政府はその姿勢を変えるべく圧力を受けるようになった。

　平和条約が公的に発効する1ヵ月前の1952年3月，メンジーズ政権でコルウェルに代わって移民大臣となったハロルド・ホルトによって，オーストラリア人兵士と結婚した日本人女性らの入国が認められた。ホルトは当初オーストラリアへの入国を希望する女性の数を10人強と予測していた。[19] 最初にオーストラリアに到着した日本人妻は前述のチェリー・パーカーで，同年6月のことだった。1956年11月にオーストラリア軍駐留が終了するまで，約650人の女性がオーストラリア人兵士の妻または婚約者としてオーストラリアに移住した。

91

3　日本における「戦争花嫁」イメージ

　戦争花嫁が駐留軍兵士と交際をしたり夫の国に移住するために日本を離れた当時，日本ではどのような印象を持たれていたかを考察しておく必要がある。この分析で鍵となるのは「戦争花嫁」という用語である。「戦争花嫁」は英語の 'war bride' に当たるが，日本とオーストラリアでこれらの用語は異なる意味合いがある。英語の 'war bride' が想起するイメージは，第二次世界大戦中の米国兵とオーストラリア人女性の間のロマンチックな恋愛であるが，日本語の「戦争花嫁」には侮蔑的なイメージが伴う場合があるため，使用には注意を要する。この用語に付随する負のイメージから距離をおこうと，日本のメディアではしばしば「いわゆる戦争花嫁」と「いわゆる」を付けて用いる。

　日本人にとって「戦争花嫁」という用語は敗戦後の混乱した時代を思い出させる言葉である。終戦までに日本の主要都市圏のほとんどは空襲で破壊され，数多くの住民が生活のすべを失い，食糧不足に苦しんでいた。軍が解体され何万人もの兵士が，大陸からの引揚者とともに，職をみつけるあてもなく故郷に戻った。

　「戦争花嫁」の用語は，連合軍兵士による日本の占領期を想起させるものでもある。当時の日本人兵士と比べて連合軍兵士は背が高く健康的で栄養が行き届いていた。終戦まで敵兵は人間ではなく，日本兵と戦って夫や父や兄弟を殺した獣であり悪魔であると教えられてきた日本人にとって，連合軍兵士と直接向き合うことは複雑な経験だった。しかし今や彼らは戦勝国の兵士として日本に駐留し，権力と豊富な物資を持っていた。そのような物質的優位性を持っていた連合軍が戦争に勝ったことは何の不思議もないとも日本人は感じたし，日本人が生き延びるためには彼らの命令を受け入れなければならないことを意味した。

　日本人の中には，これらの兵士と付き合う女性は祖国の裏切り者であり，征服者と交際することで日本人男性の支配に反逆する者であるという感覚があった。この問題の一部は RAA（Recreation and Amusement Association の略）と呼ばれた慰安娯楽協会によって生じたものである。敗戦直後に日本が半官半民で

設置したRAAは終戦後まもなく占領兵専用の慰安所を開いた[20]。後にRAAは廃止されたが、多くの違法売春宿ができて街娼が活動を続けた。

　女性の多くが仕事や友人を通して夫となる占領軍兵士に出会っていたにもかかわらず、駐留兵と親しく付き合う女性はしばしば売春婦と見なされ、時には侮蔑的な「パンパン（売春婦）」や「オンリー（愛人）」と呼ばれた。占領兵と交際した女性たちは、もちろんこのようにみられていることを知っていた。結婚が決まってその関係が法律上認められたものとなっても、女性たちは世間の批判から逃れることはできなかったし、隣人や知人に水商売や売春に従事していたとみなされるのではないかと懸念した。そのような見方は地域での家族の社会的立場を損ない、他の家族（特に兄弟姉妹）は自身の結婚を考えたときに偏見に遭うことを恐れた。外国軍人と結婚した姉妹を持つことは、自身が「よい結婚」ができる可能性を損なうのではと懸念されたのだ。

4　出会いに関する女性の語り[21]

　半世紀以上の時間が流れても、女性たちがオーストラリア人兵士と出会い、交際した時の記憶は今も鮮明であり、彼女たちの語りは出会い当時の時代と場所の記憶を呼び覚ますものであった。

　ミチ・ローは1919年に生まれ、筆者が聞き取りを行った戦争花嫁の中で最年長であった。彼女は日本海軍の軍属タイピストとして戦争中は一時オランダ領ニューギニアで働いた。彼女の婚約者だった海軍将校は戦死し、終戦時には25歳だった。戦後に徳島県の新聞社支局に勤めていた時、ミチは自分より7歳若いオーストラリア人兵士ガス・ローと出会った。ガスはその後岡山県に転属となり、ミチは彼に会いに岡山を訪れるようになった。以下はガスとの交際当時に関するミチの語りの抜粋である[22]。

　　ガスとの交際が本当に楽しかったんです。戦争中はみな辛い思いをしました。東京にいた婚約者（後に戦死）とは大手を振って交際することはできないし、戦後は食糧が乏しく苦しい生活だったんです。外人と付き合っていることに自意識過剰になる時もあったけれど、私たちのようなカップルは大勢いたんです。当時は女性の数に比べて若い男性の数が少なくて、私たちには占領兵と付き合いたいという思いがありまし

第1部　白豪主義そして多文化主義を生きる

た。兵隊たちがオープンで楽しく，自分自身をエンジョイしているのに比べて日本人男性はなんだか暗い影を引きずっているように見えたんです。それと占領兵はお金を持っていました。たくさんの女の人が駐留兵に惹かれたのは当然ですよ。陰口を叩く人々もいましたが，私は好きなだけ言えばよい，言葉では私たちを傷つけることはできないのだからと思っていました。

カズコ・ロバーツはお洒落な若い女性で，占領下で美容院を経営したいという夢を持っていた。彼女は呉市で将来夫になるジャックと出会った。ジャックはスポーツと伝書鳩レースに熱心な若い占領兵だった。[23]

ジャックの本名はジョンですが，みな彼をジャックと呼んでいたんです。美容師仲間を通して彼を紹介されて，彼は私より3歳年下でした。彼に会った時，とても綺麗な目をしていると思ったんです。髪はブロンドに近くウェーブがかかっていて，身長は6フィート〔183センチ〕ほどで，オーストラリア人としては背が高いわけではなかったけれどスポーツマンでした。オーストラリアンフットボール，クリケット，バスケットボール，ソフトボールをしていました。オーストラリアへ帰る前にプロのフットボール選手にならないかと誘いがあったけれど，鳩の飼育の方が好きだからと断ったのです。ランニングとダイビングも得意でした。私が彼に惹かれた理由に彼のスポーツ能力があったことは確かです。日本人の男友達と比べて彼が特別に親切だとか思いやりがあったわけではないけれど，間違いなく他の男友達より熱心にアプローチしてくれました。

彼と過ごす時間が楽しかったんです。デートで呉のダンスホールや映画館に行ったけれど，そんな場所を選んだのは日中には手をつないで歩くことができなかったためです。私は昼間は仕事がありましたし。その頃は彼と結婚するなど考えてもみませんでした。ただ彼や他の友人たちとそういった場所へ行って楽しんでいるだけでした。

初めは単なる楽しい遊び友達として始まった関係は，より真剣でより親密な関係に発展することがしばしばあった。軍司令部が正式な結婚を禁止していたため，オーストラリア軍人と結婚ができる現実的な見通しが立たない段階で子供を持つかどうかの決断を迫られる女性たちもいた。一方で「結婚適齢期」の若い女性にとって，戦争で男性人口が減少していたため，日本人男性の結婚相手を探すのが難しいという事情もあった。そのため20代前半という「結婚適齢期」を過ぎた女性の中には，日本人男性と結婚して「普通の幸せ」をつかむことは不可能に感じられたのだった。

ここでは独立心と精神力の強さがあらわれているミチ・ローともう1人の戦

第5章 出会い，交際，そして適応

争花嫁トミコ・クーパーの語りを紹介する。彼女たちは，交際相手との関係が不安定でオーストラリアに移住できる見通しも不透明なまま，子供を産むことを決断した。彼女たちは，相手との関係をつなぎとめる手段として子供を産んだのではなく，夫が彼女たちと混血の子供を置き去りにした場合の結末についても考えていた。それぞれの語りから明らかになるのは，自分の一部となる存在を得たいという強い欲求のため，家族の反対を押し切っても子供を産もうとする姿勢だった。

ミチ・ローは当時の彼女の状況について次のように話している。

　ガスと一緒にオーストラリアに行けないと知っていながら，なぜ子供を産んだかと訊かれたけれど，私はそれまでにもオーストラリアの兵隊が帰国した後，二度と恋人や子供に連絡してこないことを何度も聞いていました。嫌になるくらい聞かされました。でもあの頃を振り返ると，自分を捧げられる存在として子供が欲しかったんです。私はすでに年を取り始めていて，日本人の男性と結婚して子供を持てる望みはありませんでした。結婚を考える男性は他に誰もいませんでしたし，もちろん私に見合い結婚の話が来る可能性もありません。それで私は，たとえ苦労をしても，子供がいれば頑張れると思ったのです。子供が混血であることはあまり心配しませんでした。周り，特に呉や東京にはたくさん混血児がいたからです。その数があまりに多かったので，日本で子供がどんな扱いを受けるだろうかと心配する気は起きませんでした。
　ガスがいなくなっても，私は仕事をして自分と子供を食べさせていけると思いました。私は新聞社で働いて大阪と東京で自活していたので。だから働けるという自信はありました。幼い子供たちをどうしたらいいかも心配しませんでした。最悪の場合は家族に頼れると分かっていましたので。事実，家族はとてもよくしてくれました。子供たちを本当に可愛がってくれました。

トミコ・クーパーは1947年に呉でオーストラリア人兵士と出会い，結婚してオーストラリアに移住できるかどうかわからないまま娘を産んだ[24]。さらに交際相手のポールの態度も親身ではなかった。彼女は自分の体験を次のように語った。

　私が妊娠を決して後悔しないことはすごくはっきりしていました。自分の子供を産みたかった。なぜ産みたかったのかという質問ですが，私は日本では普通に結婚できないことがわかっていたんです。日本人男性と結婚できず，私の家が結納金を用意できなければ，私は夫も子供もないまま生きていくことになります。当時は少なくともポールがいました。だから私は利己的な理由で子供を産みたいと思ったのです。子供

第1部　白豪主義そして多文化主義を生きる

が父無し子として生きていかなければならない可能性も分かっていました。子供が混血となることはあまり心配になりませんでした。当時は混血児がとても沢山いたのです。

　父には妊娠したことを話しませんでしたが，母には話しました。「お母さんが何と言ったって，この子は絶対堕ろさないから」と言いました。母も隣人も私の決心に反対して何度も考え直すように言いましたが，私は考えを変えませんでした。母はとうとう「分かったわ。そんなに決心したのなら，できる限りの手助けをしましょう」と言ってくれました。私はポールに子供ができたことを相談しましたが，彼は「産むのは君だ。僕にはどうしろとは言えない」と言っただけでした。

5　妻として・母としての戦争花嫁

(1)　オーストラリア社会への同化

　日本人戦争花嫁は1950年代にオーストラリアに渡った。当時のオーストラリアにはヨーロッパからも移民の波が押し寄せており，政府は白豪主義を大きく掲げて同化政策を打ち出していた。太平洋戦争に起因する強い反日感情も残っていた。祖国のために戦ったオーストラリア軍人の妻として，戦争花嫁らは速やかにオーストラリア社会に溶け込むことを期待された。花嫁たちは夫と家族に庇護されて新しい文化や言語，そして生活様式に馴染むのは大きな問題ではないだろうと期待されていた。また，彼女たち自身も伝統的な結婚観，すなわち花嫁は速やかに夫の家に馴染むものだという観念を持っていた。

　彼女たちは同化するために必死で努力した。結婚によって日本姓は夫の姓に変わり，かくして彼女たちはミセス・フォスターやミセス・モリスやミセス・ライアンとなった。日本語名の代わりには英語のファーストネームを使うことで家族や隣人が名前を覚え易くした女性もいた。彼女たちが日本人だったことは，書類上ではわからないことも多くなった。

　戦争花嫁がオーストラリア移住後に築いた家庭は，外観は一般的なオーストラリア人家庭そのものであった。子供たちには英語名が付けられ，家庭で使用する言語は英語だった。子供に反日感情が向けられることを恐れ，夫は通常，家庭内で日本語を話すのに反対した。妻もそれがよかろうとその判断を受け入れた。彼女たちはロースト料理など，一般的なオーストラリアの家庭料理を習

い，オーストラリアやキリスト教の暦に従って家庭内の祝い事が行われた。

　日本人花嫁のオーストラリア入国時には，アジア人など「望ましくない」移民の入国を防ぐために設定された悪名高き言語試験は免除されたが，5年間の短期滞在ビザしか下りず，必要とあればオーストラリア政府は彼女たちを国外追放できる状況だった。女性たちが他の移民と同じ基準で市民権を取得できるように市民権申請要件が変更されたのは1956年になってからのことで，多くはオーストラリアに帰化することで日本国籍を失うことが分かっていても，その資格を得ると直ちに帰化した。彼女たちの素早い行動にはいくつか理由がある。女性たちと夫たちの中には，法が再び改正されて申請資格が取り消される可能性を懸念するものがいた。また妻は夫や子供と同じ国籍を持つのが当然だと考える者も多かった。さらに，オーストラリアと日本が再び戦争になった場合，第二次世界大戦中と同様に日本国籍を持つ者は強制収容または国外追放されるのではと恐れる女性もいた。夫が豪軍人だった女性たちは，日本国籍を維持することで夫のキャリアや昇進に悪影響を与えるのではないかとも心配した。

　豪政府の見地では花嫁たちがオーストラリアの市民権を取得したことで同化プロセスは完結していたが，書類上オーストラリア人となっても，英語やオーストラリアでの生活様式に不慣れを感じる女性が多かった。しかしこのような問題は忙しい家庭生活に埋もれて，女性たちは言葉やいろいろな問題を夫や，多くの場合は子供たちに頼るようになった。

(2) 同化プロセスについての女性たちの語り

　日本人花嫁たちは子供たちをオーストラリア人として育てることを期待された。日本で生まれ育ち，自分では文化的や言語的スキルの不足でオーストラリアの習慣や考え方を体感したり理解していなかったため，彼女たちは夫や隣人や時には子供たちに頼り，やり方を教えてもらう必要があった。その生活習慣に必ずしも納得したわけではなかったが，今住んでいる国の「常識」を受け入れなければと自分たちに言い聞かせた。

　トシコ・ハドソンは若くして東京でオーストラリア人と結婚した。彼女の夫は英連邦占領軍の通訳として呉で働いた後，東京のオーストラリア大使館に職

第1部　白豪主義そして多文化主義を生きる

を得ていた。夫は長男が3歳になると，息子をオーストラリア人として育てたいとの理由でオーストラリアへの帰国を決意した。日本語が堪能な夫だったが，オーストラリアに戻ると直ちに家庭で日本語を使うのを止め，トシコにも同じ様にするように命じた。夫は日本生まれの長男と後にオーストラリアで生まれた息子3人が「オーストラリア人らしく」なるためには，英語を話すことが必要不可欠の要素だと考えたのだ。トシコには4人の息子をオーストラリア人として育てることが期待されたが，問題は彼女がオーストラリア人らしさとは何かを知らないことだった。[26)]

　デイビッドは息子たちをオーストラリア人に育てたいと考えてその育て方も彼が決めました。私にはオーストラリア流のやり方は見当もつかず，彼が「これがオーストラリアの正しいやり方」だと言うことを受け入れるしかありませんでした。私が好まないこともいくつかあったのですが，主人や家族に逆らえませんでした。好きになれなかったことの1つは食事のとり方で，デイビッドは大人の食事の前に子供に先に食べさせるように言いました。だから私は子供用と大人用の食事の2回分料理しないといけなかったんです。それだけではなく，食事どきの一家団欒ができませんでした。子供は先に食事を済ませて大人の食事が始まる前に寝かせつけられました。私はどうしてもこのやり方が好きになれなかったんです。日本では家族そろって食卓を囲み，食べながらその日あったことを話すのが常でしたから。私はどんなに散らかしたり騒がしくても，子供と一緒にご飯を食べて絆を深めたかったのに，主人は自分が育てられたとおりにするように言いました。私はオーストラリア人皆がそのようにしているものだと信じてしまいました。私は今でも，このやり方が親と子供の間，特にデイビッドと息子たちの間に少し距離感を作ったと考えています。私の目から見ると，デイビッドと息子たちはあまり親密な関係ではありません。オーストラリア人の親すべてが子供と別に食事をしているわけではないと気付くまでに長くかかりました。1960年代にメルボルンに引っ越した時隣りの人と話をしてわかったんです。デイビッドに「これがオーストラリアのやり方だ」と言われたとおりに信じていたのに，何か騙されたような気がしたんです。

　生まれつきオーストラリア人だったらよかったのにと願ったことは何度もあります。そしたら「オーストラリア人ならどうするかとか考えるか」をわざわざ学んだりする必要もなかったのに。そうしたら生まれつきそれが分かっていただろうに。外から来た私には何の手がかりもなかったし，だから主人に同意できない時でも彼に頼るしかありませんでした。私が他の女の人に国際結婚を勧めないのはこのためです。よく思ったことは，もし私が子供たちと日本に残っていたらできたことも，オーストラリアに来てしまったために別のことをしなければなりませんでした。そしてそのことを決して好きにはなれませんでした。

98

第5章　出会い，交際，そして適応

6　おわりに——日本人戦争花嫁のアイデンティティー——

　戦争花嫁はオーストラリア移住後，自分と周囲の人間関係を評価するための文化的基準点を持たない環境にいることに気付いた。オーストラリア人の妻として母として，新しい社会的や文化的な枠組みに溶け込み，夫や義理の家族，子供たち，隣人，同僚たちとの接触を通じてオーストラリアで「普通である」とはどういうことかを学んでいかねばならないのだと気付いたのだった。しかし移住後の最初の約30年間は，家庭の外での広いコミュニティーとの接触が限られていたので，英語能力の不足と相まって，彼女たちは新しい社会的や文化的な慣習を吸収し，夫を含むオーストラリア人に対して自己主張することが容易にできなかった。彼女たちは長年，子供たちにさえ自分の人生体験を語る言語を持てなかったのだ。戦争花嫁の多くは後年になってはじめて自分の人生をふり返り，筆者を含む研究者にその話をすることができる段階に到達した。そこにたどり着いた戦争花嫁の多くは長年の苦労と忍耐を振り返って，ある種の満足感を表明する。しかし女性たちの全員が人生の後年に満足感を持つことができるわけではない。夫の突然の死で取り残されたように感じている妻たちもいる。また夫との関係が不安定なために経済的や心理的な不安を抱える女性もいる。しかし筆者の調査では幸運にも，忍耐の時期から満足の時期へと移行できた女性たちに多く出会うことができた。

　絶え間ない移行と変化にさらされながらも，戦争花嫁の多くはその中核を成すアイデンティティーを保っていたように見える。筆者は，この核とは「日本人女性である」という誇りであり，それは長年の変化を経ても変わらず残っていると考える。筆者が会った女性の大半は，改まった聞き取り調査か否かを問わず，オーストラリアでの体験を話す際に筆者に対して次の2点を強調する傾向があった。1つは，「自分が日本人であることを決して忘れたことはなく，他の日本人に恥をかかせるようなことは絶対しないよう努めた」と述べたことである。もう1つは，「妻として母としての女性の役割を果たすよう最善を尽くした」と強調したことである。彼女たちは自分たちを「大和撫子」であると語ることがある。この言葉は従来，日本人女性の繊細な美しさを形容するため

第1部 白豪主義そして多文化主義を生きる

に用いられることが多かったが、今の日本では一般的に古風な表現だと感じられ、現代日本人女性の美徳を讃えるのに用いられることはあまりない。戦争花嫁がこの用語で自分たちを説明するとき、それは身体的なたおやかさや美しさに限らず、日本人女性はいろいろな変化に柔軟かつ弾力的に対応し、強く吹く風にも決して折れることなく揺れるナデシコの花のようだということを意味している。戦争花嫁たちは特にこの点を自身の特質と考えている。

戦争花嫁の多くは、オーストラリアに同化するために努力してきたことや、オーストラリア人の良き妻や良き母となったことを、日本人女性の柔軟性の表れだと考えている。同時に彼女たちは、その弾力性の表れとして結婚や子供たちへの献身を常に大切にしてきた。このようにして変化に適応し、最初の約束をねばり強く守り続けることによって、彼女たちは日本人女性としての繊細な強さを示してきたのである。

1) 本章はTamura, K. 2002. "Meeting, Committing, and Adapting: Japanese War Brides and the Experience of Migration" *Ritsumeikan Journal of Asia Pacific Studies* 11(9): 71-84を和訳編集し加筆したものである。
2) ShukertおよびScibettaによる書籍、*War Brides of World War II*, Navato, CA: Presido, 1988には、戦争花嫁として米国に渡った様々な女性群（日本人を含む）が描かれている。米国に移住した日本人戦争花嫁については、以下の各書を参照。George A. De Vos, *Personality Patterns and Problems of Adjustment in American-Japanese Intercultural Marriages*, Taipei: The Orient Cultural Service, 1973。Evelyn Nakano Glenn, *Issei, Nisei, War Bride: Three Generations of Japanese American Women in Domestic Service*, Philadelphia: Temple University Press, 1986。およびPaul R. Spickard, *Mixed Blood: Intermarriage and Ethnic Identity in Twentieth-Century America*, Madison, Wisconsin: The University of Wisconsin Press, 1989。江成常夫は日本人戦争花嫁を取材し出版している。江成常夫（1984）『花嫁のアメリカ』、講談社、および2000『花嫁のアメリカ歳月の風景、1978-1998』集英社を参照。日本語書籍で、米国およびオーストラリアに移住した日本人戦争花嫁を取り扱っているものが3点ある。植木武編、2002、『「戦争花嫁」五十年を語る：草の根の親善大使』、勉誠出版、林かおり他（2002）『戦争花嫁：国境を越えた女たちの半世紀』、芙蓉書房出版、島田法子編著（2009）『写真花嫁・戦争花嫁のたどった道』明石書店を参照。
3) 呉市役所の記録によると、1952年から1957年の間に650人の女性がオーストラリア人と結婚している（呉市史編纂委員会、1995、『呉市史』、第8巻、732頁）。その他、東京の恵比寿キャンプで結婚した女性もいる。ただ、その全員がその後オーストラリアに移住したわけではない。日本にとどまる決断をした女性や、英国に移住した女性もいる。

第5章 出会い，交際，そして適応

したがって，筆者は650人というのが合理的で正確な数字と考える。
4） オーストラリアの日本人戦争花嫁が初めて学術研究の中心的対象となったのは1990年代半ばになってからのことである。日本人戦争花嫁について言及した社会学研究として以下のものが挙げられる。Sheila Curson and Peter Curson, 'The Japanese in Sydney', *Ethnic and Racial Studies*, vol. 5, no. 4, 1980。Suzuki Seiji, 'Attitudes of the Japanese in Brisbane towards Australians: An Exploratory Inquiry into Australia's Ethnic Relations', MA Thesis, University of Queensland, 1983。およびMizukami Tetsuo, 'The Integration of Japanese Residents into Australian Society: Immigrants and Sojourners in Brisbane', *Papers of the Japanese Studies Centre*, Melbourne: Japanese Studies Centre, Monash University, 1992。しかし，これらの研究では女性たちは国際結婚をした高齢の日本人女性群としてのみ論じられている。例外として，Sissonsによる*The Australian People*への寄稿が挙げられる（D. C. S. Sissons, 'Japanese', J. Jupp ed., *The Australian People: An Encyclopedia of the Nation, its People and their Origins*, North Ryde, NSW: Angus and Robertson, 1988所収を参照）。また，個別の戦争花嫁の体験を扱った英語と日本語のノンフィクション書籍が3点ある。Isobel Ray Carter, *Alien Blossom: A Japanese Australian Love Story*, Melbourne: Lansdowne Press, 1965はオーストラリア初の日本人戦争花嫁であるCherry Parkerの体験を記述し，遠藤雅子，1989，『チェリー・パーカーの熱い冬』，新潮社も同じテーマを扱っている。戦争花嫁自身が語っている日本語の自伝ではブレア照子，1991，『オーストラリアに抱かれて』，テレビ朝日を参照。筆者はオーストラリアの日本人戦争花嫁について多数の出版物がある。田村恵子，1997, 'Border Crossings: Changing Identities of Japanese War Brides', *The Asia-Pacific Magazine*, no. 8。「戦争花嫁のオーストラリア」，The Japan Club of Australia ed., 『オーストラリアの日本人』, Sydney: The Japan Club of Australia, 1999所収。'Home Away From Home: Australian Media Representations on the Entry of Japanese War Brides', P. Jones and V. Mackie eds., *Relationships: Australia and Japan 1850s-1970s*, Melbourne: University of Melbourne, History Monographs Series, 2001 所収。'War Brides', S. Buckley ed., *Encyclopedia of Contemporary Japanese Culture*, London: Routledge, 2002所収。'An Ordinary Life?' *Meanjin*, vol. 61, no. 1, 2002所収。「占領下における出会いから結婚まで」，林かおり他編著（2002）『戦争花嫁：国境を越えた女たちの半世紀』，芙蓉書房出版所収。'War Brides Break Barriers', *Wartime*, no. 20, 2002所収。単著として，*Michi's Memories: The Story of a Japanese War Bride*, Canberra: Pandanus Books, Research School of Pacific and Asian Studies, Australian National University, 2001。「戦争花嫁」吉原和夫他編（2013）『人の移動事典』丸善。
5） 筆者は1993年から1997年の間に30人以上の女性に会って聞き取りを行い，ライフヒストリーの聞き取りテープ12本分を収集した。これら女性への聞き取りの大半は日本語で行われた。
6） 日本における異人種結婚の歴史的説明については，Gary P. Leupp,「1543年から1868年の日本における異人種間関係について」，脇田晴子，S. B. ハンレー編（1994）『ジェンダーの日本史』，上巻，東京大学出版会を参照。

第1部　白豪主義そして多文化主義を生きる

7）　呉市史編纂委員会，『呉市史』432頁。
8）　主要海軍基地は他に横須賀，佐世保，舞鶴にあった。
9）　Oliver Simmonson, 'Commonwealth Fraternisation Policy in Occupied Japan', MA Thesis, University of Queensland, 1992, p. 22.
10）　英連邦占領軍の重要性については，呉市史編纂委員会，『呉市史』第8巻のうち約440ページが占領，駐留，および占領兵と呉市民の関係に割かれていることからも明らかである。
11）　呉市史編纂委員会，『呉市史』第8巻，669-670頁。
12）　オーストラリア国立公文書館，A5954/1。
13）　オーストラリア戦争記念館，130/31 [52a]。
14）　*BCOF Bound: For the Women and Children of the British Commonwealth Forces in Japan*, Hiroshima: British Commonwealth Occupation Forces, 1946, p. 10.
15）　オーストラリア戦争記念館，114/423/10/17，Simmonson, 'Commonwealth Fraternisation Policy in Occupied Japan', 85頁に引用。
16）　Allan S. Clifton, *Time of Fallen Blossoms*, New York: Alfred A. Knopf, 1951, p. 28.
17）　初めて提出された申請は1947年10月のH. J. Cooke准尉によるものであったが（呉市史編纂委員会，『呉市史』第8巻726頁），Cliftonによれば，彼は1946年にオーストラリア人医務兵と日本人女性の「結婚」手続きを助けたとのことである。Clifton, *Time of Fallen Blossoms*, pp. 106-15参照。
18）　*Argus*, 1948年3月10日。
19）　*Argus*, 1952年3月31日。
20）　佐々木毅他編，『戦後史大事典』18頁。
21）　本項における女性の名前は実名でない場合がある。プライバシー保護のため仮名を使用している。
22）　ミチ・ローの聞き取りは1995年2月21・22日に行った。追跡聞き取り調査を1999年11月25・26日に行った。ミチ・ロー氏は2015年3月に95歳で永眠された。ご冥福をお祈りいたします。
23）　カズコ・ロバーツの聞き取りは1994年2月5・6日に行った。
24）　トミコ・クーパーの聞き取りは1994年8月30日から9月27日にかけて6回行った。追跡聞き取り調査を1998年2月8日に行った。
25）　1901年の「移民制限法」第3(a)項によれば，オーストラリア入国を希望する非ヨーロッパ人には，いずれかのヨーロッパ言語（1905年以降はいずれかの指定ヨーロッパ言語）で長さ50語以上の文章を聞き取り，書き取る試験が課される場合があった。読まれた文章を正確に書き取れなかった者は入国を拒否される場合があった。この言語試験は，その時の政府や入国管理官・税関職員が望ましくないと感じる個人や集団を入国させないため，選択的に実施された。Barry Yorkは，ギリシャ語での試験に不合格となり入国を拒否された日本人の事例，イタリア語での試験に不合格となり閉め出された英国人離婚女性の事例，およびオランダ語での試験に不合格となり入国できなかったマルタ人208人の事例を挙げている。これらの点はBarry York, 'The Dictation Test'

（http://www.maltamigration.com/history/maltese-australian/prohibited3.html）にて参照することができる。
26） トシコ・ハドソンの聞き取りは1994年8月18・25日に行った。

第6章　日本人移民と先住民コスモポリタニズム
―― オーストラリア北西部ブルームの日本人移民とオーストラリア先住民 ――

山内由理子

1　はじめに

　オーストラリア北西部の町ブルームは19世紀後半より真珠貝採取業により発展した。その歴史では，日本人移民も少なからぬ役割を果たしている。1880年代頃から1960年代まで，数多くの日本人がブルームに渡り，第二次世界大戦以前におけるオーストラリア最大の日本人コミュニティを作り上げた。1960年代に真珠貝採取業が衰退すると，それと前後して真珠養殖が日本との共同事業として始まり，現在でもブルームの主要産業の1つとなっている。[1] 観光地である現在のブルームでは，日本人移民の墓地は観光スポットの1つであり，町のあちこちにかつての日本人の存在を示すサインやプレートがおかれている。多くの日本人移民を輩出した和歌山県太地町は姉妹都市であり，交換留学が行われている。毎年1回町をあげて行われるシンジュ・マツリの名は日本語が元であり，日本人移民関連の催し物もよくある。ブルームの電話帳には，日系の苗字が10くらいみつけられる。
　しかし，今日のブルームで日本人移民関係の催し物に従事するのは，たいてい特定の2家族を中心とした少数の決まった人々で，日本人の血を引く人々全てが参加しているわけではない。「日本人コミュニティ」という言葉は，この様なイベントの時に前面に出てくるものであり，大きなイベントに観客として日本人の血を引く人々が集まることもあるが，彼らが日常定期的に会合した

り，地域的に集住しているわけでもない。日本人移民自身の中にも，「日本人コミュニティ」という言葉に疑義を呈する声がある。

北部オーストラリアのアジア人とオーストラリア先住民の関係の歴史を調査した R. Ganter（2006：171）は，日本人移民の子孫の多くは，「先住民コミュニティにうまく統合された家族に属している」とする。確かに，ブルームでは日本人移民の子孫の多くは，同時にオーストラリア先住民であるアボリジニのルーツを引き，彼らの社会生活においてはその影響が大きい。それでは，日本人移民の子孫は少数の例外を除いて，先住民コミュニティに「属して」おり，日本側のルーツは彼らにとり意味を成さないのだろうか。

小野塚和人（2013）は，クイーンズランド州最北部地域を南からの「ヨーロッパ的」勢力と北からの「アジア的」勢力の混交により形成された場と解釈することを提案する。オーストラリア北部へのアジア人流入の歴史を考えれば（Bain 1982；Balint 2005；Choo 1995；Ganter 2006；Jones 2002；Martinez 2006；Oliver 2007；MacKnight 1976；小川 1976, Sissons 1979），それはブルームにも当てはめられよう。しかし，筆者は小野塚（2013）と異なり，この分析でオーストラリア先住民という要素は不可欠だと考える。アジア人移民も，西洋によるオーストラリア植民地化の基盤の上で土地や女性等先住民の資源を搾取してきたのであり，それが彼らの従事した「産業」に携わるということだったからである（Hage 2003；Hokari 2003）。

「ブルーム」という場を形成してきた力の1つとして「日本人移民」の流入があり，様々な人々と関係を作ってきた歴史を考えれば，現在のブルームでの一見「縮小した」日本人コミュニティ，またアボリジニコミュニティに「うまく統合された家族に属する（Ganter 2006：171）」日本人移民の子孫，という構図はそれほど単純では無いことが分かる。現在ある「場」が様々な力の交流により形成された歴史を引きずっているとすれば（cf. Gilroy 1993），「統合された家族に属する」を単純な「吸収」と読み替えることは得策ではないだろう。

本章では，この様な観点から，まず北部オーストラリアの日本人移民の歴史と現在の状況を描く。その上で，この様な状況の中で日本人の子孫としての「あり方」を，彼らが同時にアボリジニのルーツを引いている，という観点から考えてみたい。

2 北部オーストラリアの日本人移民

　オーストラリアへの日本人移民の歴史は、幕末の開国に始まり、その大半は出稼ぎ労働者であった。1883年に、最初の官約移民37人が真珠貝採取業に従事すべくクイーンズランド州の木曜島へ渡航している。真珠貝採取業では、当時高級装飾品であったボタンの原料とする真珠貝を採取した。オーストラリア北部では1860年代にヨーロッパ人により真珠貝が「発見」され、その採取は瞬く間にオーストラリア北部の主要産業の1つとなった。その労働力として、先住民が最初に使われたが、その後、東南アジア人や日本人が導入された。彼らが従事した真珠貝採取は、全装備80 kgを超す潜水服を使用し、サメなどの危険な魚や潜水病、サイクロンとの遭遇等、危険が多く、ディヴィッド・シソンズ（1974：31）は、1908年から1912年の間で木曜島の日本人ダイバーの死亡率は毎年10％としている。しかし当時の日本人にとっては、破格の給料もあって十分魅力的な仕事であった[5]。

　1883年の官約移民の渡豪時には、既に57人の日本人が木曜島で真珠貝採取ダイバーとして働いていた。最初の日本人ダイバーの記録は1876年である（Sissons 1979：9）。日本人真珠貝採取業移民はかなりの成功を収め、その後木曜島を初めウェスタンオーストラリア州のブルームやダービー、コサック、ノーザンテリトリーのダーウィン等真珠貝採取業の拠点となったオーストラリア北部各地に流入していった。オーストラリア北部の日本人移民としてはその他に、1888年の契約に始まり、1898年には2300人程になったクイーンズランド州の砂糖黍農業労働者もいるが、1901年、「白豪主義政策」が開始されると、彼らは契約終了と同時にほぼ全員帰国した。しかし真珠貝採取業では例外が認められ、1913年には木曜島に574人、ブルームに1066人の日本人が働いており、ブルームは当時オーストラリア最大の日本人コミュニティであった（Jones 2002；Oliver 2011；Sissons 1979）。

　この真珠貝採取業移民の多くは和歌山県出身であった。Sissons（1979：10）によると、木曜島及びブルームにおける日本人墓地の判読可能な墓碑銘930のうち、529（57％）が和歌山県出身者のものである。その他には、三重、愛媛

などからの移民も多かった (Jones 2002)。和歌山県では，1926年の県歳入の76.8％が出稼ぎの送金であり（鈴木1992：252），同年の国別1人当たりの日本への送金額ではオーストラリアがアメリカの1075円に次ぎ，1049円と2位であった。

この出稼ぎ移民は基本的に男性であり，戦前のオーストラリアの日本人コミュニティの男女比は著しく不均衡である。1901年のオーストラリア国勢調査ではブルームの日本人は男性303人に比して女性は63人であった（シソンズ1974：42-43）。このような状況が，先住民や先住民の血を引く女性との関係の背景となった。ここではまず，この様な関係を成立させた戦前のオーストラリア北部の社会をみてみよう。

3　ポリエスニック・ノース

Ganter（2006）は戦前のオーストラリア北部の社会を「ポリエスニック・ノース」と呼ぶ。当時のブルームや木曜島には真珠貝採取業の繁栄に引かれ，日本人，白人，マレー人と総称されたマラヤ・シンガポールとインドネシア多島海の東南アジア人（コウパン人（Koepanger）と呼ばれたティモール人を含む），マニラメンと呼ばれたフィリピン人，太平洋諸島人，中国人，スリランカ人，オーストラリア先住民等と多様なエスニック・グループが集まっていた。そこでは，異なるエスニック・グループ間の交流や結婚もある一方，ヨーロッパ系白人を最上層，アボリジニを最下層とするエスニック・ヒエラルキーが存在した。例えば，ブルームのサン映画館では，エスニック・グループにより座席も料金も別々で，最上級の席は白人，その次の列には日本人が座った。日常生活では日本人は日本人街に住み，あまり他のエスニック・グループと交わらなかったと言う。

だが，真珠貝採取船のクルーは主に日本人とマレー人であり，接触は日常のことで，仕事上の不満等による衝突もあった。ブルームでは日本人とティモール人の間で1907年，1914年，1920年に暴動があり，木曜島でも1912年に日本人とマレー人が衝突している（Sissons 1979, cf. Pearce 2014）。白人と日本人の間でも，労働条件や賃金に関し訴訟事件が起こっている。

第1部　白豪主義そして多文化主義を生きる

　それでは，アボリジニと日本人の関係はどの様なものだったであろうか？真珠貝採取船は，シーズンには5～6ヵ月間海上に出，度々近くの沿岸に上陸して水や燃料を補給した。その時往々にして現地のアボリジニとタバコ，酒，小麦粉などを取引した。取引内容には「女性」も含まれた様で，アボリジニを「保護」「教育」すべくオーストラリア北部でミッションを運営していた白人キリスト教聖職者は，年配のアボリジニ男性と真珠貝採取船の船員の間でのアボリジニ女性の「売買」を非難している（Choo 1995）。また，紀伊半島南部の元真珠貝採取ダイバーに聞き取りを行った小川平（1976）は，アボリジニは「人肉食を行う危険な野蛮人」と考えられていた，という。しかし同時に，ラガー船との取引はアボリジニにとっても有益であり，彼らの性規範は白人聖職者のものとは異なり，性的関係も「奴隷売買」とは認識されていなかった，という指摘もある（Oliver 2007；Yu 1999）。また，日本人はアボリジニを労働力として使うこともあったが，彼らを「家族のように」扱い，アボリジニも白人より日本人と働くことを好んだと言う研究もある（Chase 1981）。

　出漁先での両義的な接触の他に，拠点となる町でも接触があった。日本人と関係を持った先住民や先住民の血を引く人々にも多様な背景があったが，ことに先住民の血を引く女性達の中で，「ビーグル・ベイのミッションで教育を受けた人々」がいた。オーストラリア北西部では，アボリジニ女性たちと真珠貝採取の船員や牧場開発の為に内陸部にやってきた白人たちの間で数多くの「混血」の子供たちが生まれた。彼らは，往々にしてブルームの北部にあるビーグル・ベイのキリスト教ミッションに連れてこられて西洋的「教育」を受け，やがて近隣の町であるブルームで様々な仕事に従事した。この「混血」の女性たちの多くは，アボリジニとしての「文化的喪失」に苦しむと共に，アボリジニ社会への「再統合」には困難を感じていた。その彼女たちが関係を結ぶ相手として選び易かったのが，祖国から離れ，やはり「根無し草」的状況にあったアジア人移民であった（Balint 2012；Choo 2001）。アジア人移民の側でも，前述のように女性が極度に少ない状況にあった。オーストラリア当局はアジア人と先住民の「混血」の増加を嫌い，両者の結婚や同棲を実質的に禁止したが，その子孫の数は増大していった（Balint 2012；Jones, 2002；Stephenson 2007）。

第6章　日本人移民と先住民コスモポリタニズム

4　第二次世界大戦とその後

　第二次世界大戦時にはオーストラリアの日本人の殆どが強制収容所に送られた。その中には日本人と先住民の血を引く女性とのカップルも5組あった。大戦後，これらの日本人は，オーストラリア国籍を持つ者やオーストラリアあるいはイギリス国籍の者と結婚した人々を除き，殆どが日本に送還された。ブルームには戦後9人帰還し，木曜島には30人帰還した（永田 2003：93-95）。戦時中のダーウィンやブルームへの日本軍の爆撃や，オーストラリア人捕虜への酷い扱いのため，反日感情は強く，その再定着は辛いものとなった。ブルームに帰還した中国人と日本人の混血，ジミー・チャイは，戦時中に家を焼き払われ，町を歩いていると石を投げられた（中野 1986：95）。ただ，木曜島では，直接爆撃されなかったためか住民の敵対心はそれほど強くはなかったようだ（永田 2003）。

　1950年代には日豪貿易が再開され，真珠貝採取業者も日本人ダイバーの再導入を当局に働きかけた。木曜島では，退役軍人会の抵抗のため，沖縄人ダイバーが1958年に導入された。2010年の時点で木曜島には戦後帰還した8家族中4家族，定着した沖縄人3名とその家族，そして金曜島で真珠養殖を行う日本人1名が日本人あるいはその子孫として在島している。ウェスタンオーストラリア州では，1953年に32人の日本人が真珠貝採取業移民として入国し，その大多数がブルームへ向かった。彼等の出身地は，和歌山，愛媛，鹿児島，沖縄，であった。1955年の末には106人の日本人が真珠貝採取業に従事し，出稼ぎ労働者の導入は1969年まで続いた（Ganter 2006；Kaino 2009）。

　1960年代にプラスチックボタンの普及により真珠貝採取業は衰退したが，それと前後して北部オーストラリアに真珠養殖業が流入した。その殆どが日豪合弁企業である。1956年，ブルームの東北300km程のクリ・ベイに養殖場が設置されたのを皮切りに，1976年の時点でトレス海峡地域に5社9事業場，ノーザン・テリトリーに1社1事業場が設けられた（大島 1983：512-514）。この真珠養殖は日本人の新たな流入をもたらした。拠点となる町と離れた養殖場では，日本人と先住民は住居や食事も別々で，交流も少なかったようだが，木曜

第1部　白豪主義そして多文化主義を生きる

島が拠点となった所では，トレス海峡諸島人の血を引く女性や戦前より続く日本人家族のメンバーが真珠養殖のために訪れた日本人と結婚したり，トレス海峡諸島人を雇用する際に戦前より木曜島にいた日本人が仲介をすることがあった[8)]。しかしトレス海峡では1970年代初頭に石油流出事故があり，2010年の時点で金曜島に1真珠養殖場が存在するのみとなった。ウェスタンオーストラリアでは，元真珠貝採取の日本人ダイバーが真珠養殖の母貝を採取してクリ・ベイの養殖場に提供する形で，1976年には約20人が働いていた（加茂1978）。ここでは，日本人コミュニティの従来のメンバーが残る形となった。しかし1983年にクリ・ベイの操業場は貝の異常艶死のために閉鎖され，現在はオーストラリア資本の会社によって再開されている。日本人は徐々にブルームを離れ，2014年には真珠貝採取業時代のルーツを引きつつブルームに残る日本人は4人となった。

　ブルームの長年の居住者は，1960年代～70年代の日本人移民がまとまって住んでいた時代をよく覚えている。日本人は基本的に会社の「キャンプ」に住んでいたが，中には現地の女性と一緒になって自分たちで家を持ったり，正式に結婚するものもいた（Kaino 2011：増田 2014；中野 1986）。戦後間もないブルームには，戦前のエスニック・ヒエラルキーが継続し，40代後半以上でアボリジニとの「混血」の人々は，「ハーフカースト」と呼ばれた経験がある。1950年代のブルームを調査したP. Dalton（1962）は日本人は他のアジア人や混血を含めたアボリジニとは交わらず，彼らと結婚したものは村八分となると書いた。しかし，Dalton（1962）と同じ人物に取材した中野不二男（1986：107）は，この日本人男性とアボリジニ女性が一緒になった時，彼らを祝福するものも多かった，とする。今日ブルームの住人から聞くのは，日本人コミュニティの主催で行われたラガー船のピクニックや，ブルームの一大娯楽で「皆が参加した」ギャンブルなど，友好的な交流の話が多い（増田 2014）。様々なソースを総合すると，戦後継続していたエスニック・ヒエラルキーは，大体1970年代頃より薄れて行った事が伺え，サン映画館の座席指定もその時期に廃止されている（増田 2014；山内 2014）。

5 「ミックス」のアイデンティティと先住民コスモポリタニズム

現在ブルームでは，10家族ほどが日本人の苗字を持ち，中には戦前から続く家族もある。日本人の血を引くが，様々な理由で日本人の苗字を持っていない人々もいる。これら日本人の血を引く人々は現在ブルームやその周辺，或いはオーストラリア各地に拡散し，血縁関係にある人々を除いてはあまり会うこともない。日本人である父親や祖父等との世代関係や習慣・食べ物等に関する経験もまちまちである。父親と共に日本の親族に会った人々もいれば，父親が日本人であること以上は知らない人々もいる。この日本人の子孫の殆どがアボリジニの血を引いており，そちらの側からも，その生活は大きな影響を受けている。ビーグル・ベイのミッション関連のルーツを引いているか否かも大きく影響する。ビーグル・ベイのミッションで教育を受けた人々やその子孫は，その間で強固な結びつきを持つ一方，アボリジニの親族との結びつきが希薄な場合も少なくない。逆にアボリジニの親族との関係が強固な場合，それが社会関係の基盤として大きな位置を占める。

しかし，このように多様であっても，真珠貝採取業時代のルーツを引き，日本人を含めたアジア人とアボリジニの混血の人々の間では，「ミックス」のアイデンティティがよく主張される。ブルームは歴史的にエスニック・グループ混交の町であり，アジア人とアボリジニの混血（ミックス）であることが「普通」であった。1980年代頃より，この「ミックス」のアイデンティティは音楽やアートで表現されるようになった (Chi et al 1991；Chi et al 1996)。筆者の調査でも，多くの人々が自分はブルームの「ミックス」だと主張している。そのルーツは，ポリエスニック・ノースの歴史と考えられるが，その主張の今日的事情は考える必要がある。アイデンティティは「当然」のものでなくなった故に論じられるのである (Baumann 1999)。

まず考えるべきは，ブルームで真珠貝採取業時代のルーツを引く人々が少数派になったことである。ブルームは1970年代〜80年代より観光地化が進み，町の人口が数十倍に膨れ上がった。その呼び物の1つとなったのは，「マルチカルチュラル」な歴史である。1970年に始まった「シンジュ・マツリ」は「日本

人」,「マレー人」,「中国人」等の「コミュニティ」が参加する観光の目玉の一つとなった。日本人墓地は1980年代に笹川財団の協力で修復されたが,今では観光スポットの1つである。寂れていた町の中心は小奇麗に修復され,戦前の中国人実業家の名を取って「ジョニー・チャイ・レーン」と名づけられた通りもできた。日本人移民関係のサインやプレートも作られた。だが,この変化は必ずしも真珠貝採取業時代のルーツを引く人々の間で好評ではない。「ジョニー・チャイ・レーン」は実際にはここではなかった,と囁かれ,むしろ安易に歴史的シンボルが使われることで彼等の「歴史」の重みが認識されないのではないかという懸念がみられる。2009年にドキュメンタリー映画「ザ・コーヴ」の公開により,ブルームと太地町との姉妹都市関係が凍結されかけた時[9],真珠貝採取業時代のルーツを引くアジア人とアボリジニのグループが市議会に抗議し凍結を差し戻させたのは,この危機感の現われとみることもできよう。ここで主張されたのは,彼らに何の相談もなく凍結が決定されたことと,ブルームの歴史での太地町との関係の重要性であった。自らが少数派となり,その「歴史」も「当たり前」ではなくなった時,人々はそれを主張しなくてはならないのである。この事件後,太地町とは交流が再開され,2011年には,日本人の元ダイバーとその娘が,ブルームの市長らと共に太地町を訪れている。

ブルームでの「ミックス」のアイデンティティ主張に関し,更に考慮すべきなのが,1960年代以降の先住民政策の変化である。従来からの「混血」という枠組みはなくなり,先住民の血を引いていれば,「先住民」とされるようになった。土地権や先住権原の他,先住民のために様々な特別措置が定められた。ブルームでは2010年にYawaruというグループの先住権原が認められた。M. Chi(2003)は1990年代頃から人々が「アボリジニ」ではなく,自らの言語グループの名を口にするようになった,とするが,この様な中で,アボリジニの血を引きながらも,それ以外のルーツを強調してきた人々が,アボリジニのルーツを主張するようになったとも言われている。

この様な状況に対し,アボリジニ側の親族との関係があまり強くない人々の中には,自分は「アボリジニ」よりも「日本人」寄りだ,という人もいる。逆にアボリジニ側の親族との関係が強固な人々の中には,アボリジニの言語復興運動等に積極的に関わる人々もいる。しかし,その様な人々の間でも,それが

第6章　日本人移民と先住民コスモポリタニズム

必ずしも他のルーツを否定するとはみなされていない。彼らは言語復興に関わる一方で，国勢調査で「先住民か否か」の問いが二者択一であるのに不満を漏らし（Ganter 2006），日本人のルーツも自分には大切だと語るなどする。

　ブルームのアボリジニの間でも，日本人移民の歴史は少なからぬ意味を持っている。ブルームで，アボリジニの人々に日本人移民について調べている，と言及すると，多くの人々が日本人の知り合いについて語り，日本人の血を引いている人々，日本人と結婚した人々，について口にする。彼らの膨大な親族関係では，どこかで誰かが日本人とつながっていることが少なくない。19世紀後半からの日本人との接触の歴史は，「コミュニティ活動」よりも，むしろ，この様な聞き取りの中から浮かび上がってくる。「日本人コミュニティ」の活動への参加とは別に，誰が日本人のルーツを引いているかは，ブルームの長年の住人たちはよく知っている。そして，その様な人々は，自分たちがアボリジニと共に日本人のルーツを引いていることを積極的に認める。

　彼らがあまり日本人移民関係の催しに参加しないのには，様々な理由があろう。太地町との関係は尊重しても，彼らが皆そこにルーツを持っているわけではなく，日本人の祖先の故郷を知らない人々もいる。日本側の親族との関係の深さや世代の差，日本人側以外の要素も様々な影響を及ぼしている。しかし，彼らが全く日本人側のルーツに興味がないというわけではない。2013年，ある日本人アーティストが関わって，ブルームの日本人墓地で日本人僧侶を招いた「お盆」セレモニーが行われた。この主催に関わったのは，普段から日本人移民関係の催しに関わっている人々だが，当日には1000人近い人々が集まった。そこには，日本人のルーツを引きつつ，このような活動には普段関わらない人々が数多く参加していた。

　この様な点を考えれば，「先住民コミュニティにうまく統合された家族に属している（Ganter 2006：171）」ということが，単純な「吸収」ではない，ということがわかろう。Pratt（1991）は，植民地化のプロセスにおいて，複数の文化が出会い，衝突し，折り合いをつけていく「コンタクト・ゾーン」が形成されるとした。そこでは，文化的変化は双方の側に起こり，歴史的社会的状況に固有のハイブリッドが生成してくる（Garcia-Canclini 2001）。ブルームを「コンタクト・ゾーン」と考えれば，今日そこにおいて「日本人の子孫である」，「ア

ボリジニである」ということも一筋縄ではいかない。日本人の父親とアボリジニの血を引く母親の間に生まれた T. Kaino (1999) は、母親にアボリジニの集まりに連れて行かれ、知識とアイデンティティを授けられる一方、父親に日本人キャンプに連れて行かれて、お菓子をもらい「甘やかされた」経験の両方を自分の話として語る。大切なのは、この2つの話が同時に同じ人物の話である、ということである。

　近年、先住民コスモポリタニズム（Indigenous cosmopolitanism）という考え方が提唱されている（Delugan 2006, Goodale2006；cf. Clifford 2001)。これは、「先住民性」とは従来イメージされてきた「固定した」「ローカルな」ものではなく、先住民は様々な状況でコスモポリタン的な態度を取ってきたとするものである。先住民のコスモポリタニズムは西洋的コスモポリタニズムとは異なり、相手の人間性を認めつつ、お互いの「違い」を受け入れ（Delugan 2006)、様々なアイデンティティの共存を可能にするとされている（Goodale 2006)。数世紀にわたり、様々な人の流入を受けてきたオーストラリア北部の先住民の間で、コスモポリタン的態度が生まれたとしてもおかしくはない。とすれば、この様な状況で「アボリジニである事」が、この土地に先住してきた人々の子孫であること、というだけではなく、コスモポリタン的態度を取りうること、とされる可能性もあるのではないか。長い植民地化と移民流入の歴史の中で、アボリジニの人々は移民をも包括しつつそのルーツを抹消しない「コスモポリタン」的態度を身につけてきた。そこでは「アボリジニであること」は、その歴史を体現するものとして位置づけられ得るのではないだろうか。

　ひるがえって被植民者という立場のアボリジニの人々がコスモポリタン的な態度を身につけた、ということは、現代の日本人にとって何を意味するだろうか。日本人移民のオーストラリア北部への流入は植民地化のコンテクストに拠るものであり、現在の日本の繁栄は、その延長線上にある。それは決して、日本人移民と先住民の人々の間に生じた「良い関係」を否定するものではないが、それが植民地化を帳消しにするようなものでもない。M. Hokari (2003) はオーストラリア先住民との「和解」のグローバル化を訴えるが、それは正に、現代の日本にいる我々の仕事であると考えるべきであろう。

第6章　日本人移民と先住民コスモポリタニズム

1）　現在これらの真珠養殖業は，基本的にオーストラリア資本で運営されている。
2）　オーストラリア先住民はアボリジニと呼ばれる大陸地域の先住民と木曜島を含むクイーンズランド州北部のトレス海峡諸島の先住民，トレス海峡諸島人に大別される。本章ではオーストラリア先住民という場合には両者を包含し，両者を区別する必要がある場合には「アボリジニ」「トレス海峡諸島人」と表記する。
3）　このような関係の例外として，西洋による植民地化以前よりのマカッサンとの接触がある（MacKnight 1976）
4）　ブルームの日本人移民の子孫は，通常その他のアジア系の血も引いている。本章では，議論を日本人とアボリジニの間にあえて絞ってある。
5）　例えば，1883年の契約において，潜水をするダイバーの月給は洋銀50ドル（約55円）だが，日本国内の農業労働者や日雇いのその当時の月給は平均5円，6円であった。ダイバーとの通信を行うテンダーの月給も洋銀20ドル（約22円），ダイバーに空気を送るポンプ係でさえ洋銀10ドル（約11円）であった（鈴木 1992：31）。
6）　この養殖場はそれを設立した日宝真珠の社長（栗林徳一）の名をとってクリ・ベイ（Kuri Bay）と呼ばれている。ブルームの中心街には，クリ・ベイ創立者の3人の銅像が建立されている。
7）　荒堀氏，藤井氏とのインタビューによる
8）　藤井氏とのインタビューによる
9）　『ザ・コーヴ』は，太地町のイルカ漁を題材とし，その公開は全世界に反響を呼んだ。太地町の姉妹都市であるブルームにも，国内外から姉妹都市関係を廃止するよう様々な圧力がかけられた。

第 2 部

日本人コミュニティの現在
――多文化主義・移民の女性化・新移民――

第7章　在豪日本人永住者と多文化主義
　　　──シドニーにおける日本語コミュニティ言語教育の発展──

塩原　良和

1　はじめに──移住者の日常実践と多文化主義──

　1970年代半ばに多文化主義を国家政策として導入したオーストラリアでは，移住者の公正な社会経済的編入を保障するための公共政策全般における多文化主義の制度化が，1980年代に進んだ（塩原 2005：61-64；ハージ 2008：172）。その後，政権交代などで方向性の変化や停滞はあったが，現時点（2016年3月）でも連邦・州・地方政府の行政機構によって多文化主義的な公共サービスが実施されている。それに対して，そうした施策を正当化する公定言説としての多文化主義は，マジョリティ国民中心のナショナル・アイデンティティや制度を揺るがさない程度にエスニック・マイノリティの文化的差異を承認し，不平等や差別を是正しつつ，マジョリティ国民との相互理解と交流を促す理念である（塩原 2005：105-146；Levy 2013：109-125）。
　一方，こうした公共政策や公定言説としての多文化主義（公定多文化主義）だけではなく，オーストラリア社会における移住者たちの多文化的な日常実践に注目した社会学・人類学的実証研究も蓄積されてきた（Hage ed. 2002；Poynting et al. 2004；Jakubowicz and Ho eds. 2013）。2000年代後半には，人々の日常的な状況における文化的多様性の経験・交渉を意味する「日常的多文化主義（everyday multiculturalism）」という概念が提起された（Wise and Velayutham eds. 2009：1-17；Harris 2013）。

第7章　在豪日本人永住者と多文化主義

　本章の目的は，オーストラリアの公定多文化主義と移民の多文化的な日常実践との関係のあり方を，在豪日本人永住者の調査から得られた知見をもとに考察することである。近年，長友淳（2013）や濱野健（2014）らの，在豪日本人永住者に関する重要な社会学的研究が公刊されている。筆者自身も2001年から2016年現在まで，在豪日本人永住者の調査を続けてきた。2005年前半まではキャンベラとシドニーに居住し，日本人永住者組織の活動にボランティアで参加するなどの参与観察や聞き取りを行った。それ以降は日本に拠点を移しながら年2～3回オーストラリアを訪問し，主にシドニーにおける日本人永住者コミュニティ活動の主導的人物への聞き取りや活動現場の視察を実施してきた（Shiobara 2004, 2005；塩原 2003, 2008；石井・関根・塩原 2009）。本章ではシドニーの日本人永住者による，子どもへの日本語継承を目指すコミュニティ言語教育活動に焦点を当て，そこにおける公定多文化主義と移民の日常実践の相互連関のあり方を明らかにする。

　筆者が調査を始めた2000年代初め，NSW州政府の多文化主義政策関係者の間では，シドニーの日本人永住者は豊かな日本からやってきた，他のアジア系移民とは異なる裕福で特殊な人々とイメージされていた（塩原 2004：137）。日本人永住者コミュニティ組織の指導的人物たち自身もそのようなイメージを内面化し，他のアジア系移民と自らを差異化する傾向がみられた（塩原 2008：151-156）。しかし2000年代以降，こうしたイメージに当てはまらない日本人永住者が増えてきた。とりわけ，ワーキングホリデーを含む様々な経緯で来豪したり，日本で様々なオーストラリア人男性と出会って結婚して来日するなど，国際結婚女性の移住のあり方は多様化している（濱野 2014：133-175）。その居住地も，たとえばシドニーの場合，地価の高騰もあり，日本人駐在員が多く住んでいた上流住宅地以外の様々な地域に日本人永住者が住むようになっている。それに加えて，近年では他のアジア系の中上層移民の台頭が著しい（石井・関根・塩原 2009）。もちろん今日でも，在豪日本人永住者には社会的中上層に位置する人々が比較的多い（濱野 2014：134-144）。しかし2000年代初頭に筆者が見聞した，他のアジア系移民とは異なる「特別な人々」というイメージから，2010年代半ばの在豪日本人永住者は社会階層という意味では，「ふつうの移民」になったということはできるだろう。さらに後述するように，オースト

ラリアで生まれ育った日系の子どもたちの増加は,言語・文化の次世代への継承という,多くの移民集団に共通の課題を生みだしている。それゆえ日本人永住者をオーストラリア多文化社会を構成するひとつの移民集団として捉え,その多文化主義との関係を把握する分析枠組みが必要とされている。日本人永住者の多文化的な日常実践と公定多文化主義の関係に焦点を当てる本章は,そのための試みでもある。

2　日本人永住者コミュニティ組織の設立

　第二次世界大戦以前,オーストラリア各地に「日本人会」「同志会」といった日本人住民による相互扶助組織が存在した(Nagata 1996：15-36)。しかし戦時中の強制収容,戦後の強制送還によってそれらは実質的に解体し,終戦直後に在留が認められた日本人・日系人は141人に過ぎなかった(永田 2003：95)。

　戦後のオーストラリアへの日本人移住は戦前の日本人移民コミュニティとの断絶のもとに再開され,1950年代にはオーストラリア兵と結婚した650人ほどの,いわゆる「戦争花嫁」たちが移住した(Tamura 2001：xiv-xv)。しかし白豪主義が継続していた当時,彼女たちは積極的に同胞間のつながりを形成しなかった(濱野 2014：41-44)。やがて日豪間の経済的結びつきが強まるにつれて,「日本人会(日本協会)」「豪日協会」といった団体がオーストラリア各地で設立されていった。前者は日本企業の駐在員を中心とした親睦組織であり,後者はオーストラリア人の親日家なども加わった国際交流を主眼とした組織であった(Mizukami 1993：36-40)。

　1970年代になると人種差別的な移民政策が廃止され,多文化主義が導入された。日本の国際協力事業団(JICA)が1979年にオーストラリアへの技術移住者送り出し事業を開始したこともあり,永住権を取得する日本国民(日本人永住者)の数は次第に増え始めた。永住者たちは当初,日本人駐在員たちと居住地域や生活圏を共有する傾向が強かったが,1980年代になると,そうした人々の中から「日本クラブ」などと呼ばれる永住者主体のコミュニティ組織を設立する動きが生まれた。こうして1982年にヴィクトリア日本クラブ(JCV),1983年にシドニー日本クラブ(JCS),1985年にジャパン・クカバラ・クラブ(後に

クイーンズランド日本クラブ（JCQ）と改名[1]）、1991年に西豪州日本クラブ（JCWA）が設立された。1991年には、これら4つの日本クラブの連合組織として全豪日本クラブ（JCA）が設立された（保坂 1998a：180-1）[2]。さらに、1997年にはキャンベラ日本クラブ（CJC）が設立された[3]。

　JCAの設立以前に存在した4つの日本クラブの設立の背景には、移住者送り出し事業を行っていたJICAから現地日本人移住者への働きかけがあった（保坂 1998b：168-70）。それゆえ1994年まで、それぞれの組織はJICAから年額およそ5000豪ドルの助成金を支給されていた。各日本クラブの指導的人物からの聞き取りによれば、日本クラブの設立当時の主な目的は会員どうしの親睦、情報交換、相互扶助などであった[4]。いっぽう、オーストラリアの連邦・州・地方政府は日本クラブをアジア系移民コミュニティ組織として認知してはいた。しかし1980年代をつうじてオーストラリア公定多文化主義と各日本クラブとの間に接点はほとんどなく、日本クラブ側もオーストラリアの行政と関わることに大きな関心を持っていなかった[5]。

　やがて日本人永住者人口は1980年代後半から急増し、日本側の統計によれば、1990年代半ばには企業駐在員などの数を上回った（塩原 2008：150）[6]。1990年代になると、日本人永住者コミュニティ組織の主導的人物たち、とりわけ国際結婚家庭の日本人の親の間で、子どもたちに日本語を継承する機会の不足が問題視されるようになった。オーストラリアにおいても他国と同様、各地に日本政府の在外教育施設としての日本人学校や補習授業校があり、原則として日本の文部科学省の学習指導要領に基づいた教育を提供している[7]。2015年現在、キャンベラ、アデレード、ブリスベン、メルボルン、シドニーに日本政府が認定した補習授業校がある[8]。こうした施設の本来の目的は、日本への帰国を前提として子どもたちの学力や日本的生活習慣を保持することにある。しかし実際には比較的早い時期から、こうした学校では日本に帰国予定のない永住者の子どもたちも学んでいた。たとえば1995年の水上徹男の調査によれば、アデレードの補習授業校の生徒29名のうち10名が永住者の子どもであった（水上 1996：106）。2001年から2002年にかけて筆者が調査したほかの2つの補習授業校でも、生徒の半数ないしそれ以上が永住者の子どもであり、その多くが国際結婚家庭出身であった[9]。

こうして日本人永住者，とくに国際結婚移住者の子どもたちが増加していくにつれて，一時滞在者の子どもたちとの教育ニーズの違いが顕著になっていった。一時滞在者の親たちは，帰国後の進学に備えて子どもの学力を向上させることを望む傾向がある。それに対して永住者の親たちが子どもへの日本語能力の継承を望む場合でも，英語を主言語としオーストラリア社会で生きていく子どもたちには日本での進学に対応できるほどの日本語能力は必ずしも必要ではない。しかし日本政府に認定された日本人学校・補習校は日本政府の学習指導要領に準拠して指導を行うため，永住者側の要望に対応することが難しかった。それゆえ日本人永住者の親たちの間で，自分たちの子どものための日本語学校を設立するという課題が認識されるようになった（Shiobara 2004：253）。一方，1994年にJICAのシドニー事務所が閉鎖され，各日本クラブへの資金援助も廃止された。それゆえ永住者の子どものための日本語学校設立の動きは，それまで日本人永住者コミュニティ組織が積極的に接触してこなかったオーストラリア政府の公定多文化主義の制度を活用して進められることになった。

3　日本語コミュニティ言語学校の発展

シドニーにおける永住者の子どものための日本語学校設立の動きとして確認できる最も古い記録は，1992年4月に当時JCSの幹部であった人物が永住者独自の日本語学校設立の必要性を提起したことであった。この人物は，日本人永住者の子どもが日本語・日本文化を忘却していくことを危惧していた。しかし，シドニーに存在した日本人学校はそのニーズを満たすものではなかった。やがて，この人物はNSW州政府によるエスニック・スクール（後のコミュニティ言語学校）[10]への助成制度の存在を知り，他の日本人永住者たちとともに日本語学校設立に着手する。[11]こうして1993年3月，シドニー北部近郊のキャメレイにJCS North Schoolが開校した。のちにシドニー日本語土曜学校と改称されたこの学校は，NSW州政府によってエスニック・スクールとして認可され，毎週土曜日に公立学校の校舎を借りて3時間の授業を開講した。また州政府から設立準備金として650豪ドルを支給された。[12]当初は36名であった生徒数は，1995年には約140名までに拡大した。[13]その後，同校はJCSから独立して運

営されるようになった[14]。同校はシドニーの日本人社会では「(キャメレイの) 補習校」と呼ばれることがある。2015年1月現在の在校生は18クラス309名であった[15]。同校は教材として原則として日本の国語の教科書を使用する点で，後述する「継承語」としての日本語教育を目指す他の日本語コミュニティ言語学校とは異なる[16]。ただし2015年1月時点で，同校の生徒のうち駐在員の子どもは1割ほどで，ほとんどが永住者の子どもであった。それゆえ「国語」の教科書を使用して授業を行うという方針と，子どもの日本語習得のニーズのあり方にギャップが生じているという[17]。

シドニー日本語土曜学校が開校する直前の1992年9月には，シドニー日本語日曜学校が別の永住者グループによってシドニー南部のリバーウッドで開校された。同校は当初JCS会員の子どものみを対象とし，NSW州の認定を受けていなかった。ただし，設立準備段階ではNSW州の関係機関からの情報提供や助言を受けていた[18]。当初3クラス17名だった生徒数は，次第に増加していった。やがてこの学校もJCSから独立して運営されるようになり，2004年にはNSW州政府のコミュニティ言語学校に認定され，2014年時点では常時80名近くの生徒たちが学んでいた[19]。

JCSを母体とした日本語学校設立の動きはその後も続き，1999年にはシドニー中心部にJCS日本語学校シティ校が，2001年には北部に同ノーザンビーチ校が開校した。シティ校とノーザンビーチ校も毎週土曜日に開講し，幼稚部から小学部までの各年代の子供たちが通った。経営的にはJCSからの資金援助と授業料収入のほか，シティ校は2001年度から，ノーザンビーチ校もほぼ同時期にNSW州政府からコミュニティ言語学校に認定され，助成金を交付されるようになった[20]。

筆者がシティ校での参与観察（後述）を実施していた2004年1月当時，シティ校の生徒数は139名であった[21]。その直後の2004年5月，シティ校で勤務していた教師たちと一部の親たちがシティ校とJCSから独立し，シドニー西部近郊のルイシャムにニューサウスウェールズ日本語補習校を設立した。同校も他の日本語学校と同様，NSW州政府からコミュニティ言語学校として認定され，助成金を得て運営されている[22]。同校は設立後急速に生徒数を増大させ，シティ校とほぼ同規模の学校となった。その後も同校は運営を続け，2014年には

第2部　日本人コミュニティの現在

開校10周年を迎えている[23]。

　いっぽうJCS傘下の日本語学校も順調に規模を拡大し，分裂を経験したシティ校の生徒数もすぐに回復した。2009年にはJCS日本語学校ダンダス校がシドニー西部近郊に6クラス62名で発足し，NSW州政府にコミュニティ言語学校として認定された[24]。2013年10月にはノーザンビーチ校がJCSから独立し，フォレスト日本語学校と改名することになった[25]。2014年7月現在，同校には6クラス70名の生徒が在籍している[26]。その結果JCS傘下の日本語学校は2校となり，2015年3月現在，シティ校には110世帯，ダンダス校には65世帯の生徒が通っていた[27]。

　これらの6校（シドニー日本語土曜学校，シドニー日本語日曜学校，JCS日本語学校シティ校，フォレスト日本語学校，ニューサウスウェールズ日本語補習校，JCS日本語学校ダンダス校）に加え，シドニーにはNSW州に認定されたコミュニティ言語学校として北部近郊のキラニー・ハイツにノースショア日本語学校[28]，同じくホーンズビーにホーンズビー日本語学校がある[29]。したがって2014年10月時点でシドニーにはNSW政府に認定された日本語コミュニティ言語学校が8校存在し，およそ1000人ほどの生徒が学んでいたことになる。これらの学校は州政府から助成金や現地公立学校の施設利用といった便宜供与を受けながら，子どもを学校に通わせる親たちのボランティアによって運営されている。コミュニティ言語学校として認定されると日本人以外の入学希望者も受け入れなければならず，また日本人一時滞在者の子どもも在籍しているが，これらの学校で学ぶ生徒の大半は日本人永住者，とりわけ国際結婚移住者たちの子どもであり，そこで教えられているのは基本的に，移民次世代が学ぶコミュニティ言語としての日本語である[30]。

　このほか，シドニー北部近郊には1969年に設立された全日制のシドニー日本人学校がある。現在はテリーヒルズに立地する同校は開校当初よりNSW州の認可を受けた私立学校であり，日本の学習指導要領に基づいて日本語で授業を行う日本人学級のほかに，1975年からは国際学級が小学部（幼稚部含む）のみ併設されている。国際学級では主要教科についてはNSW州の指導要領に準拠した授業が行われており，そのほかに日本人学級との合同授業や，ネイティブ日本人教師が担当する語学学習としての日本語（JFL）の授業が実施されてい

る。2013年5月時点で，この国際学級で学ぶ83名のうち64名が日本人児童であり，その多くが現地で国際結婚をした日本人の子どもであった。[31]

4 「多文化主義化」とハイブリッド性

　このように，1993年にシドニー日本語土曜学校がNSW州政府に認定されたが，永住者の親たちによる子どもへの日本語継承の活動が公定多文化主義の制度的枠組みに組み込まれながら急速に発展したのは2000年代に入ってからである。筆者はこうした過程を「多文化主義化」と名付けたことがある（Shiobara 2004）。この「多文化主義化」が行政側からのアウトリーチによってではなく，日本人永住者の親たちの間で自発的に発生して広まっていったことは重要である。そのきっかけのひとつは1999年，ある人物がJCS日本語学校シティ校の設立に関わったことであった。同校の生徒の親でもあったこの人物がコミュニティ言語学校への助成金や便宜供与についての情報を入手し，周囲の助力を得ながら登録申請した結果，2001年に州政府からの認定と助成金の獲得に成功した（Shiobara 2004）。この人物がJCSの役員を務めたことによりコミュニティ言語学校への登録申請と助成金獲得のノウハウが共有され，やがてJCS傘下の日本語学校として出発したノーザンビーチ校（フォレスト日本語学校），シティ校から分離したニューサウスウェールズ日本語補習校，そしてやや遅れて設立されたダンダス校に伝わっていったと考えられる。それ以前に設立された2校を含め，いくつかの日本語コミュニティ言語学校がJCSの傘下から離脱するとともに，公定多文化主義の制度の活用のノウハウはJCS以外の日本人永住者にも共有される知的資源となっていった。

　ところで「コミュニティ言語」とは，オーストラリアにおけるマジョリティ言語である英語とは異なる，移民コミュニティ内部で用いられる言語を意味する（青木 2008：203-229）。しかし筆者の調査では，日本語学校の運営に携わる日本人永住者が自分たちの活動を定義・説明するのに「コミュニティ言語」という言葉を用いることはまれであった。そもそも2000年代前半までの調査協力者たちは，自分たち自身が日本で習得した日本語と，オーストラリア社会で生まれ育った子どもたちが用いる日本語を，概念上区別して語ることは少なかっ

た。しかし2000年代後半になると，自分たちが関わっている日本語学校を「継承語（heritage language）」としての日本語を教える場だと説明する人々が増えていった。例えばJCS日本語学校ノーザンビーチ校の教師が2010年5月に現地日本語新聞に寄稿したエッセイからは，ある日本人研究者の著作を通じて，「継承語」という言葉がシドニーのコミュティ言語学校の現場や現地日本語メディアに普及していったことが伺える[32]。またこの時期以降，別の日本語コミュニティ言語学校を日本の大学の研究者が視察したり，教育学や日本語教育を学ぶ日本の大学生が実習に訪れるようになった。教師たちだけではなく学校の運営に関わった親たちの中にも，訪問してきた研究者から情報を得たり現地の教育機関に通うなどして言語教育に関する専門的知識を身に付け，それを学校運営や授業の改善のために役立てる人々が現れた。

　学術的には，「継承語」と「コミュニティ言語」はほぼ同じ意味で用いられる[33]。にも関わらず，コミュニティ言語学校の運営に積極的に関わる永住者の親たちが自分たちの活動を説明するのに，「コミュニティ言語」ではなく「継承語」という言葉を選択しがちである理由ははっきりしない。定義上「コミュニティ言語」には移民第一世代の親たちが母国で習得した言語も含まれるのに対して，「継承語」はもっぱら移住先で生まれ育った子どもたちが話す言語を意味する。それゆえ「継承語としての日本語」という表現には，オーストラリア社会で生まれ育つ子どもたちに「日系移民」としてのアイデンティティや文化を維持してもらいたいという，親たちの願望が込められていると推測できる。筆者の調査でも，コミュニティ言語学校を運営する国際結婚家庭の日本人の親たちの多くが，子どもに日本語や日本文化を継承させたいと強く願っていることは確認できた。シドニーに限らず，筆者が見学したりボランティアとして参与観察したオーストラリア各地の週末日本語教室の授業には，親たちの考える「日本人らしさ」「日本文化」を子どもたちに受け継がせようとする意図と意欲がしばしば伺えた（塩原 2003）。

　例えば筆者は2003年から2004年にかけて，JCS日本語学校シティ校の活動にボランティアとして7回ほど参加した。日本の幼稚園から小学校低学年に相当するクラスに入り，主担任の先生（同校の場合，原則として教員免許などの資格をもつ人が教員として雇用されていた）の授業を補助するのが主な役割であった。

実際に授業に参加してみると，教師や親の役員たちはただ日本語を子どもたちに教えるだけではなく，なるべく「日本の学校」に似たやり方で学校運営や生徒たちへのしつけを行い，「日本文化」を伝えようと工夫していた[34]。2012年8月に同校を再訪して授業や学校運営を見学した際にも，教室の様子や教師・役員の言動にこのような傾向が明確に見てとれた。

　これらは一見すると，オーストラリアに「日本式」の教育方法を持ち込み，「日本文化」を内面化した「日本人」を再生産しようとする実践に見える（塩原 2003）。しかしこのような「日本式」の授業は，オーストラリアの公立小学校の校舎を借りて行われ，生徒の多くは国際結婚家庭に育ったミックスルーツである。生徒たちは普段，学校や家庭以外で（多くの場合は家庭内でも）主に英語を話し，オーストラリアの主流文化を内面化したオーストラリア人として育っていく。そのことを前提としたうえで，親たちは子どもを「日本式」の授業に参加させる。つまり親たちは，オーストラリア人として育っていく子どもたちの内面に，日本語や日本文化が「部分的に」でも受け継がれることを願っている。それゆえ授業内容が日本的にみえたとしても，日本語コミュニティ言語学校で行われているのは子どもたちを日本語・日本文化をもった「ハイブリッドな」オーストラリア人として育てようとする実践だと解釈できる[35]。筆者はかつて，このような永住者の親たちの実践を「ハイブリッド性を再生産する本質主義」と名付けたことがある（塩原 2004）。

　JCS日本語学校シティ校を2012年8月に再訪し，授業の様子を見学して気づいたのは，生徒の日本語力が全体的に向上していたことである。とくに高学年の国際結婚家庭の生徒たちが，比較的高いレベルの日本語会話力を維持しているのに驚かされた。筆者が2000年代前半に調査したいくつかの日本語コミュニティ言語学校では，国際結婚家庭の子どもは学年が上がるほど英語での生活が中心となり，日本語力を維持できなくなりがちだった。しかし2012年の時点では，日本語学校や親の努力により，高学年でも日本語を維持できている子どもが増えていた。公定多文化主義として制度化されながら発展してきたシドニーにおける継承日本語教育活動は，ハイブリッドな日常を生きる日系第二世代の出現を確実に促しているのだ。

5 継承語をめぐる政治(ポリティクス)

　先述のように,シドニーにおける日本語コミュニティ言語学校の運営は原則としてボランティアであり,そこに参画する親の負担は少なくない。また毎週末にこうした学校に通う子どもたちにとっても,とりわけふだんの生活で主に英語を話す場合,日本語の勉強を他の習い事やスポーツを犠牲にしてまで続けるのは大変である。筆者が聞き取りをした日本語学校関係者の多くは,それでも子どもを学校に通わせる動機を,日本語・日本文化を受け継がせて親自身や日本の家族・親族とのコミュニケーションを保ちたいという,親自身の希望の観点から説明した。一方,オーストラリア社会で日本語を話せることが,子どもたちの将来に貢献することを期待する親もいた。しかし,日本語が具体的にどのように役立つのか,2000年代後半までは日本人永住者たちの間で明確なイメージが共有されているわけではなさそうだった。

　こうした状況が変化したのは,シドニーの日本人永住者たちの間で継承日本語教育とHSC (Higher School Certificate) との関連が強調されるようになってからである。HSCとはNSW州における大学入学資格試験であり,大学進学を希望する生徒は高校の最後の2年間,複数の教科を受験準備コースとして履修し,卒業後に試験を受ける。[36] HSCの科目には英語以外の外国語も含まれ,基本的に生徒の習熟度に応じて「初学者(beginners)」と「継続学習者(continuers)」の2種類のコースに分かれていた。[37] オーストラリア在住の非英語系移民の子どもは親から受け継いだ言語の継続学習者コースに入ることができ,家庭や移民コミュニティ内での言語継承がうまくいっているほどHSCで高得点を得やすくなる。しかし中国語,韓国語,日本語,インドネシア語だけには,さらに高度な内容の「バックグラウンドスピーカー(background speakers)」コースが設置されていた。日本語コミュニティ言語学校に通っているNSW州内の日本人永住者の高校生は,通っている高校の校長の裁量でこのコースに振り分けられることが多かった。しかし国際結婚家庭に生まれ日本での学校教育を受けたことのない子どもにはバックグラウンドスピーカーコースの内容は難しすぎ,日本語をHSCの科目として履修するのを断念する生徒もいた。[38]

日本語コミュニティ言語学校に子どもを通わせていた一部の永住者は，子どもに日本語を継承しようとする努力が大学進学にかえって不利に働いてしまうこうした状況を日本人移民への差別だと認識した。そうした人々は，2007年に「HSC 日本語対策委員会」を JCS 内に立ち上げた。この団体は2008年には JCS から独立し，2011年に NSW 州の非営利組織として登録された[39]。その主な活動は，NSW 州内の日本語コミュニティ言語学校と連携しながら，上述のような問題の改善を州政府当局や教育委員会，連邦政府などに訴えるロビイングであった[40]。実際，同委員会は州政府教育大臣や教育委員会に1000名以上の署名入りの請願書を提出するなどの活動を行った[41]。オーストラリアの行政に対するロビイング活動を主目的に掲げる団体は，日本人永住者コミュニティにはきわめて珍しい。また NSW 州人種差別撤廃委員会[42]，NSW 州コミュニティ関係委員会といった，NSW 州の公定多文化主義の中核を担う団体や機関への陳情や意見交換も行った。こうした活動は日本人永住者をオーストラリア社会における移民コミュニティの1つとして明確に位置づけたうえで，多文化主義の名の下にオーストラリアの行政に対して差別撤廃を要求していくエスニック・ポリティクスだと解釈できる[43]。

　2011年からは，HSC の中国語，韓国語，日本語，インドネシア語の各教科に「継承語」コースが新たに導入された。これはバックグラウンドスピーカーコースほど難しくないが，それでもオーストラリア育ちの国際結婚家庭の子どもにとっては難しい[44]。しかも10歳を過ぎてから日本で学校教育を受けた経験がある子どもは，継承語コースではなくバックグラウンドスピーカーコースを履修しなければならなかった。その結果，子どもを一時的に日本で学校に通わせるという，日本人永住者の親がしばしば行う努力が大学進学に不利に働くと懸念され，HSC 日本語対策委員会は改善を求めたロビイングを続けた。それと同時に HSC の継承語コースの存在を多くの日本人永住者の親に知らせて活用してもらうため，日本語コミュニティ言語学校や現地日本語メディアを通じた啓発活動も行った[45]。

6 おわりに──エンパワーメントと制度化のはざまで──

　本章では在豪日本人永住者の日常実践と公定多文化主義との関係を分析するために，コミュニティ言語／継承語としての日本語教育に取り組むシドニーの永住者の親たちの活動に注目した。そして日本人永住者による多文化的な日常実践としての継承日本語教育活動が公定多文化主義によって制度化され，そこから次世代における新たな多文化的日常の姿が生み出されつつある過程を描写してきた。

　日本語コミュニティ言語学校の設立や運営に携わった親たちの中には，継承語としての日本語教育に関する知識やノウハウを学び，オーストラリアの行政や公的団体から日本人移民コミュニティのキーパーソンとして認知されるようになった人々もいる。そのような人々の実践が受け継がれていった結果，シドニーの日本語コミュニティ言語学校は大きく発展し，多くの日系の子どもたちが継承語としての日本語を学ぶ基盤がつくられていった。このようにしてシドニーの日本人永住者たちは，次世代への日本語継承という課題への対処を通じて「移民コミュニティ」としての凝集性を高めてきた。それは同時に，個々の永住者の親たちにとっての公定多文化主義を活用したエンパワーメントの機会の増大を意味していた。

　ただし，継承日本語教育に取り組む親たちのすべてが，政府の公定多文化主義の理念を信奉しているとは限らない。むしろ実際の日本語コミュニティ言語学校の授業や活動の内容は，多文化主義というよりは子どもたちの日本語・日本文化の保持・強化を目指した文化本質主義的な実践に見えることがある。しかしそのような実践は結果的に，日系の子どもたちが日本人としてのアイデンティティを保持しながら，それと同時に複数の文化的アイデンティティを内面化したハイブリッドな存在としてオーストラリア社会で生きていく可能性を高めている。

　HSCの継承語コースによってオーストラリア主流社会の教育制度と結びついたことで，コミュニティレベルでの継承日本語教育活動は今後も活発に行われ，シドニーの日本人永住者の移民コミュニティとしての凝集性を維持してい

く中核的な要素となっていくだろう。しかし，こうしたコミュニティにおける実践が政策に組み込まれ制度化されていくことで，ボランティア主体で担われてきた日本語コミュニティ言語学校の運営のあり方が変質し，それが提供してきた親たちのエンパワーメントと日本人移民コミュニティの凝集性維持の機能が低下することもありうる。それゆえ公定多文化主義と日常的多文化主義のこうした相互作用のあり方の変遷を，今後も注意深く観察していく必要がある。

1) JCQは2007年に日本人駐在員中心の組織であったJapanese Society of Brisbane (JSB) と合併し，ブリスベン日本クラブ（JCB）となった（http://jc-b.com/index.html）。なおJCQはもともとJSBに所属していた日本人永住者たちが分離して設立した組織であり，したがって2007年の合併は「再合併」と表現することもできる（長友 2013：211-214）。
2) JCAは2000年に発展的に解消し，インターネット上のメーリングリストとホームページからなるネットワークである「全豪ネットワーク」に改組され，その後実質的に活動を停止することになった（濱野 2014：87-131）。
3) また1990年代初頭にはタスマニア日本クラブが設立された。しかしこのクラブは他の日本クラブとはほとんど関わりをもたず，全豪日本クラブにも参加しなかった（塩原 2004）。
4) 筆者が2001〜2002年に実施した，各日本クラブ関係者からの聞き取り（塩原 2004）。
5) 同上。
6) その後も日本人永住者数は増加し，2008年には33971人となった（長友 2013：15）。
7) 文部科学省ウェブサイト（http://www.mext.go.jp/a_menu/shotou/clarinet/002/002.htm 2015年4月25日アクセス）。
8) 文部科学省ウェブサイト（http://www.mext.go.jp/a_menu/shotou/clarinet/002/006/001/002/005.htm 2014年10月4日アクセス）。なおシドニー日本語土曜学校関係者への聞き取り（2015年1月31日，シドニー）によれば，同校も2013年から在外教育施設に認定されている。日本政府の公益財団法人である海外子女教育振興財団のウェブサイトでは「シドニー補習授業校」という名称で紹介されている（http://www.joes.or.jp/g-kaigai/gaikoku02.html 2014年10月4日アクセス）。
9) 筆者が2001〜2002年に実施した，補習授業校関係者からの聞き取り。
10) NSW州政府によって認定された「コミュニティ言語学校（Community Language Schools）」とは，正規の学校教育の放課後に開講される，移民の子どもたちが継承言語（コミュニティ言語）を学ぶための教室である。多くの場合，公立学校の校舎を借りて週末等に開講され，移民コミュニティによってボランティア・ベースで運営される。2015年現在，NSW州内の277の学校で3万人以上の子どもたちが学んでおり，コミュニティ言語学校として認定されると州政府教育省からの助成金をはじめ，さまざまな支援を受けることができる（NSW州教育・コミュニケーション省ウェブサイト　http://

www.dec.nsw.gov.au/what-we-offer/community-programs　2015年4月25日アクセス）。
11)　『JCSだより』95号（1992年4月）。
12)　『JCSだより』114号（1993年11月）。
13)　『JCSだより』120号（1995年3月）。
14)　『JCSだより』129号（1995年12月）。
15)　シドニー日本語土曜学校関係者からの聞き取りおよび提供資料より（2015年1月31日，シドニー）。
16)　シドニー日本語土曜学校ウェブサイト（http://www.sssjapanese.webs.com/　2015年4月25日アクセス）。
17)　シドニー日本語土曜学校関係者からの聞き取りより（2015年1月31日，シドニー）。
18)　『JCSだより』102号（1992年11月）
19)　シドニー日本語日曜学校ウェブサイト（http://sydneyjss.web.fc2.com/summary.html　2015年4月25日アクセス）。
20)　JCS日本語学校シティ校でのフィールドワークより（後述）。
21)　2004年1月31日に同校を訪問した際のフィールドノートより。
22)　「ニューサウスウェールズ日本語補習校　学校要覧（2014年1月20日改訂）」および「政府補助金（グラント）受給と出席日数についてのお知らせ（2012年11月1日作成）」より。
23)　ニューサウスウェールズ日本語補習校ウェブサイト（http://nswjs.seesaa.net/archives/201405-1.html　2015年4月25日アクセス）。
24)　JCS日本語学校ダンダス校ウェブサイト（http://dundas.japanclubofsydney.org/　2015年4月25日アクセス）。
25)　フォレスト日本語学校ウェブサイト（http://forestjapaneseschool.org.au/　2015年4月25日アクセス）。
26)　「フォレスト日本語学校　学校だより（前期第3号，2014年7月8日）」。
27)　『JCSだより』364号（2015年4月）。
28)　ノースショア日本語学校ウェブサイト（http://www.nsjs.com.au/　2015年4月25日アクセス）。
29)　ホーンズビー日本語学校ウェブサイト（http://hornsbyjapaneseschool.org.au/index.html　2015年4月25日アクセス）。なおシドニー以外のNSW州内にさらに3箇所，州政府によって認定された日本語コミュニティ言語学校がある（http://www.dec.nsw.gov.au/what-we-offer/community-programs/find-a-school　2015年4月25日アクセス）。
30)　ノースショア日本語学校とシドニー日本語土曜学校に関しては，海外子女教育振興財団からは在外教育施設として位置づけられている。しかし前者のウェブサイトを見る限り，実際に行われているのは継承日本語教育が中心のようである。また確認できる限り唯一，日本の学校の国語の教科書を主に使用している後者においても，生徒の大半を占める永住者の子どもの継承語としての日本語習得のニーズに合わせるために授業を工夫していた。シドニー日本語土曜学校関係者からの聞き取り（2015年1月31日，シドニー）。
31)　外務省ウェブサイト（http://www.mofa.go.jp/mofaj/toko/world_school/02pacific/

第 7 章　在豪日本人永住者と多文化主義

sch2010100102.html　2015年 4 月25日アクセス）。
32)　オークス直美「継承語教育とは」『日豪プレス』2010年 5 月号（http://nichigopress.jp/ikuji/heritage/3274/）。なおオーストラリアにおいて最大の発行部数を誇る月刊の日本語新聞である『日豪プレス』紙上では、「継承日本語を考える」（「継承日本語教育を考えよう」）というタイトルのエッセイが2010年頃から2013年半ばまで連載され、JCSの役員や日本語コミュニティ言語学校の教師、後述するHSC日本語対策委員会の関係者などが執筆を担当した。
33)　庄司博史「コミュニティ言語」真田信治・庄司博史編（2005）『事典　日本の多文化社会』岩波書店、365頁。
34)　2003年 6 月 7 日、6 月14日、8 月 2 日、8 月23日、9 月20日、2004年 1 月31日、11月 6 日のフィールドノートより。
35)　同様の実践は、筆者がキャンベラの週末日本語教室での参与観察を行った際にも観察された（塩原 2003）。
36)　NSW教育委員会ウェブサイト（http://www.boardofstudies.nsw.edu.au/hsc/　2015年 4 月25日アクセス）。
37)　NSW教育委員会ウェブサイト（http://www.boardofstudies.nsw.edu.au/syllabus_hsc/course-descriptions/languages.html　2015年 4 月25日アクセス）。
38)　筆者は2008年と2015年に、後述する「HSC日本語対策委員会」のミーティングや公開イベントに同席させていただき、関係者のお話を伺った。ただし後述のように、同委員会はホームページ等で積極的に情報発信をしており、本章での記述は基本的にそうした公になっている情報をもとにしている。
39)　HSC日本語対策委員会ウェブサイト（http://www.hscjapanese.org.au/　2015年 4 月25日アクセス）。
40)　同上。
41)　HSCJC Newsletter No. 5, March 2013
42)　HSCJC Newsletter No. 4, 20 December 2011
43)　オーストラリアの多文化主義においてもこうしたエスニック・ポリティクスの系譜があり、各州のエスニック・コミュニティ・カウンシルやその全国団体である全豪エスニック・コミュニティ・カウンシル連盟（Federation of Ethnic Communities' Councils of Australia: FECCA）などが活動している。
44)　HSC日本語対策委員会ウェブサイト（http://hscjapanese.web.fc2.com/m_sabetu.html　2014年10月 7 日アクセス）。
45)　HSC日本語対策委員会ウェブサイト（http://hscjapanese.web.fc2.com/index.html　2014年10月 7 日アクセス）。

第8章　日本人永住者コミュニティの社会福祉活動の広がり
―日系コミュニティのエスニック・アイデンティティの構築―

舟木　紳介

1　はじめに

　1970年代に導入した多文化主義政策の下，多文化・多民族化が進むオーストラリアは，外国人の出入国を管理するための限定的な移民政策ではなく，「外国からの移民を永住者として定住させる」ための移民定住支援を含む社会政策としての移民政策が行われてきた（浅川 2006）。1980年代にはそのような移民定住支援施策の下，アジアからの高い技能や教育水準を有する移住者とその家族の呼び寄せによって移民が急増した。1990年代後半以降，移民定住支援サービスを必要としないミドルクラス（社会的中間層）移民を中心に受け入れ，より選別的な移民政策を進めている（塩原 2010：89-91）。日本人コミュニティは，1980年代に入り，大都市に在住する技術移住者や退職者が中心となって，各都市にエスニック・コミュニティ組織を立ち上げ，日本人同士の暮らしの支えあいを目的とした文化・福祉・教育活動を始めた。1990年代以降は，婚姻・配偶者呼び寄せや技術移住による日本人永住者が急増し，日本人コミュニティも文化，福祉，教育活動を通して，多文化社会へ貢献し始めた。2009年度の海外在留邦人数統計には，「オーストラリアの日本人数増加」についての特別コラムが書かれ，初めて世界の海外在留邦人数でアメリカ，中国に続く第3位となっている（外務省 2009）。
　2000年以降は，国際結婚による女性や第二世代のミックスの子どもの増加と

いった人口動態の変化によって，コミュニティ活動も多様化が進み，教育，福祉，平和，環境，人権，多文化関係の領域に広がっている。また専門職を含めたローカルコミュニティとの関係強化，政治経済文化活動のグローバル化，インターネットの普及によるサイバーコミュニティの増加などの影響下，"日本人"の枠にとらわれないトランスナショナルなコミュニティ活動もみられるようになった。日系コミュニティは，社会福祉活動を通じて，日系アイデンティティを保持，表明しつつも，同時に，より「ハイブリッド」な文化的かつエスニックなアイデンティティをオーストラリアの多文化社会で構築していた。一方で，大都市から離れた郊外の日系コミュニティの中には，見える"他者"の日系コミュニティとして主流な社会からステレオタイプ化されると同時に，他のエスニック・コミュニティからは見えないコミュニティとされていた。

　本章は，まず，オーストラリアの移民・難民コミュニティに対する福祉的な定住支援施策およびソーシャルワーク（社会福祉実践）研究を概観する。次に，主に全豪3都市（シドニー，メルボルン，パース）の日本人永住者コミュニティを対象に2005年から2007年にかけて実施した社会福祉活動に関するインタビュー調査および参与観察をもとに，日本人コミュニティが社会福祉活動を通して，エスニック・コミュニティとしての文化的なアイデンティティをどのように表明，構築してきたのかを検討するとともに，日系コミュニティとしての文化・福祉活動の現状と課題を論じたい。

2　オーストラリアの移民・難民定住支援施策の概要

　1972年に多文化主義が公式に採用され，非英語系移民を積極的に受け入れた時期に，オーストラリアの移民・難民定住支援施策は大きく変化した。政府はそれまで一般の教会系福祉団体やボランティア団体への資金助成を通じて各州で施策を展開していた。オーストラリアの移民・難民に対する移民定住支援サービスは，一般の福祉団体やボランティア組織に加えて，移民定住支援専門組織や移民当事者が運営するエスニック・コミュニティ組織が政府助成の対象となった。現在でも各国のエスニック・コミュニティ組織がそれぞれのコミュニティのための独自の社会福祉活動を行い，エスニック・マイノリティ当事者

第2部　日本人コミュニティの現在

も専門職実践に参加している (Funaki 2010)。

　1978年に政府諮問機関報告書ガルバリー・レポートで移民が文化的・言語的問題のために一般の福祉団体の提供する移民定住サービスを活用できていない点と移民団体の自助努力を重要視すべきであるという点が報告され，その後移民定住支援助成団体にエスニック・コミュニティ組織が大幅に増加した（浅川2006：118）。具体的には各州に移民支援センター（Migrant Resource Centre: MRC）を設立し，人件費・運営費を補助し，その他のエスニック・コミュニティ組織には Community Settlement Service Scheme（CSSS）という移民定住支援団体助成制度によって人件費などが毎年予算配分された。一般的には移民支援を行う支援者は海外生まれや二世が多く，移民・難民に対してケースワーク，コミュニティ・デベロップメントなどのソーシャルワークの手法を用いて支援していた。連邦政府は，その他の移民・難民の定住支援策として，①専門通訳者の派遣または電話による無料の通訳・翻訳サービス，②成人移民の英語教育プログラム，③難民への人道定住支援プログラムを提供している。しかし1986年のジャップ・レポートでは，これまで重要視されていたエスニック・グループの自助活動への助成が批判され，移民サービスは他の主要な社会サービスに組み込まれるべきだという「主流化」の考え方が導入された（塩原2005：52-59）。ハワード政権下の選別的社会福祉政策の実行と関連して，2006年にはこれまで運営費として各州にあるMRCへ配分されていた予算がカットされ，すべての移民定住支援予算が新しい競争的プロジェクト入札による助成に切り替えられた（Millbank et al. 2006）。

　この政策変更によって，サービスが利用できる移民・難民は移住後5年以内で，かつサービスの対象も難民または家族移民で英語能力が低い人々や，近年の増加率の高い小さな移民コミュニティに限定されるようになった。つまり，1980年代以降の増加してきたミドルクラス移民は定住支援の対象ではないということだ。そしてMRCやエスニック・コミュニティ組織を活用した移民のための特別な定住支援への予算を削減し，制度の対象に入らない移民は一般の政府機関や福祉団体が提供するオーストラリア人向けの社会福祉サービスを利用することが前提となっていった。

　1990年代後半以降は，家族呼び寄せや難民等の人道的移民が徐々に削減さ

れ，これまで移民定住支援施策が対象としてきた労働者移民ではなく，オーストラリア経済に貢献でき，社会福祉のコストがかからないとみなされるミドルクラス移民が移民受け入れ対象の中心となっていった。その背景には，オーストラリアの経済に貢献できる高度な人材としての移民のみを選別して受け入れたハワード自由党・国民党連立政権の誕生によるネオ・リベラリズム（新自由主義）の思想と選別的社会福祉政策があった。その経済重視政策は，医療・福祉サービスの民営化や厳密なミーンズテストの導入など，エスニック・コミュニティに対する定住支援といった「特殊主義」的な再分配政策としての社会福祉予算を大幅に削減していった（塩原 2010）。

1990年代後半以降の移民政策のもう1つの特徴は，「多文化（マルチカルチュラル）」や「エスニック」といった多文化主義の象徴的用語が，連邦政府の公定言説の中から消えたことである（塩原 2010：7；馬渕 2010：25）。「多文化」の代わりに使われるようになったのは，「シチズンシップ」「ハーモニー」「ダイバーシティ」という文化的差異の承認よりも国民統合を意識した言説であった[1]。移民向けの「多文化」な社会福祉サービスが削減される中で，エスニック・マイノリティの文化的アイデンティティの承認，主流オーストラリア社会と移民・難民集団の相互理解，国民全体の多文化社会意識作りのめざした「主流主義」的な政策も展開されている（関根 2008：35）。例えば，1998年にハーモニー・プログラムとして始まったダイバーシティ・オーストラリア・プログラムは，移民・難民を含むすべてのオーストラリア人にとって，文化的宗教的な寛容性，社会的包摂とコミュニティへの帰属意識を高めるために様々な地方自治体や非営利組織のプロジェクトを助成している[2]。プロジェクトの内容は，演劇，音楽，ダンス等の文化・芸術活動，多文化間のグループのキャンプ，スポーツ等のコミュニティ活動が中心であり，助成対象の中心は移民定住支援助成と同様に新しく増加している移民・難民の若者コミュニティである（DIAC 2010）。くわえて，コミュニティアート分野のアーティストが医療，福祉団体のような非アート団体と協働して移民・難民コミュニティのコミュニティ文化開発活動を始めたのが1980年代であり，90年代以降はインターネット等の新しいメディアの発達に伴い，連邦政府および州政府が移民・難民若者コミュニティのコミュニティ・エンゲージメント（つながりの再構築）を目的に，デジタ

ルメディアを活用したコミュニティアート活動に資金援助するようになっている（Ho 2012）。

3 オーストラリアの移民・難民支援に関するソーシャルワーク（社会福祉実践）研究

　オーストラリアのソーシャルワーク研究では，移民・難民支援が重要な領域として論じられてきた（Allan et al. 2009; Petruchenia 1990; Doyle 2001）。1972年に多文化主義を導入したウィットラム政権下，政府がマイノリティごとに福祉予算を増大させると，エスニック・マイノリティ，女性，障害者といったマイノリティグループの政治的な権利実現をめざしたラディカル・ソーシャルワークが影響力を持つようになり（Marchant and Wearing 1986），市行政区域レベルを中心にコミュニティ・デベロップメントの分野に大量のソーシャルワーカー雇用をもたらした（Ife 1997：154）。しかしながら，その要請に十分に答えるだけのソーシャルワーカーの人材育成はできておらず，特に多言語・多文化を理解できる人材としてはソーシャルワーク資格を持たない移民当事者がエスニック・コミュニティ組織に雇用されることが多かった[3]。そのゆえ，移民・難民支援領域のソーシャルワーク研究において論じられるソーシャルワーカーは，いわゆる主流な白人系オーストラリア人であり，文化的繊細さに配慮しながら非主流な難民，労働者階級，低所得者移民を個別的に支援することを前提としていた[4]。

　1980年代以降にはネオ・リベラリズムの影響下，社会福祉中心の政策から福祉政策の抑制をめざす経済合理主義政策に変化し，ソーシャルワーカーの政治的影響は低下しはじめた。近年は移民・難民支援分野に限らず，多くの社会福祉現場でソーシャルワーク資格を必要としないケースワーカーやケースマネージャーが中心的に雇用されるようになっている（Mendes 2005）。

　近年のオーストラリアのソーシャルワーク理論の特徴は，近代のソーシャルワーク理論を批判的に展開するポストモダニズムと社会正義概念にある。特にポストモダン・ソーシャルワークの研究者たちは，単一なエスニック・コミュニティのアイデンティティを基礎として支援することは，本質主義的であり，

ハイブリッドなエスニシティを持つ現実の移民社会やコミュニティを表しきれないと批判する (Fook 2001)。しかし、オーストラリアのソーシャルワーク研究者たちは、近代の思想、システム、制度への批判やネオ・リベラリズムへの対抗としての反本質主義の導入が、集団としての当事者（移民・難民などのマイノリティ）のアイデンティティを脱構築し、理論的に個人の国民国家への包摂につながり、個人化とナショナリズム化を強化してしまうという意図せざる帰結をもたらす可能性があることに気づいていないという指摘もある（舟木 2007）。

4 オーストラリアの日本人コミュニティにおける社会福祉活動

本節では筆者が2005年から2007年にかけて行った在豪永住者日本人コミュニティでのフィールドワーク調査のいくつかの事例を基に日本人コミュニティの文化・福祉活動の現状と課題を論じたい。[5] 本調査ではオーストラリアの主要都市（シドニー、メルボルン、パース）において社会福祉活動を行っている日本人コミュニティ組織の主要メンバーにインタビューを行った。

(1) ミドルクラス移民としての在豪日本人永住者コミュニティ

1970年代以降の多文化主義政策導入以後に移住したオーストラリアの日本人に対する典型的なイメージは観光客やビジネス・駐在員といったミドルクラスの短期滞在者であった (Nagatomo 2008)。しかし、2000年代以降、永住を目的としない滞在者よりも、永住者の急増が目立っている。海外在留邦人数統計によれば、在豪日本人は2008年で永住者が3万3971人、3ヵ月以上の長期滞在者が3万2400人であり、過去3年で永住者が各都市で25％以上増加した（外務省 2009）。[6] 日本人永住者増加の主な要因は国際結婚の増加であり、現在の日本人移民の主要な集団を形成している。[7] 実際に2003年から2008年の日本人永住権取得者の74％が女性であり、47％が結婚／婚約カテゴリーによるものであった。[8]

しかし、過去のオーストラリアの多文化主義研究やソーシャルワーク研究では、日本人移民のようなミドルクラスのアジア系移民は多文化・多言語に対応した社会福祉サービスを必要とせず、十分なレベルの生活を送るだけの経済的

資本を持っていることが前提とされてきた（塩原 2005）。なぜなら1980年代後半以降，オーストラリアの政府によって実施された移民に関する調査研究の多くは，技術移民の経済活動による成功事例の物語が中心であったからである（Ho 2004）。このような調査研究は，エスニシティ，出身地，ジェンダーではなく，人的資本アプローチによる資格，英語力といった「生産的多様性」の観点から移民を調査しているのが特徴である。一方で，主要な日本人コミュニティ自身が，「名誉白人」であるミドルクラス移民として社会福祉サービスを必要としないグループに属することを望んでいたという調査結果もある（塩原 2010：103-105）。

　オーストラリアの日本人コミュニティ組織は，1982年のメルボルンのヴィクトリア日本クラブ，1983年のシドニー日本クラブ（JCS）の発足を契機に主要都市に広がっていった（JCA 1998; 濱野 2014：104-107）。当初の日本クラブの目的は，情報交換，ネットワーク作り，メンバー間の相互扶助であったが，1990年代以降，主要メンバーたちは，①第二世代の日本人の子どもの文化的，言語的教育，②文化的に配慮した高齢者ケアサービスを在豪日本人コミュニティと課題として検討し始めた。例えば，JCSは1997年に日本人の高齢者や障害者を日本人コミュニティ内で支援するという目的で福祉委員会（ケアネット）を立ち上げた。当時，同じ言語や文化的背景を持つ高齢者がグループで入居するユニットとしてシドニー北部のナーシングホームに3名の日本人ユニットができていたこともあり，定期的に訪問活動や在宅に暮らす日本人高齢者訪問活動を行う事前学習としてボランティアの研修会を1998年2月に実施し，3月からJCSとしての訪問活動を開始している（JCS 1997）。一方，ヴィクトリア州では日本からの在外研究者滞在をきっかけとして，日本人の医療・福祉専門職によるホープコネクションというNPOが1996年に設立され，メルボルン在住の日本人向けの医療や福祉に関する電話カウンセリング相談を始めた。西オーストラリア州のパースでもシドニーやメルボルンの日本人コミュニティ組織の影響を受けて，サポートネット虹の会という日本人の高齢者の生活支援を目的としたNPOが2000年に立ち上がった。これらの組織の福祉活動は在豪日本人の自助活動（セルフヘルプ）であり，単一的なエスニック・アイデンティティを保持したままの活動であったといえる。

(2) 日本人コミュニティの社会福祉活動ニーズの変化

　近年のオーストラリアの日本人コミュニティ組織の社会福祉活動は，過去10年間の日本人移民の傾向の変化に対応する形で，組織の目的や活動の内容を大きく変化させてきた。第1の変化は，支援活動の対象を日本人の高齢者や障害者のみならず，子育て，児童問題，ドメスティック・バイオレンス，国際結婚問題等，より幅広い社会福祉的課題に対応し始めたことである。例えば，パースの虹の会は，オーストラリア人と結婚した日本人女性からの相談が急増し，子育て支援，国際結婚，DV等の女性に関する問題に対応するために，2004年には介護ケアチームをケアチームに改称し，日本語プレイグループやベビーシッター派遣サービスを始めた。メルボルンのホープコネクションも，同様の変化に対応し，1999年頃からニュースレターやウェブサイトを通じて，日本人ソーシャルワーカーによる薬物・アルコール問題，DV，子育て支援に関する情報を特集するようになった（Hope Connection 1999）。

　第2の変化としては，サービス利用者やボランティアのメンバーが「日本人」という国籍の枠組みを超え，日系オーストラリア人コミュニティとしてのアイデンティティを意識し始めたことである。例えば，パースの虹の会は日本人移民を支援することを目的に設立したが，当初のメンバーには日本人以外のオーストラリア人，韓国人，中国人が参加していた。第二世代の日本人の子どもや日本人以外の配偶者が日本人コミュニティに増加したことに加えて，特定のエスニック・コミュニティのための組織では助成金の申請に制限が多くなるという助言を日本人ではないメンバーから指摘され，2005年に会の規約から「利用者は日本人であること」という記述を削除したと虹の会のある役員は述べている。これまで日本人コミュニティ組織は，オーストラリアの日本人エスニック・コミュニティとして政府活動助成の申請を行ってきたが，虹の会は一般のボランティア組織のための助成金に申請するために組織の目的さえ変化させていた。その後，パースの虹の会は，通常，資金調達のために参加している地域の日曜マーケットで，折り紙イベントを開催し，インドやパキスタンでの津波・地震被災者支援の募金活動を行った。日本人コミュニティは，日本人のみならず，ローカルなコミュニティおよび国際社会へも同時に貢献することをめざすようになる。この活動のきっかけとなったのは，同様の国際貢献活動を

他のエスニック・コミュニティが実践し，多文化社会の構築に貢献しようとする姿勢から学んだからであった。

　また，2000年以降のオーストラリアのイラク戦争参加以後，メルボルンのホープコネクションのニュースレターの特集記事に，医療・福祉情報に加えて，戦争や平和に関する記事が増えてくる。その後複数のメンバーが，ジャパニーズ・フォー・ピース（JFP）という平和団体を2005年に立ち上げ，ヒロシマ・ナガサキ被爆60周年コンサートやイラクの子どもを救うための多文化祭り等の平和・人権イベントを開催している。「平和活動をすることによって，人種的・文化的・宗教的・政治的偏見克服に貢献でき，多文化社会実現の一翼を担うことができる」とする JFP の活動は，単に特定のエスニック・コミュニティの自助活動から多文化・多言語の非営利組織として活動目的やエスニック・アイデンティティの再構成を試みた例とみることができる。

　第3の変化は，日本人コミュニティ組織の中に，日本人の医療・福祉専門職が参加するようになったことが挙げられる。シドニーの JCS やメルボルンのホープコネクションには，設立当初からソーシャルワーカー，臨床心理士，精神科医であるメンバーが参加し，他の団体でも看護師などの専門職が立ち上げに関わっていた。JCS のケアネットは，1999年にソーシャルワークや看護を専門とする大学院生や実践者が参加し，スタディ・グループとして定期的に研究会を実施し，これまでのボランティア活動に専門性を加えて，活動の幅を広げる試みを行っていた（JCS 1999）。またホープコネクションは，顧問としてソーシャルワーカーや精神科医がボランティアをサポートし，地元の移民支援センター（Migrant Resource Centre）も事務所利用や日本語通訳付きサービスを提供するなどの全面的なバックアップを行っていた（Hope Connection 1996）。

　このような医療・福祉専門職の参加は，単にそれぞれの専門性を活かした活動が可能になるというだけでなく，オーストラリアの移民定住支援サービス全体の構造やエスニック・コミュニティ組織に対する助成資金の流れを理解する上で重要な役割を担っていた。また専門職との協働によって，日本人コミュニティの福祉ニーズを他のエスニック・コミュニティやローカルなオーストラリア人コミュニティに伝え，関係強化を促していた。これらの3つの変化は，日本人移民コミュニティ組織が社会福祉活動を促進するために，「日本人性」を

再構築し，ハイブリッド性を再生産する本質主義的なエスニック・アイデンティティを活用する戦略の例としてみることができるだろう（塩原 2005：222）。

(3) 「みえない」日本人エスニック・コミュニティ

日本人コミュニティ組織 A は，シドニーから車で1時間以上かかる郊外に暮らす日本人配偶者や母親らが，支えあいや子育ての相互支援を目的に設立された。コミュニティ A は，他のエスニック・コミュニティや移民定住支援機関の専門職から「裕福で幸せな」日本人グループというステレオタイプ的なイメージで捉えられることが多かった。コミュニティの代表は2007年当時のインタビューで以下のように訴えた。

> 日本人は裕福だから他の貧困層の移民や難民と違って，助成金や移民向けサービスが必要ないだろうとたびたび言われます。政府にも地域社会にもシドニー中心部の日本人エスニック・グループと同じだとみなされ，結果として個人もグループのニーズも主張する機会を奪われてきました。

2002年から2006年までの家族移民と技術移民の扶養家族の中で英語力の低い移民数の統計をみると，出身国別で日本生まれの女性が中国，ベトナム，タイ，レバノンに続く，第5番目であった（DIAC 2008）。コミュニティ A のような地方に在住する日本人移民女性の多くは，オーストラリア人の配偶者として永住しており，言語的な壁による生活のしづらさに加えて，現実とは異なった文化的イメージで理解されるという二重の困難を抱えている可能性が高かった。さらに，JCS 福祉委員会の毎月のミーティングのテーマをみても2007年頃までは高齢者問題が議論の中心で，女性や子どもの福祉問題は取り上げられなかった。[9] 日本人永住者が比較的に多く暮らすシドニー北部から地理的に離れた日本人コミュニティは，主要な日本人コミュニティからも「見えない」集団となっていた。さらにシドニー北部のミドルクラス地域の日本人コミュニティの中でさえ，女性，子供の社会的孤立の問題があり，DV や精神疾患といった社会福祉的な問題が指摘されている（Shiobara 2005：74-77）。[10]

シドニーでは日本人移民が急増しているにもかかわらず，このような複雑で

第2部 日本人コミュニティの現在

「見えない」日本人コミュニティの実情を理解している移民定住支援組織は少なく，連邦政府からの移民定住支援助成を受けている日本人コミュニティ組織もない。2009年に筆者がインタビューしたシドニー南西部のあるアジア系移民・難民支援組織のスタッフは，筆者が見せた近年の日本人永住者の急増の統計データに対して以下のように述べた。

> 日本人永住者がシドニーでこんなに増加しているとは全く気づかなかった。中国系，韓国系，ベトナム系，アフリカ系のエスニック・コミュニティは連邦政府の移民定住支援助成を受けて，同じ文化的言語的背景を持つソーシャルワーカーを雇用し続けている。これだけ新しい移民が急増しているのになぜ日本人コミュニティが自分たちのエスニック・コミュニティの福祉のために政府補助金を申請しないのか理解できない。

小規模の日本人移民女性コミュニティは，移民定住支援の対象としては「見えない」コミュニティとみなされる一方で，同時に日常生活ではアジア人または日本人の外見，言語，文化から「見える」他者としてミドルクラス移民とみなされやすい。それゆえ，そのようなコミュニティはミドルクラスな日本人としてのエスニックなポジショナリティゆえに定住支援の助成金やサービスを得る機会を失っていたと言える（千田 2005）。一方，調査時の2007年以降も郊外に定住する日本人移民女性は増加し続けており，JCSの活動も必然的にシドニー北部のミドルクラス地域からより広範囲な郊外にも視野に入れるようになってきている。2007年には，上記のような国際結婚で移住した女性らが中心となって，教育運営委員会を組織し，日本語を継承語として学ぶ子どもたちを支援するという目的だけでなく，教育問題をきっかけとして，JCSが単なるセルフヘルプグループではなく，第二世代の子どもたちを含む日系コミュニティとして意識化する機会と捉えようとする意見が出てきていた。2009年にはJCSが運営する日本語学校が近年日本人永住者が増加しているシドニー西部にも開講し，次の世代の日系オーストラリア人になる子どもたちの文化・言語教育活動の重要性を認識し，日系コミュニティとして他のエスニック・コミュニティ組織とも連携を視野に入れながら，教育や福祉に関わる権利要求の交渉活動に発展している（JCS 2009）。

5　おわりに

　在豪日本人コミュニティは，福祉専門職の支援や政府の公的財政的支援を活用することによって，エスニック・アイデンティティのフレキシブルな表明戦略が可能になり，エスニック・コミュニティの一員としてのみならず，ローカルかつグローバルな社会に貢献することが可能になっていた。同時に，本質主義的なエスニック・アイデンティティの表明を批判するオーストラリアのポストモダン・ソーシャルワーク研究は，理論的には正しい方向性だといえるが，反本質主義の採用がエスニック・コミュニティへの移民定住支援の必要性を「みえない」ものとし，移民支援予算削減の正当な理由をネオリベラルな言説に与えてしまう可能性もある。また，従来のような経済的な視点からの移民定住支援だけでは「みえない」多文化社会におけるソーシャルワーク研究の課題もある。それは社会的・経済的な不平等によって制限されるというT. H. マーシャル以来の社会的市民権の確立をめざしたオーストラリアのソーシャルワークにおける社会正義の実現の論理が，ネオリベラルな多文化主義における経済的な生産的多様性のみを考慮する移民定住支援の方針との皮肉な重なりである。

　地球規模での人間の国際移動の増加とエスニックな集団のアイデンティティ・ポリティクスの時代において，市民権はエスニシティ，言語，ジェンダー，宗教等のいわゆる文化によっても制限されつつある（モーリス＝スズキ2002：238）。まさに在豪日系コミュニティの社会福祉活動を通じたエスニック・アイデンティティの表明プロセスの課題は，これまでのオーストラリアのソーシャルワーク研究が注目してきた移民・難民を対象として多様な文化・言語的背景を配慮しながら経済的・社会的に支援するという発想では解決できない文化的な市民権の課題でもある。今後の課題として，日系コミュニティの当事者が多様で「リアル」な日系コミュニティのアイデンティティを表明する権利として対抗的ナラティヴ（物語）を個人レベルおよびコミュニティのレベルでどのように確立していくかという，文化的な市民権の確立も含めた多文化社会の構築に向けた議論の必要があるだろう[11]。

第 2 部　日本人コミュニティの現在

1）　もっとも象徴的な事例は，2007年 1 月に当時のハワード保守連立政権が移民・多文化関係省を移民・市民権省に改称したことが挙げられる。
2）　本プログラムは，2010年に the Diversity and Social Cohesion Program（DSCP）に変更された。
3）　塩原氏の調査によれば，移民支援の分野は主流社会で仕事を得るのが困難な移民にとってもっとも自分のエスニシティや言語能力を活用しやすい職場の 1 つである。しかし現在では留学生に加えて，移民の第二世代がオーストラリアでソーシャルワークを学び，自分の親や家族が属するエスニック・コミュニティを支援する例も増えている（塩原 2010）。
4）　オーストラリア・ソーシャルワーク連盟（AASW）学会誌の1947年から1997年のエスニシティに関する内容分析によれば，移民・難民についての論文は15篇のみであり（McMahon 2002），さらに1996年から2008年までのオーストラリアの主要な医療・保健分野の学術雑誌を多文化および移民の視点から内容分析を行ったギャレットの調査によれば，全論文のうち多文化な視点から書かれた論文は2.2％のみであり，文化的に多様な社会的文脈を反映していない可能性が指摘され，内容は東南アジア系移民，難民およびアサイラムシーカーが中心であった（Garett 2010）。
5）　本章はミドルクラス移民として日本人永住者コミュニティに注目して論じているが，在豪日本人全体ではワーキングホリデー渡航者といった永住権を持たない長期滞在者も年々増加し，その多くが日本食産業を支える雇用調整弁として低賃金労働者グループを形成しているという調査結果もあり，もはや「日本人＝ミドルクラス移民」というイメージは在豪日本人コミュニティの全体像ではない（藤岡 2008：202）。
6）　2012年10月現在の在留邦人統計では，永住者は 4 万4331人，長期滞在者 3 万4333人である（外務省 2013）。
7）　オーストラリアの移民ビザカテゴリーは，家族移民，技術移民，人道移民の 3 つの大きな枠組みで構成されている。家族移民はオーストラリアに居住する配偶者（婚約者を含む），親，子どもなどがスポンサーとなるもので，技術移民はオーストラリアで必要とされる技術，資本，英語能力を有する者が対象である。人道移民は難民等で定住が認められた者である（浅川 2006：32）。
8）　濱野氏がまとめた2011年度の永住ビザ申請者総数の上位出身国で日本からの移住者が20番目であるが，家族移住ビザ申請者数でみると第11位まで上昇し，その大半が現地配偶者との国際結婚による移住であった（濱野 2014：71）。
9）　シドニー日本クラブは，2010年には女性メンバーを中心として福祉委員会（ケアネット）を改組し，コミュニティネットとして日本人の高齢者福祉問題のみならず，福祉電話相談窓口の設置，オーストラリア・コミュニティへの貢献，日本人専門職との連携を軸に再スタートをきっている。
10）　シドニーに暮らす中国人移民女性への調査においても，移民女性は移民男性と比較して職業的専門性を新しい労働市場で活用することが困難であることが明らかになっている（Ho 2006）。
11）　本章は，舟木紳介（2010）「ミドルクラス移民に対する定住支援：在豪日本人永住者コミュニティの社会福祉活動」『ソーシャルワーク研究』36-3, 14-21. を大幅に加筆修

正したものである。また，本研究は，平成20年度科学研究費補助金「エスニック・マイノリティによる多文化ソーシャルワーク実践の日豪比較研究（研究代表者横田恵子：基盤B)」による成果の一部である。

第9章　結婚移住者と日本人永住者コミュニティの変容
——近年のオーストラリアを事例として——

濱野　健

1　はじめに

　本著ではオーストラリアへの日本人移住についての歴史的な側面のみならずその多様性にも注目した様々な論考が納められているように，現代のオーストラリアの日本人移住者はこれまで様々な視点から描かれてきた。社会の経済成長による功利性を追求する暮らしから，その達成の先に生活の質の向上を求め日本を離れたとみなされた移住者は，あるときは「精神移民」(佐藤 1993) と呼ばれ，またあるときは，1990年代以降の日本社会の変動にともなう多様なライフコースに由来する「ライフスタイル移住者」(長友 2013)，そしてそのコスモポリタンな自己意識を強調する「トランスナショナルな移住者」(Hamano 2010) とみなされてきた。それだけではなく，観光，留学，ワーキングホリデーの実施先として，日豪の人的流動性は決して低くはない。こうした「逗留」が最終的には「永住」へと変化する「結果的な移住者（consequent settler)」(Mizukami 2006) となることもまた珍しいことではないだろう。[1]

　そこで，現在のオーストラリアにおける日本からの移住者社会（日本人永住者コミュニティ）の特徴を描くとき，日本人永住者コミュニティのどういった特徴に注目すべきだろうか。2011年にオーストラリアで実施された国勢調査の結果によれば，世代別で最も大きな年齢集団は25歳から45歳であり，この世代が日本人永住者コミュニティの半数以上を占めていた。そしてこの最大の年齢

別コホートを支えるのは女性たちである。実際には邦人男性の人口は1万1231人（31.7％）であり，それに対して女性の人数は2万4146人（68.3％）であった（Department of Immigration and Border Protection 2013）。こうした現地日本人永住者コミュニティにおける男女の著しい人口差と，特定の年齢層の大幅な増加を裏付けるのが，いわゆる「国際結婚」による永住者の増加である。出会いのきっかけやその地点は多様性を持ちつつ，邦人女性がオーストラリア市民（あるいは永住資格者）との出会いを経て，そのパートナーシップにより永住者となることで，今日の日本人永住者コミュニティの人口動態についての特徴ある傾向を生み出しているのである。

　こうした状況を背景に，オーストラリアにおける邦人女性の結婚移住についてその移住動機と現地生活に関する研究成果が近年多数報告されるようになった（Funaki 2010; Itoh 2012; Takeda 2012）。とは言え，日本人の移住史を語る上で，結婚移住，具体的には邦人女性の結婚移住は現代のみ特筆すべき傾向とばかりも言えない。それは，日本からオーストラリアの人の1つの流れとして歴史的な背景を持っている。例えば，オーストラリアには，今でもいわゆる「戦争花嫁」と呼ばれる女性たちがいる。太平洋戦争の日本の敗戦によるGHQの統治下，英連邦の一員として駐留した多くのオーストラリア軍人が日本へ駐留した。やがて日本の主権回復および朝鮮戦争の終結により帰国するに至り，幾人もの邦人女性が配偶者・婚約者としてオーストラリアへと結婚移住することになった。建国以来からの「白豪主義」政策を，オーストラリア市民の「配偶者」というカテゴリーによって乗り越える一方で，太平洋戦争による日本人に対する排他的感情は，こうした初期の戦争花嫁にとって，公共の場において自らの国籍やエスニシティについて公言することを著しく制限した。その一方，家庭内では，良き妻として，良き母としてふるまうことで，新たな土地で自らの居場所を確保しようとすることに努めたという（Tamura 2001; 林 2005；林 他 2002）[2]。彼女たちには，1970年代後期からやってきた日本からの移住者たちと合流し，現在もオーストラリア各地で活動を継続している日系人会（日本クラブ）を構成している人たちもいる（記念誌編集委員会 1998）。こうした「戦争花嫁」たちは，当時とはその社会的文脈が異なるとはいえ，オーストラリアにおける日本人移住史にて特徴ある移住パターンとして位置づけることができる。

その上で，本章で考察の対象とする「結婚移住者」を，オーストラリアへの恒久的な移住生活の決定的な要因となったのが結果的には現地の市民権あるいは永住権を取得する人物とのパートナーシップの成立に由来する移住者，と定義したい。オーストラリアを訪れた目的や，短期滞在ビザの形式がいかなるものであれ，最終的な移住動機が現地配偶者との関係性に由来する人々である。オーストラリアでは昨今のリベラルなパートナーシップを反映し（とりわけオーストラリアにおいてはその傾向が日本に比べると著しい），法的な結婚関係（de jure）のみならず，事実婚（de fact）関係であっても，条件が整うことでパートナービザを申請することが可能である。あるいは，婚約者としての身分で発行される期限付きビザの取得者も，婚姻を経てパートナービザへと切り替えることが可能である。いずれにおいても，夫婦関係による永住ビザの申請においては初めに期限付きパートナービザ（24ヵ月有効）が発行され，その期間夫婦関係が成立していることを条件とし無期限のパートナービザが発行されるという経緯を経る（このことは第3節でもふれる）。以下，こうした特徴ある移住者の増加という現象に焦点を当てて，本章ではオーストラリアにおける今日の日本人永住者コミュニティについて考察してみたい。

2　永住ビザ申請者数からみる結婚移住者

本節では今日のオーストラリアへの日本人移住者の量的な把握を実施しよう。とりわけ，ここでは結婚移住者の動態に注目する。そこで Settlement Reporting から抽出した，永住者（永住ビザ申請者）についての統計データをみることにする。ここで比較・分析するデータの期間については，1996年1月1日あるいは2006年1月1日のデータのいずれかを持って抽出を開始し，2010年12月31日までの範囲で，合計15年あるいは10年間の区域で設定した。なお，ここで検討されるデータ及びそれに際して用いる用語や区分等は，このデータを取得した段階のものであり現在とは異なる場合もあるので注意されたい。

資料9-1ではいわゆるパートナービザの申請者数のみを抽出し，上位10ヵ国にランクインする国を取り上げた。多数存在する永住ビザのうち，パートナービザに該当するいくつかのビザの申請者数を組み合わせてある。その上

資料9-1：永住ビザ内のパートナービザ申請者数（男女別・上位10カ国）

	合計	女性	男性	女性の割合 （男性を1として）
1．英国	39,387	16,941	22,446	0.8
2．中華人民共和国	38,186	26,405	11,781	2.2
3．インド	25,166	20,305	4,861	4.2
4．フィリピン	21,955	17,420	4,535	3.8
5．ベトナム	19,894	14,480	5,414	2.7
6．米国	15,482	8,123	7,359	1.1
7．タイ	14,273	12,251	2,022	6.1
8．レバノン	10,806	4,822	5,984	0.8
9．インドネシア	9,307	7,012	2,295	3.1
10．日本	8,653	7,723	930	8.3

出典：Department of Immigration and Citizenship 2011

で，申請者数のジェンダー比を示した。米国をのぞき，女性申請者数が男性のそれよりも国の多くがアジア諸国であるという点に大きな特徴がうかがえる。中でも，東南アジア諸国に加え日本が含まれている点は興味深い。[5] 日本からのオーストラリア永住者（男性930名，女性7723名）は，パートナーとして，あるいは国際結婚を経てオーストラリアへと移住する日本人の中で男女の比率が著しいことを示す。

　2011年にオーストラリアで実施された国勢調査のデータによれば，日本出身（日本生まれ）と回答した人の中で配偶者の出生地を訪ねたところ，「（配偶者が）海外生まれ」と回答した人は1万1815名（59.8％）に対して，「国内（オーストラリア）生まれ」と回答した人は7341名（37.2％）であった（Department of Immigration and Border Protection 2013）。日本人永住者コミュニティにおけるオーストラリア生まれの配偶者を持つ割合は，全ての対象者を母数とした場合の割合（26.6％）に比べてもずいぶん高い。このことも，パートナービザによる結婚移住者の多さを裏付けるだろう。

3　人口増加にともなう居住地の拡散

　日本人永住者コミュニティの量的な拡大に伴い，オーストラリア都市圏での居住分布にどのような変化を読み取ることができるだろうか。人口動態への注

目は，エスニック・コミュニティの地理的な分布を把握するだけではなく，コミュニティの形成や規模，そして移住者一人一人にとってどのような社会環境として機能しているか，という考察を導く。水上徹男によるメルボルンでの日本人永住者コミュニティについての研究では，メルボルンではミドルクラスの郊外に人口集中がみられることが報告されている（Mizukami 2006）。その理由として，こうしたコミュニティの基盤となっているのが駐在員とその家族であったことをあげている。米国における駐在員コミュニティに関して，クロタニ（Kurotani 2005）はこうした駐在員家族の居住地は，家族ごとの個別の選好により決定されるのではなく，雇用先の企業からあてがわれることにより（そしてそれを前任の駐在員から受け継ぐことにより）決定されるという（Kurotani 2005）。筆者のシドニー調査でも，駐在員はシドニーの北部湾岸部や北東部の郊外などのミドル・アッパークラスの郊外に居住する場合が多くみられた。

　しかし，現在の日本人永住者コミュニティをこうしたミドルクラス郊外一極集中で把握することは十分ではない。1980年代初等から90年代にかけて，JICAの移住者募集事業，あるいはリタイア後の第2の人生における生活の質をもとめて，さらには個人や家族を連れた若い移住者たちが増加した。「逗留者」としての駐在員コミュニティとのゆるやかな関わりを持ちながら，今日にいたるこれらの人々は日本人永住者コミュニティの発展に寄与してきた。[6] 日本からのいわゆる「ミドルクラス移住者」である日本人永住者コミュニティの現実の多様性については，こうした日本人永住者コミュニティが成熟した2000年代前半にはすでに指摘されていた（Shiobara 2004）。オーストラリア都市圏では，日本人永住者コミュニティの人口増加に伴い，居住地域は都市圏周辺の郊外へと散漫と拡散しつつある。こうした人口動態の多様化の結果，コミュニティの居住分布の拡大・拡散が生じているのである。

　そこで，筆者が2000年代後半に実施した，シドニー都市圏での調査での事例を検討しよう。この調査は，2000年代に実施された2度の国勢調査により算出された人口動態に関するデータを筆者が独自に集計したものである。シドニー都市圏の自治体の最小単位には地方公共団体に相当するLocal Government Area（LGA）と呼ばれ自治体区分がある。そして近隣のLGAが連合して，「地域自治体聯合」Regional Organisation of Councilsという連合組織を結成

第9章　結婚移住者と日本人永住者コミュニティの変容

資料9-2：地域自治体聯合別にみた人口動態（日本生まれのみ）

北部地域自治体聯合 （7自治体）	2006年国勢調査	2001年国勢調査	増減（人）	増加率（％）
合計	4,231	4,116	115	2.79%

西部自治体聯合 （11自治体）	2006年国勢調査	2001年国勢調査	増減（人）	増加率（％）
合計	897	683	214	31.33%

出典：筆者の調査に基づき作成

し，地域計画やインフラ整備などに共同で取り組んでいる。シドニーの場合，水上がメルボルンの事例で指摘したような従来から邦人が集中しているミドルクラス郊外は，都市の中心を東西に横断しているシドニー湾をはさみ，北部および北東部に対応している。それに対し，新興住宅地の開発が著しいのは西部や南西部となっている。[7]

資料9-2ではシドニーの北部と西部の地方自治体連合に加盟する自治体に居住している邦人（日本生まれ）の人口をまとめたものである。オーストラリアの国勢調査では，居住者が複数の市民権（国籍）を有することも珍しくないため，個人の出自を特定する指標として「出生地」が用いられている。[8] 2001年から2006年の期間で，ニューサウスウェールズ全体では日本人永住者コミュニティ人口は1万179人から1万1120人増加した（941人，9.14％）。シドニー都市圏（ただし統計区分による）では9274人から1万3人（729人，7.86％増加）へと増えた。しかし，この人口の増加が従来の集住地域に直に反映されているわけではない。地方自治体連合別の人口増加率をみてみると，北部地域自治体聯合（NSROC）地域ではわずか2.79％の増加率にとどまっている一方で，日本人永住者コミュニティの規模が小さい地域である西部地域自治体聯合（WSROC）地域（西シドニー）では，2001年から2006年の間で，683人から897人へと増加した。214人の増加により，その増加率は31.33％である。同じような傾向がシドニー都市圏の果てのような最北部地域でもみられた。ここからシドニー都市圏の日本人永住者コミュニティの人口の増加にともなう居住地域の拡散を読み取ることができる。これまでコミュニティの人口が小さかった地域，より周辺の郊外へとコミュニティが拡散している。

こうした人口の「郊外化」とでも呼べる現象は，必ずしも日本人永住者コミュニティにのみ該当する傾向ではない。近年のオーストラリア都市圏の著しい人口の増加と住宅価格の高騰は，オーストラリアに新たな生活拠点を求めてやってきた移民たちや，家庭の拡大を期待しよりよい生活環境を求める若い家族に著しい影響を及ぼしている。オーストラリア統計局の報告によれば，2013年の6月から9月にかけてシドニー都市圏は他の都市と比較しても地価の上昇は著しい（Australian Bureau of Statistics 2013）。2008年以降はリーマンショックの影響でその傾向は幾分か和らぎつつも，こうした都市における地価の上昇は1990年代半ばから依然として持続しており，若年世帯の持ち家率の低下や賃貸物件の家賃の高騰が慢性的な社会問題となっている（Allon 2008）。その結果，手ごろな価格のよりよい物件を求めてより多くの人々がより遠方の郊外へと移動する。近年の住宅価格の高騰とそれにあわせた都市圏の拡大（郊外での宅地開発），現在ではオーストラリアの主要都市のどこにでもみられる一般的な状況は，日本人永住者コミュニティ居住傾向，とりわけ新規移住者に対して強い影響を与えている[9]。こうしたオーストラリアの社会的な文脈と結婚移住という現地パートナーとの夫婦・家族関係が反映された結果，邦人結婚移住者たちはどのような条件に基づいて自らの居住地を決定することになるのだろうか。

4　結婚移住──「純粋な関係性」と制度化されたパートナーシップの間で──

移民政策は，公的領域における人的資源の確保，すなわち国内の市場を拡大することや国外の市場とのリンクを促進させるためだけに行われるわけではない。パートナービザ申請者のように，国民（市民）の親密圏への参入の条件もこの政策の一部である。人道的理由に由来する庇護申請者を除き，一般には人的資源としての資質と可能性が求められている。この移民政策の一般的な原則に照らしあわせてみると，結婚移住者とはどのように位置づけられるのだろうか。申請者である個人は，オーストラリア人（市民・永住者）とすでに法的な結婚関係にある，あるいは事実婚関係（12ヵ月以上）にある人物，つまりオーストラリア人の「家族」である。しかし，申請者は，親・きょうだい・親族のように親族関係で保障された被扶養者としては認知されない。パートナーシッ

プとは2人の個人的な関係性でありながら，血族外の人間と取り結ぶ社会的関係でもある。この関係性が社会的に承認されることで，扶養の義務や遺産の受け取りなどが適用され，その関係性は特別なものになる。結婚とは当事者間による親密圏の構築に関わるとともに，その外部の制度に組み込まれた社会的制度なのである。[10]

しかし，近年先進国では婚姻関係が必ずしも法律などの制度的な関係によらないという事態が生じつつある。オーストラリアでも，結婚と呼ばれる形態には法的な結婚関係と事実婚の両者がほぼ等しく扱われている。こうした結婚関係と社会におけるジェンダー観の変容により，同性愛のカップルも事実婚に限り結婚関係を認めるという結果となっている。そこで，パートナービザの申請にはこうした関係性の多様化を反映した「純粋な関係性」（Giddens 1992=1995）を重視する方向性をとりつつ，現実には，個人化する「関係」は客観的な事実により認定されるという，パートナービザの申請に際するジレンマをみることができる。

それでは，このジレンマを考える上で筆者の調査事例をとりあげたい。筆者は2006年の後半頃から主にシドニーを中心とした日本人の結婚移住者への調査を実施していたが，その調査は2010年の終わり頃まで断続的に実施している。その最後の段階でインタビューした4名の日本人女性について，とりわけパートナービザの申請過程に焦点を当てた聞き取りを実施した。対象者はいずれも日本人（日本国出身）の女性たちであり，当時シドニーに居住していた。年齢は20代後半から30代前半であった。永住ビザのサブクラスあるいは申請時期は若干異なるが，いずれも数年前にオーストラリアを訪れ，現地の配偶者のサポートによってパートナービザを取得している（あるいは予定している）女性たちであった。

Aさんがオーストラリアに始めてきたのは2006年であった。ワーキングホリデーメーカーとしてオーストラリアを訪れたが，期間中にいったん短期就労ビザを取得しオーストラリアへ滞在することとなった。その期間に現在のパートナーと出会い永住を決意，2008年の8月にパートナービザ申請者に最初に付与される期限付きのパートナービザ（subclass 309, temporary）を申請，筆者がインタビューした2010年10月には，次いで付与される無期限のパートナービザ

(subclass 801, resident) を取得した直後であった。Bさんも2006年にワーキングホリデーでオーストラリアを訪れ,現地の企業に就職,学生ビザ取得などを経て,インタビュー当時パートナーとビザ (subclass 309) を申請しその審査結果を待っていた。彼女とパートナーの関係は事実婚 (de fact) である。Cさんは2006年に大学院留学を目的にオーストラリアを訪れ,2008年には現地企業に就職したがリストラに遭う。しかし,その後当時既にパートナーであった男性と事実婚 (de fact) としてパートナービザを申請している。2010年のインタビュー当時,2009年7月に期限付きパートナービザ (sub class 309, temporary) を取得した状況であった。Dさんは,日本で知り合ったオーストラリア人の男性と結婚して現地で暮らすことを来豪当初から目的としていた。このため,オーストラリアには短期滞在ビザで入国,到着直後からパートナーが中心となって結婚移住ビザを申請。当時は審査結果を待っているという状況であった。

　この4名は永住ビザの申請時に移住エージェント,すなわちプロの代行手続きを利用していない。パートナービザの申請は現地で「スポンサー」となるパートナー協力の下に実施しなければならないため,この面でもパートナーから十分な協力を得られたことがその理由であると考える。Bさんのように,その高額な費用のため自分で(自分とパートナーで)申請することになったという人もいた。この点で,結婚移住の場合はスポンサーとなるオーストラリア人(市民・永住者)自身も書類を作成する必要があること,そして両サイドで法的宣言書を執筆・作成する必要があることの利点を活かすことができるとも言える。

　さらに,法的宣言書および添付書類の作成には申請者とスポンサー以外の協力が不可欠である。申請に必要な提出書類には,申請者とスポンサーとなるカップルの「社会的側面」について,すなわち第三者が客観的に観察しうるパートナーシップを証明する必要がある。Aさんの場合,その必要な書類2通の書類の1通をパートナー(スポンサー)のご両親が,そしてもう1通を共通の友人に執筆してもらったという。彼女によれば,2人の親密な関係性を客観的に証明してもらうにはこれでは不十分だと考え,共通の友人からもう1通添えてもらったという。この「共通の友人」による宣言書の執筆は,インタビューをしたほかの女性たちの場合も共通であった。

第9章　結婚移住者と日本人永住者コミュニティの変容

　Aさんは他にも、2人の名前の記された郵便物や、2人の写真（記念行事や旅行、パーティなど、公的な場所において撮影された2人の写真、日付付き）などを同様の書類に添付している。このことは移民省が情報を提供しているわけではなく、本人がソーシャル・メディアや経験者のブログなどから情報を得ているとのことであった。また、4人の全てが国際結婚する日本人女性の必須情報源としてあげたあるウェブサイトがあった。このサイトは国際結婚をした日本人女性によって運営され、管理人だけではなく多くの情報提供者（投稿者）によって、世界各地の異なる永住ビザの申請手順と各種手続きの時系列的変化、そしてその変化に伴い生じたトラブル等が網羅的に記載されていた。2人の親密なパートナーシップによる結婚移住には、ビザのアセスメントの制度化という客観的な証明が不可欠である。こうしたジレンマは、当事者たちの「個別」の事情に由来する申請手続きを複雑にする一方で、その制度化された手続きには当事者たちの「共有」の財産としてオンライン上でデータベース化されつつあるのが興味深い。

　こうした女性たちがパートナービザすなわち永住ビザを申請する決意の由来はどこにあったのか。もちろん4名とも現在のオーストラリア人配偶者と現地で居住することが目的であった。さらに、例えばBさんやCさんの場合は、短期ビザである学生ビザや就労ビザなどがコース修了や突然の解雇などで失効するという事態に見舞われたことが、永住ビザを申請する決意を固めるきっかけになったという。

　調査を通して、初めにこうした短期ビザを所持し入国し、次いでそのビザの失効に伴いパートナービザの取得に踏み切るという事例が多くみられた。この理由として、国籍を超えたカップルがその関係を長期的に維持するためにその「純粋な関係性」に制約が課せられてしまうことを示唆しているようにみえる。にもかかわらず、当事者たちは自分たちにとって理想のパートナーシップをそこから実現しようと試みている。実際に筆者が話を聞いた4名の日本人女性でも、うち2名が (de fact) によるパートナービザの申請であった。もちろんこうした選択は、彼女たちだけではなく彼女たちの現地のパートナーの意向が影響していることは明らかである。

　だが、ビザ申請時のそしで今後の二人の私的な「関係」への理解を巡って彼

女たちのパートナー（スポンサー）と葛藤や軋轢が生じることもまれではない。Bさんの場合，インタビュー当時は第1段階として期限付きの永住ビザを申請し（取得後24ヵ月を経て無期限の永住ビザに切り替え可能），その結果を待っている状態であった。一刻も早く永住ビザを取得し，就職の可能性を広げたり医療保険（Medicareとよばれる）を入手して安心した生活を営みたいという抱負を聞かせてくれた。だが，今回の永住ビザ申請については当初彼女のパートナーが永住ビザ申請の手続きにそれほど積極的あるいは協力的ではなかったという。その一方で彼女の学生ビザの有効期限が間近に迫っており，最終的には彼女自身が「泣いて頼んだ」結果，彼が書類作成にようやく真剣に取り組んだという。彼女自身，オーストラリア人である彼と2人で過ごすこと，そのために彼女の永住ビザが必要であること認識していることに疑念を持つことはなかった。しかし，彼女のパートナーにとって，外国人である彼女は究極的には「純粋な関係性」を超えた「制度化されたパートナーシップ」で，すなわちパートナービザの申請でしか維持することができない，という事実が理解されていなかったようである。Bさんは当時をふり返って，彼女のパートナーは当初は彼女がそこでどれほどまでに切迫した心境に陥っているのか，そして万が一書類不備や記入漏れ，あるいは法的宣誓書を補強するための資料の不十分などで永住ビザが発行されなかったときの不安についてはなかなか理解してもらえなかったのではなかったかと語った。さらに彼女がストレスに感じたのは，2人の関係は自分たちが一番よくわかっているはずなのに，こうして自分が彼に書類をやたらと要求することで，自分はビザ目当てに彼とのパートナーシップを利用しているとパートナーから思われるのではないかという疑心暗鬼が繰り返し心中に生じることであった。

　Cさんも同様の経験をしている。彼女が直面し当惑したのは，自分たちの偽りのないパートナーシップを「永住ビザ」という書類によって（あるいは正式な結婚関係によって）証明しようとするのは，2人の関係に対する偽りではないかというパートナーの「正論」であった。Cさんは，パートナーがそのように2人の関係を大切にしてくれていることに対して喜びを感じる一方で，先のBさんのように，外国人女性としての彼女にはどれほど2人の純粋な関係性も結局は彼女に発給されるビザ1枚にその運命がゆだねられているという事態に，

そして彼女のパートナーの無理解にいらだちを覚えたという。

BさんとCさんの2人のこうした体験が，パートナーシップにおいてジェンダーや制度を超えた「純粋な関係性」をめざす関係を求めるほど，外国人である女性にとっては結婚移住を実現させる際に解決しなければならない制度化された夫婦関係アセスメントへのジレンマを強めることになることを示している。結婚移住とそれに伴うパートナービザの申請とは，移民政策により個々の様々なパートナーシップを，ある程度統一した「パートナー関係」の基準を設けて審査することでカップルの「純粋な関係性」を「制度化」してしまうプロセスである。しかし，この一定の手続きに従う「制度化」ゆえに，外国人である日本人女性たちは経験の共有が可能となり，オンライン上での申請手続きのデータベース化などの，個別の背景や社会的文脈をこえた（ヴァーチャル）なコミュニティを構築することが可能となっているという利点も持っている。しかし，こうしたグローバルなネットワークの存在が，自らの居住地とその固有の社会環境の中で共有される意識でのつながりに単純に置き換えられるのかといえば，決してそのようなことはないことを理解しなければならない。構成員や居住地域の多様化は，オンライン上の越境的なつながり以上に時として重要な意味を持つ，地域的，局所的なエスニック・コミュニティを各地で生み出しているのである。

5　結婚移住者たちのエスニック・コミュニティ

これまで，現代のオーストラリアにおける日系コミュニティの特徴を結婚移住者の増加という視点から論じてきた。日本からの永住ビザ申請者におけるパートナービザの申請者の割合が高いこと，そしてその多くが女性であることが，エスニック・コミュニティにおける平均年齢や性別割合などに影響を及ぼしていることを確認した。また，こうした状況を背景に増加した日本人永住者コミュニティの人口分布は，従来のエスニック・タウンとして人口の集中がみられた地域が成長し，より規模の大きなコミュニティを抱えるようになったのではなく，むしろその地理的な分布がより郊外へと拡散するという結果となった。このことは，結婚移住者たちの居住選好が彼女たちの移民としての便宜以[14)]

上に現地出身のパートナーがすでに確立している生活基盤に由来し,そして現在ではオーストラリアで誰もが直面する,都心部での不動産価格の高騰などが影響している。こうした条件を鑑みて,結婚移住者たちはどのような動機により日本人永住者コミュニティに関わる（関わらない）のか,あるいは自主的に組織運営されるコミュニティはどのような特徴を持つのだろうか。筆者が近年現地でたびたび目にするように,海外移住者でさえLINE等のソーシャル・メディアで地域や国を超えてコミュニケーションを構築する現在,果たして地理的な均質性を基盤としたエスニックなコミュニティの必要性はどこにあるのだろうか。[15]

　西シドニー（Western Sydney）は,シドニー都市圏から数十kmはなれた,西部自治体連合として先ほど紹介した組織に所属する自治体が集まる地域である（資料9-3参照）。旧来からの郊外地に加えて,近年は急速な開発が進み,人口増加が著しい地域である。一方で,従来から「遅れた西部」や（比較的経済力の乏しい）「移民の集中する地域」というステレオタイプを伴う地域でもある（Collins 2000）。その逆に「オーストラリアの自然そのものを体現した郊外（suburbia）」などと,様々なステレオタイプが伴う固有の「場所性」を持った地域としても表象されることがある。シドニー中心部へは高速道路や列車網などが整備はされているものの,こうした急な発展にインフラが遅れをとっているのが現状である。そのため,この地域では自家用車の利便性が高い。しかし,2014年にはこの地域に新空港の建設が発表されるなど,将来的に見て地域の成長は著しい。

　筆者がこの地域で参与観察もかねて定期的に参加していたPという日本人永住者コミュニティがある。このPが具体的な活動をはじめたのは,2006年9月である。当時の参加者は30名ほどだったが,これはメーリングリストに登録している参加者であり,隔週のミーティングへの参加者は数名から10名程度であった。地域のコミュニティセンターの1室を使って行われるグループミーティングへの参加は自由であり,参加者の入れ替わりもたびたびであった。筆者が参加していた時期,原則として学校の休暇中には活動を休止していた。学校の休暇中は子どもを残して家を空けることが難しいためである。参加者の大半が過去数年の間に西シドニーに移り住んできた20代から40代前半の女性たち

第9章　結婚移住者と日本人永住者コミュニティの変容

資料9-3：シドニー都市圏における西シドニー地域（点線は主要道路）

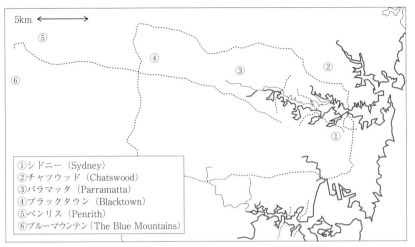

①シドニー（Sydney）
②チャツウッド（Chatswood）
③パラマッタ（Parramatta）
④ブラックタウン（Blacktown）
⑤ペンリス（Penrith）
⑥ブルーマウンテン（The Blue Mountains）

出典：筆者作成

で，その多くが周辺地域で低年齢の子どもと現地出身の配偶者との核家族を形成していた。この地域だけではなく，こうした女性を中心とした地域限定的な日本人永住者コミュニティがシドニー都市圏の各所で運営されていることもその後確認した。その背景には都市圏における日本人永住者コミュニティ人口の拡散という事実がある。そして，参加者の同質性が示すように，その中心がこうした結婚移住者の女性たちである。

Pでは，地元の役所や保健所からのゲストを招き，育児や家計に関する行政のサポートの内容についてレクチャーを受けたり，また医療従事者を呼んで，女性の健康についてあるいは育児についての助言を求めたりしていた。それと並行し，特にテーマを持たないまま集合し，互いの近況や最近のできごとを話し合う程度といった機会も多かった。現地で手に入る材料を使って日本料理を作るなどの企画があった。ここで興味深いのは，同じ世代で同じ年頃の子供を抱える母親たちが，共通の悩みや不安を共有しあうことだけではない。会では，先輩の女性たちが，若い女性たちに現地生活の知恵を伝授する場所でもあった。例えば，どのような機会に日本食のための食材を確保するのか，そして現地で手に入る食材に工夫をこらし，どれだけ自分たちになじみのある料理

を作ることができるのか,といったことなどである。こうした活動を通して,このコミュニティによる活動では,エスニックな共通性のみならず,同じ地域に住むという「場所性」(Relph 1976=1991)や,国際結婚家族を持つことに由来するジェンダー意識など,そうした様々な共通意識が,各回の活動や参加者たちの様々な会話の中で自身の語りや参加者たちの行動や発言の中で確認され,再帰的に共有されていく。

　1つ具体的な例を挙げよう。このコミュニティに頻繁に参加していたEさんは,その参加理由として以下の点を上げた。[16] まず,参加者とは子育てや家族構成について共通した話題があるということ。そしてメンバーの母親どうしが交換し合う地域情報は,例え配偶者が地元の男性であっても把握できていない場合が多い。そのため,経験者と交流することで地域での育児や教育に関して有益な情報を獲得できるという。[17] 他の参加者達も,近隣で同じ主婦業に従事している女性からこのような情報が得られるのだという。このことは,日常生活の多様なニーズに即して様々なサービスが提供されていたとしても,その社会的資源に移民女性がアクセスできるかどうかという点を問題とすることができる。こうした場合,同じエスニック・コミュニティとりわけジェンダー属性などで共通した家族役割や日常的実践を今日することの多い人物との直接交流は重要な意味を持つ。こうしたサービスが,地域や家族構成によって異なることも多く,Pのような日系コミュニティは,参加者のディアスポラな文化的アイデンティティを支えるシンボリックな機能を果たすのみならず,西シドニーに住む結婚移住者の女性たちが直接顔を合わせ,必要な情報を共有し,移住後の生活に必要な社会資源の獲得につなげることができるための実践的な機能も果たしている。

　このようなコミュニティへの参加者のエスニック・コミュニティへは,地域の「場所性」や参加者のジェンダーなどの複合的な要素かつ共通の社会背景に由来するある同質性において機能している。そして,この中で活動に携わる参加者の自己準拠もそうした条件下において再帰的に実践されることを理解することができる。「オーストラリアの」あるいは「シドニーの」日本人という水準でのシンボリックなディアスポラ・アイデンティティによる一体感とは距離をおいたものとなる。例えば,筆者が引き続きEさんに他の地域での既存の

日系コミュニティなどには参加する意思を訪ねたが，その可能性については否定的であった。たとえ同じ日本人であっても年齢や居住地域，そして（経済格差も含めた）ライフスタイルに違いがある人たちと共有する話題や問題を持つことが難しいという。他のPの参加者も一様に，同じような理由で参加する理由が見当たらないと回答した。このように，日本人永住者コミュニティの内部の多様性は，ディアスポラとしての日本人永住者コミュニティの象徴的な機能を低下させることでコミュニティの規模そのものを分散させながら，クラスター化された個々のコミュニティの構成員の同質性はむしろ高まっている「分散した凝集性」が顕著になりつつあるといえる。

　Pの参加者は，同じ日本人であっても「彼らと私たち」の間にある様々な差異を取り上げ，相互参照することで，個人をそしてPというコミュニティを表象する。限定された近隣地域で，同じようなライフスタイルを持ち，同じような由来で西シドニーに住むに至ったという同質的な特徴が，他の地域の日本人との卓越化の際に参照される。さらに，西シドニーの日本人女性の結婚移住者として，また自分たちの日常生活での社会的役割をシンボリックにもプラグマティックにも機能するコミュニティとしてPが存在していた。参加者たちの「妻」や「母親」あるいは「主婦」という日常のジェンダー役割にそったルーティンは，新しい社会で「自分の居場所」，つまり自己の社会的アイデンティティを反復的に理解するための行為であり，Pとはそれを集合的に追認できるエスニック・コミュニティとみなされていたのである。

　なにより西シドニーは，彼女たちがこうした「女性性」に基づく自己アイデンティティを再構築するための様々な社会環境を整えてもいる。まず，この地域では日本人移住者はまだまだ圧倒的なマイノリティである。次に，このような郊外で人口を増やしている日本人永住者コミュニティの構成員は少なからずの割合で結婚移住者である。彼女たちは，西シドニーへの転居理由や家族構成，そして家庭内での役割に多くの共通性を持っている。そしてこの共通性のいずれもが，移民としての日々の生活において彼女たちのジェンダーを強く意識させる。こうした社会的環境で自己アイデンティティを規定しようとする際に，「移民」としてあるいはマイノリティとして意識される自己のエスニシティへの言及だけではなく，国際結婚や，家族関係や，日頃の日常生活の中で

反復され強化される「女性性」や日常の「ジェンダー役割」は重要な役目を担うだろう。筆者自身も，長期間の現地調査を通してこうした状況を観察するのみならず，Pというグループの一員としてその活動に参加する中，こうした点を直に経験することがあった (Hamano 2013)。

ただし，こうしてメンバーの社会的背景がある程度まで同質化してしまったグループは，こういう背景が共有できない人にとってはなかなか参加しにくい状況となっているようである。西シドニーに住み，インタビュー当時はまだ妊娠しながらシティで常勤の仕事に就いていたMさんは，いずれ子供が生まれたらPJCに参加する可能性があるかもとほのめかしつつ，今の自分には「『お母さん』という特別な人種」の集まりに参加するのには抵抗があると回答した。[18] だが，Mさんが語ったような同質性はある意味Pのような日系コミュニティ特徴でもあり，この西シドニーの日系コミュニティの現在の姿の特徴を伝えている。

6　おわりに

海外移住は一過性の経験だけで終わらない。移住者はその固有の社会環境にて，その後も（予期せぬ）自己変容の契機と永続的に向き合い続ける。本章では，女性の結婚移住者の増加について取り上げ，そこから現代オーストラリアの日本人永住者コミュニティの1つの特徴を論じた。パートナービザのアセスメント過程を考察すると，親密圏における「純粋な関係性」への志向が高まる一方，結婚移住のパートナーシップや理想化された家族像が，いまも限定された地理空間で厳格に制度化されているという事実を浮き彫りにする。次いで，こうした日本人永住者コミュニティにおける人口動態の変化がもたらす地理的な側面，すなわち居住地域の拡散（拡大という言葉よりも適切であろう）について焦点をあてた。そこでは，結婚移住という移民としての移住経緯についてばかりではなく，郊外における小規模でジェンダー化されたエスニック・コミュニティ活動を取り上げ，新しい土地で，新しい家族と，新しい社会で現地社会に「住まう」ことについて一考を試みた。結婚移住にとって新たな社会で「住まう」ことは，こうした一過性の体験以上に，家族関係や構成員の変化や地域社

第9章　結婚移住者と日本人永住者コミュニティの変容

会の変容に伴い，自身のライフコースの様々な過程で，移民としての自己と向き合うことになる。ローカルにもトランスナショナルにも，自己と，そして自己のおかれた社会環境と向き合い続けることになる。このように変容し続ける移住者たちと共存できるエスニック・コミュニティがあるとしたら，それはどのように組織化され，どのように機能していくことになるのか。国際結婚による移住者の増加は，個々のクロス・カルチュラルな親密圏で生じた出来事に，日本人永住者コミュニティとしてどのように向き合い，支援できるのだろうか。こうしてめまぐるしく変容していく状況を，「移住」と「定住」の経験の両側面から理解することが重要ではないだろうか。

　　筆者注：本論をより多面的に考察したものとしては濱野（2014b）を参照。諸般の事情により，本論の発展的内容が既に出版されている事情を読者に酌量して頂きたい。

1）　日本からのワーキングホリデー渡航者については，川嶋（2010）や藤岡（2012, 2013）などの論考を参照。
2）　戦争花嫁たちのライフヒストリーについてはブレア（1991）や遠藤（1989）などがある。筆者のブリズベンでの現地調査（Hamano 2010）でも，戦争花嫁の女性たちへ聞き取りを実施し，移住生活や現地日系コミュニティとの関わりについて記録した箇所がある。
3）　同性婚の合法化についてはオーストラリア社会でもいまだ論争の対象となっている。2014年11月現在，外国籍のパートナーの呼び寄せも含み同性愛婚は事実婚に限り認知される。法的な結婚関係についてはオーストラリア市民の間でも認められていない。
4）　一方，オーストラリアの政府刊行物および政府の提供するデータは，オーストラリアにおける経済年度毎でまとめられているものが多い。
5）　参考までに日本人の国際結婚を同様のジェンダー別パターンをみると，日本人男性の配偶者となる女性たちは圧倒的にアジア出身者で占められている。それに対し，日本人女性の配偶者は，欧米を含み多様な国の人たちを配偶者としている（厚生労働省2013）。
6）　1979年から1994年までJICA（国際協力機構）はオーストラリアへの技術移住者の送り出し事業に携わっていた。この経緯については濱野（2014a）で言及した。その全容の把握には今後のさらなる史料分析を必要とする。
7）　もちろんこの区分は幾分大まかすぎる。もうすこしミクロな視点で見れば，どの地域にも歴史的・社会的な多様性がみえるだろう。
8）　例えば両親がオーストラリア市民権を持たない日本人であってもオーストラリアで生まれた場合，国勢調査のデータ上では日本人永住者コミュニティにカウントされないということになる。
9）　これまでの家族連れの駐在員に変わり，比較的年齢の若い夫婦，あるいは子育てが一

第 2 部　日本人コミュニティの現在

段落した定年間際の夫婦といった駐在員が増えている。その結果，小規模家族にとって利便性の高い都市部のマンションに居住する傾向がある。日本経済を反映した駐在家族の規模の縮小はオーストラリアだけではない（筆者の現地調査によれば，米国などでも同様の状況にあるという）。今日のこうした邦人「逗留者」の居住傾向は，永住者とは反対に都市化しつつあると言えるのかもしれない。

10) こうした制度としての家族関係を国際結婚という視点から論じたものとしては，嘉本（2001）による明治初期の日本における国際結婚にまつわる史料研究を参照。
11) 当時のパートナービザの申請とそれに伴うビザのカテゴリーなどの詳細については濱野（2014b）を参照。
12) 2011 年 6 月の追跡調査では，2011 年 5 月に審査が終了，有効期限付きパートナービザ（2 年有効の subclass 309）を取得したとのことであった。
13) 2011 年 6 月の追跡調査では，この有効期限付きパートナービザを取得してからもうすぐ 2 年間が過ぎるので，無期限のパートナービザ（subclass 801, resident）の申請資格を得たとのことであった。
14) 現代の移民社会におけるエスニック・タウンとは同質的で排他的なコミュニティを形成するよりも，有機的なコミュニティを形成することで，コミュニティ内部における資本や人的資源のみならず地域経済や社会資本とのゆるやかなネットワークを形成するとも論じられている（Li 2009）。
15) 第 8 章の舟木による，エスニック・コミュニティと移民へのソーシャルワークの視点からの論考も参照。
16) 2007 年 8 月に西シドニーにて実施。
17) 現地邦人向けの日本語メディア（フリーマガジンやウェブサイト）はシドニーにも多数存在する。しかし，こうしたメディアのコンテンツは都市部に特化しており，P が活動しているような地域に住む日本人の女性たちからは，こうしたメディアが自分たちの住む地域情報に乏しいため無用との声も少なくはなかった。エスニック・コミュニティの居住分布の拡散は，こうした現地エスニック・メディアの意義を問い直してもいる。
18) 2007 年 9 月のインタビューによる。

第10章　日本人女性の国際移動・海外移住を促す消費的「自由」の再検討
　　　　──ジョン・スチュワート・ミルの「自由論」を援用して──

横田　恵子

1　はじめに──移動～移住する日本女性：最近の研究成果から──

(1)　蓄積される「日本女性のオーストラリア移住」研究

　日本人のオーストラリア移住については，すでに多くの研究が社会学領域で蓄積されている。特に近年では，1990年代に顕著となった労働観や余暇観の変転を意識した分析が常套となっている。このような移住者の質的な変化は，日本社会の経済停滞期と機を同じくし，主に「集団帰属主義から個人化へ」，および「終身雇用制度に依拠した人生設計から多様で柔軟なライフコースの選択へ」という傾向として現れた。その結果，オーストラリアへの日本人移住者は，近年では「若年化，多様化，女性化」という特徴を持つに至る。[1]

　中でも女性の移動～結果的移住[2]に関わる動機や経緯，さらに少なからぬ割合を占める国際結婚による定住については，精緻なリサーチが次々と発表され，今や「ライフスタイル移住」の観点から，移住日本女性たちの特性の数々が明らかになった。長友（2013）や濱野（2014）の一連の研究は，①1990年代の日本社会の政治経済構造の変化が，女性労働者をますます周辺化したこと，②ジェンダー不平等で相互監視的な社会環境は，依然として日本社会では常態であり，女性たちに閉塞感を強いていること，などを確認する。

　しかし一方で，女性たちがそれらの脆弱性をむしろ積極的に解釈・利用し，海外に移動していく様も描き出される。すなわち，オーストラリアへの移動～

移住が，③「あこがれ」，「自由」と「自己実現」を可能にするライフスタイルの実践として語られているという事実である。さらに，④これらの行動は私的な動機づけとアドホックな選択の積み重ねであり，長期滞在や定住はその結果にすぎないこと，とりわけ⑤現地での国際結婚が少なからぬ定住要因として注目されつつあることも明らかにしている。なお，国際結婚で定住するに至った女性たちは，⑥再びジェンダー化される場合が多々あることも描き出されている。

(2) 「日本女性のオーストラリア移住」研究が示す社会学的貢献

前節で概観した研究に代表される知見は，結果として，現代日本社会が抱える特性や問題を逆照射していると考える。例えば以下のような典型的な「移住日本女性の語り」から垣間みえるのは，日本社会の今も変わらぬジェンダー規範や，試行錯誤を許さない横並び意識である。

> （仕事は）毎日同じパターンの繰り返し。狭い中でやってるのが嫌になったから。あとは「飛び出したい」という意識が一番強くて。それなら一番オーストラリアが無難かなって思って。今しか出来ない事。結婚……周りはみんな結婚とか子どもを産んで，日本では生活していますけど，今，自分にはそういうのがないので。30歳前にはやっておきたいので。今しか出来ない事を。(横田 2009：22)

> （日本では学校中退，その後引きこもりを余儀なくされていたが）こちらでは全然珍しくないわけですよ，高校の中退というものが。中学卒業してすぐ仕事している人もいる。そういう人がたくさんいる。でも日本ではそんなに多くない。してしまったら周りがそういう目でみてしまう (横田 2009：25)。

さらに次の語りは，オーストラリアに移動後の自身を「移民集団（エスニック・コミュニティ）」の一員と見なすことを拒んでおり，そこからは，海外にあってもナショナルな連帯や排他的な帰属を要求する現代日本社会の原型がみえてくる。

> （日本人会に）入ろうと思うその一歩，が……出来ないんですね。後々の事を考えてしまうんです。入ってしまうとまた何かのつながりとか，あとは日本人社会に染まらなければならないとか，何かそういうことを考えるとおっくうになってしまって。距離を取ってしまうという自分がいますね (横田 2009：23)。

オーストラリアに移住〜移動した移住女性たちのこのような「語り」は，複

第10章 日本人女性の国際移動・海外移住を促す消費的「自由」の再検討

数の研究者によって集められ，すでに多声的なデータとして公刊されている。これらの公刊された語りを再録してみると，日本社会から「逃れる」[4]と同時にそれでも「逃れきれない」彼女たちのあり様があらためて立ち現れてくる。その両義的な立ち位置から語られる「日本社会批判」や「移住した社会へのまなざし」は，決してナイーブなものではない。──とりわけ彼女たちが何度も口にし，聴き手の研究者も何度も受け取っている「日本では得られず，オーストラリアで得られた自由」という言葉が意味するものは何なのだろうか。

女性たちが「オーストラリアで得られた自由」を説明する具体的な状況や行為は様々である。それは時に人間関係の忌憚のなさであったり，役割意識からの解放であったりする。あるいは単純に他人の外見や装い，行為への無関心が「自由」と表現されることもある。他にも，多様な雇用形態に優劣がないこと，仕事上の責任を過重に取らずにすむこと，多国籍・多文化な環境が享受できること，余暇に自然を満喫できること，家族と過ごせる時間が潤沢な事なども含まれよう。

本論で検討を試みたいのはこの多義多様に語られる「自由」という概念についてであり，その概念を構成するさまざまな語りの含意である。──語っている女性たちはどのような「自由」を求めてライフスタイルを選択し，日本社会から逃れて来たのだろうか。そしてオーストラリアでは望む「自由」を手に入れたのだろうか。手に入れたとすれば，その「自由」は彼女たちの人生にどう影響を与えたのだろうか。──研究書や論文に掲載された女性たちの声をあらためて読み，その意味を考えるとき，筆者はそれを思わずにはいられない。

さらに「自由」を手にした後のオーストラリア定住で，再びエスノ・ジェンダー化していく自らのあり様はどう位置づけられるのか[5]。市民権取得をめぐる消極的な判断[6]や関心のなさは，獲得した「自由」を守り抜くことと関係しないのだろうか。──これらの問いは，すべて彼女たちが「どのような自由を求め，得たのか」「自由である事の根源的意味を意識していたのか」という事と関わってくると思われる。

(3) より大きな潮流への位置づけ
——英語圏諸国への日本人女性の移動の実態——

　本項を終えるにあたり，オーストラリアに移動・移住する日本人の動向をより大きな流れの中で俯瞰しておきたいと思う。例えば1990年代のイギリスでも類似の傾向が起こっている（ホワイト 2003）。ポール・ホワイトはイギリスの国勢調査データを示しつつ，日本人移住者数にみられるジェンダー不均衡とその拡大を指摘している。論文中に示された国勢調査データによれば，1991年の段階ですでに日本人在住者は女性が占める比率が男性より高く（100/83.5），それ以降も男女比の不均衡は増々拡大する一方であった。また女性たちの多くが，学生やフリーランスであることも示されている。彼女たちは，「日本の『アットホーム』な社会の監視や規範からはなれてロンドンでより自由度の高い行動ができる（ホワイト 2003：148.）」ことを肯定的に捉えており，90年代後半になると，彼女たちの中から非日本人と結婚する者も増えて来た（pp. 149）。ここには濱野（2014）が描き出したオーストラリアに移動〜定住した日本女性たちと類似の傾向が読み取れる。そしてここでも「日本人の諸制度の重要性はかなり減少している（pp. 150）」。

　同様の現象はカナダでも見られる。オードリー・コバヤシ（2003：224）によれば，1990年代以降，「日本からカナダへの移民は，25〜34歳の独身女性によるものが支配的であり」，「その数は同年代の男性の5倍にものぼる」という。ワーキングホリデービザで来る者が増加，多くはサービス業や小売業に従事する。最近は移住年齢も平均25歳前後と推測されるほど下がりつつあり，学歴もやや低めに推移し，国際結婚志向が強調される傾向にあるという。コバヤシ自身が行なった調査によって明らかにされた彼女たちの移住動機は，「美しい自然の元での自由なライフスタイル」に収斂しており，この点でもオーストラリア移住女性たちとの共通性を垣間見る事が出来よう（コバヤシ 2003：233）。

　いずれにしても1990年代以降の日本女性の一部が，ライフスタイルとして海外移動〜移住を選択し，実践している事は疑いがない。そしてその底流には生き方すら消費財にしてしまうほど成熟した私たちの社会があり，人々はその中で当座のオプションを選び続けていけば人生を紡ぎ続ける事が出来る，という現実がある。

2 「自由」な実践の再検討：移動〜移住女性たちが語る「自由」から見えるもの

(1) 本論の分析軸――多層な「自由」概念の中の「市民的自由」の再検討――

自由概念は18世紀以降，歴史的発展に伴って，市民的自由，政治的自由，社会的自由，そして文化的自由と拡大・進展して来た。現代女性の国際移動〜移住に関わって表出する「自由」の問題を社会学的に検討する場合，従来の議論の焦点の多くは移住先で享受すべき権利としての「社会的自由」や「政治的自由」となり，時に多文化問題としての「文化的自由」の検討となる（ベックとベック=ゲルンスハイム 2011=2014）。

ベックとベック=ゲルンスハイム（Beck & Beck-Gernsheim 2011=2014：123）は，21世紀のグローバル化の過程において，結婚移住がますます公的関心の視野に入って来ている事を指摘している。中でも，非西欧社会から西欧社会への女性の参入は，おおむね権利が拡大する利があるとし，特に社会的自由（社会権）が男性と同等になる事に注目する。このような自由は，分配の正義として機能する事により，女性の中でもさらに周辺化されやすいシングルマザー，レズビアン女性，未婚の母，離婚者など，従来の規範的女性イメージから逸脱した人々にとってより多くの利益をもたらすことになる。そのため女性たちは，一度この自由を獲得すれば，移住先で再周辺化される現実を受け入れてでもそこに定住する事を望むと言う（pp. 198-200）。

翻って「市民的自由」についてはどうか。この古典的な自由概念，すなわち社会における個人の自由の不可侵性は，今では様々な自由概念の前提として自明的に扱われている。特に今回扱うような社会的実践，つまり「個々人がライフスタイルを選択し，自己実現のために海外に移住する」という実践では，その過程で生じる様々な問題を「古典的な市民的自由の発露とそれに対する社会集団からの規範の押しつけのせめぎ合い」と位置づけ，考察する事は有効であると考える。

上述の経緯より，本論では，ジョン・スチュワート・ミル（Mill 1859=2012）の自由論に依拠しつつ，日本女性たちの国際移動〜移住を支えた様々な動機や

選択，直面した内面的・社会的問題について考えてみたい。

(2) 現代的な社会問題へのミルの自由論適用の有効性

自由とは個々人の幸福追求の行為であり，それが人々の関係性の中で実質化されると考えるとき，以下の原理は現代でも充分適用可能であろう。

> 社会が個人に干渉する場合，その手段が法律による刑罰という物理的な力であれ，世論という心理的な圧迫であれ，とにかく強制と統制のかたちでかかわるときに，そのかかわり方の当否を絶対的に左右する1つの原理があることを示したい。その原理とは，人間が個人としてであれ集団としてであれ，ほかの人間の行動の自由に干渉するのが正当化されるのは，自衛のためである場合に限られるということである（Mill 1859=2012：30）。

一般に「ミルの危害原理」として知られるこの原理は，1世紀を経てE. バーリン（Berlin 1969=1971）が述べたように「いまもなお自明なものになったとも，時が経ったいま陳腐になったとも言えませんし，それらが依拠している前提は今でも議論の余地のないものではありませんし，議論の余地のない前提に立って練られた見解というわけにはゆかない（pp. 413）」という限界を示してはいる。しかしそれでもなお「（J. S. ミルが）もっとも重んじていたものは，合理性でも満足した状態でもなく，多様性，変化，充実した生活――（中略）――でありました。彼が憎悪するものは，狭量，画一性，精神をかたわにする迫害，権力や因習や世論の重みで個人を押しつぶす事（pp. 399）」であった，という点において，現代社会の問題，とりわけ今回の論題である「個々人が社会（世論）の専制を避け，個人の個性と考えて選択・移動するユニークなライフスタイル」について，送り出す社会（受け入れる社会）はそれぞれどう応じるのか，それを受けて個人の側はどうふるまうのか，を考えるのに援用可能な原理と考えるものである。

この原理を適用する領域として，ミルは第一に思想と言論の自由を挙げている。中でも本論題に沿って注目すべきは，「異論に対して大きな危害を加えずとも不寛容な社会は，そのことによって我々が害を受ける」としている点であろう。世論（多数派）による少数派の抑圧は，ミルが最も危惧する点の1つである。異論を受け入れない社会では多数派そのものが表現を自己抑制するよう

第 10 章　日本人女性の国際移動・海外移住を促す消費的「自由」の再検討

になり，思想・言論の自由を自ら損なうことになりかねないからである。この視点は，次項で移住女性たちの語りを取り上げながら検討したい。

　次にミルが取り上げるのは，幸福を追求する手段としての「行動の自由」である。

　　自分の意見を自分の生活において実行に移すことは，それが自分の責任でなされるかぎり，周囲の誰からも，肉体的にも精神的にも妨害されず，自由に行える。そういう自由も必要なのではないか（Mill 1859=2012：136）。

　これに対し，世間の伝統や慣習を行為のルールとしたり，自分がしたいことではなく自分にふさわしい事を選好し続けると，精神が束縛され，模倣行動しか出来なくなると危惧する。お互いが模倣し合うそのような社会に発現するのは，専制する世論であり，そのような世論を持つ社会は「変わった人」や「変わったこと」に不寛容であることも，ミルが指摘する社会の危うさである。

　伝統や慣習に反することを実行する自由がなぜ必要なのか。それは単に新しい様式（文化）の発現に資するからではない。あるいは自己決定の権利だから求められるのでもない。自由はより根源的な理由から必要とされる。すなわち「人間を少数の型に合わせて形成しようとする事の方が理不尽だからである（Mill 1859=2012：164）」。

　幸福は個人的な価値であり，それに対応するには多様な生活様式が必要である——これは一見妥当な主張に思えるが，問題はその「多様性」の意味するところだ，とミルは言う。

　　もちろん，多様性をまったく認めないというところは（いくつかの修道院を除けば）どこにもない。ボート，喫煙，音楽，スポーツ，チェス，トランプ，読書については，それが好きであろうと嫌いであろうと，非難されることはない。なぜなら，いずれについても好きな人，嫌いな人，どちらも数が多すぎて押さえられないからである。
　　しかし「誰もしないこと」をすると，あるいは「誰もがすること」をしないと，人は非難される。女性であればなおさらだ（Mill 1859=2012：166）。

　世論（多数派）が理解できる範囲，すなわち所与の選択肢からの選好であれば非難されることはない。それは単に「数の問題」だからである。本論の主題で言えば，「消費財として選択可能な海外移住というライフスタイルの数々」

173

であれば，非難はされないということである。ワーキングホリデーによる滞在，語学留学，観光など，実際に語られる海外をめざすきっかけは，多くの場合このレベルの「多様性」の範疇に入るのではないか，とあえて言を挙げてみたい。その際に「誰もしない（誰もがすることをしない）」という，根源的な自由は意識されているのだろうか。次項で取り上げたい2点目は，この「自由の多様性とそのレベル」についてである。

(3) ライフスタイル移住で獲得する「自由」
――オーストラリア移住日本女性の語りの再分析から――

本項では，横田（2009），長友（2013），濱野（2014）の著作に掲載された女性たちの語りを再収集し，古典的自由概念を通してその語りを再考してみたい。

従来のライフスタイル移住に関わる聞き取りから導き出された結果は，いくつかの定式化された知見として共有されている。すなわち，①海外移動のプッシュ要因としては，日本社会や日本人集団にまつわる閉塞感やジェンダー不平等な事態への直面があること，②実際の海外（オーストラリア）への脱出は「あこがれ」に基づき，些細なきっかけでアドホックな選択が重ねられること，③「自由」を標榜する語りは多く散見されるが，具体的エピソードは多様であること，④移住先で受け取る「自由」には限界があり，女性たちの多くは新たに周辺化を余儀なくされる。しかし彼女たちは自分自身の立ち位置を巧みに再解釈し，置かれた状況の中で自己のエスノ・ジェンダーを再強化することでアイデンティティを確立すること，⑤政治的「自由」には無関心であり，多元的な帰属意識を保持したままであること，などである[7]。

上記一連の流れを意識しながら，あらためて語りを通読し，基底にある「自由」概念を探ると，繰り返し語られるのが「行動の自由」をめぐる問題であることがわかる（巻末の「補遺」を参照のこと）。「補遺」に再掲した語りのうち，カテゴリー①で語られるのは，「皆と同じように長時間働き，休暇でさえも他の人々と同じように過ごし，ジェンダー化された組織役割を受け入れる」不自由をめぐるものである。この場合は，「多くの人が選ぶことがないライフスタイル（異論）」を志向するなら，法や制度によるあからさまな危害は加えられなくとも，世論（多数派）によって規範を押し付けられる，ということへの閉

塞感の表明である。

　一方，カテゴリーの②や③で語られるのは①の打開策として求める行動の自由，すなわち「多様性，変化，充実した生活」を求めての経緯に関わるストーリーである。ただし前項でも指摘したように，それぞれの具体的エピソードは多様であり，行動の基底にはどの程度，根源的・原理的な自由の意識があったのか，（エピソードによっては）自由な選択と言えるのか，などが再検討すべき点であろう。

　そもそもミルは，伝統や慣習に抗して自由に行動する意味を，非常に根源的なレベルで価値付けている。それは単なる個人の権利に留まらず，新しいライフスタイルの呈示で留まるものでもない。行動の自由は個人の人生をいくつかの型に仕分け，分類して類型化できるようなものではなく，徹底的に個別的である，という主張なのである。そのために希求されるのは，たとえ消費財として用意された選択肢を選好する行為ではあっても，その中に「誰もしないことをする」「誰もがすることをしない」という意識があるかを問う，ということだ。さらにミルは，このような自由な行為者の「責任」にも言及する。

　巻末にまとめて「補遺」として掲載した女性たちの語りを見ると，「ちょっと抜けてみたい（11）」「それもいいかな，と思って（14）」「ビジョンがないまま（12）」海外へと動き出すこと，オーストラリアでの生活を「居心地がよい（18）」「解放（19）」「誰も私の事を知らない，他人の事を気にしない（20）」「責任が少ない（24）」「インターナショナルな雰囲気（25）」と表現されており，その語りからは，ミルの自由概念が持つようなラディカルさを意識している感はない。そこから垣間見えるものは，自由を希求してアグレッシブに行動するというよりは，むしろ，世論（多数派）が「あらゆる人々の性格を無理やり社会の規範的な型通りにしたがる傾向に対する『防御（protection）』としての行為（Mill 1859=2012：20）」のようだ。防御（protection）とは，多数派に対するやわらかな抵抗手段である。この場合は，自分のやりたい事をしようとすると及んでくる世論（多数派）の価値・倫理的介入に対して，きわめて常識的でそれ自体は非難される事がない手段（海外旅行，語学留学，結婚など）を用いて自分自身の価値観や行動の自由を守る，というように読める。

　一方，もし女性たちが，自らの移動の理由を自由の根源的な意味に重ね合わ

せ，認識しているのならば，移住後のオーストラリアで再び周辺化されようとするとき，「英語力が全然のびない（31）」状況で都市部の日本人社会で生きようとするだろうか。「名前だけで履歴書がはねられる（35）」というような現実，あるいは「まず母親（28，29）」であることにアイデンティティを置かねばならないような結婚移住の現実，このように有無を言わさない社会的周辺化，再ジェンダー化を消極的ではあれ，受け入れるだろうか。

実際の彼女たちの戦略は，この状況を逆手に取り，（日本を出るときに捨てて来たはずの）自己のエスニシティやジェンダーを肯定的に強化するというものである。

> 洞察力，判断力，識別力，学習力，さらには道徳観上をも含む人間の諸能力は，選択をおこなうことによってのみ鍛えられる。何事にも慣習にしたがう者は，選択を行わない。最善のものを見分けたり，最善のものを望む力が，少しも育たない（Mill 1859=2002：142）

上記のミルの言葉を受けるなら，オーストラリア定住後に再度直面する社会的周辺化に対し，「その意味を置換して肯定的に受け入れ，強化する」という戦略を取って再び「防御」する女性たちは，そもそも最初の海外移動を決意する段階で根源的な意味での「自由」を発動していなかったことになる。むしろ，「大衆と同類の人々が大衆のために作り出した思想，すなわちその時々の思いつきを新聞を通じて大衆に語り，あるいは大衆の名で語る（Mill 1859=2002：161）」[8]というミルの指摘にあるとおり，消費社会が作り出した「自由なライフスタイルの表象」としてのオーストラリア生活を，喧伝されるがままに財として選択した結果なのかもしれない。

3　おわりに

成熟した21世紀の消費社会において，多様な個性を発揮し，私的に充実した生活を送る事は，非常に困難なことだろう。ライフスタイルはすでに消費財の1つとなっている。多くの先行研究が示すように，観光産業や語学産業，そしてワーキングホリデーなどの制度が相互にタイアップして作り上げたオースト

第10章　日本人女性の国際移動・海外移住を促す消費的「自由」の再検討

ラリア留学〜滞在のイメージは，「美しい自然に親しみながらフレンドリーな環境で語学が学べ，働ける」というものである。また「自分探し」や「自己実現」は「自由」概念と相まって，「毎日同じ事を繰り返す平凡で余裕がない日常」からの脱出への契機となる。

　しかし，ライフスタイル移住にまつわる様々な実践は，古典的な「自由」の概念に照らし合わせたとき，その「多様な生」や「自ら選択する」ことへの希求の度合いに大きな落差がある。古典的な自由概念においては，「自分の生き方を自分で組み立てる」ということは，権利概念をも越えて，ただもうそれがその人の生き方だというよりほかないほど根源的な必然である。そしてそれほどまでに根源的だからこそ，「それが自分の責任でなされる限り，周囲の誰からも肉体的にも精神的にも干渉・妨害されない」というアファーメーションを導く。

　翻って，ライフスタイル移住を実践する女性たちの選好はどうなのだろうか。いくつものライフスタイルがテンプレートのようにメディアや留学エージェントによって用意され，彼女たちはその中から気軽に選択することが出来る。その後海外へ移動し，様々な経験をしながらアドホックにライフコースを決めていく。オーストラリアの場合，移民女性であっても社会的自由は日本よりはるかに謳歌できるため，多くは日本とオーストラリアの間に多元的な帰属意識を保持したままの定住である。確かに「（在豪）経験」は年々蓄積され，それに伴って「充実のものがたり」も豊かになるだろう。しかしそこに「自らの日常にある不自由を深く吟味し，周囲からの干渉をはねのける強烈な意志を持って個人の幸福を得る」という，強い願望は伴っているだろうか。個人の「自由と豊かさ」は，そこまでの自覚と意志を伴なわねば多数派（世論）の介入を防ぎ得ない，という古典的な自由概念の主張が現代に指し示すのは，「好きなように行動する自由」からもう一歩踏み込んだところに「個人の幸福」がある，という1つの重要な提起ではないだろうか。

> 自分の評判を落とさずに，好きなように行動するという贅沢に，ある程度ふける事が出来るためには，何らかの肩書きか，身分のしるしか，あるいは身分のあるひとびとに愛されていることが必要である。それでもやはりある程度までだ（Mill 1859=2002：166）。

日本にいる時とは異なったライフスタイル，余暇と仕事のバランスが取れた生活，西欧的な文化の中でのくらし——これらを享受するためには（あるいは，オーストラリアでの日常をこのようなものだ，と聞き取りを行う研究者に語るためには），「日本からみれば海外で暮らす意志の強い女性」であり，かたや「オーストラリアからみれば日本的美徳を持つ女性」という，両価的な「肩書き」「身分のしるし」を場面に応じて保たねばならないし，「（日本女性として）愛されること」も必要である。しかし，ミルも言うように，それで得られる自由は「ある程度まで」かもしれない。

> 人間は経験と議論によって，自分の誤りを認めることができる。ただし経験だけではダメである。経験をどう解釈すべきかを知るために，議論が必要だ。（中略）事実を見ただけで意味がわかることはめったにない。その意味を理解するには何らかの解説が必要なのである（Mill 1859=2002：53）。

先述したように，消費財としてのライフスタイルを選び，余暇と仕事のバランスが取れた生活を英語圏の国で送ること——これが古典的な自由概念が促す「強い願望を抱き，強い意志や理性の力で己の個性を発揮し，多数派（世論）の倫理的介入に抗して自分が思う幸福な生活をめざす」という行動化とどのように類似し，どのようにかけ離れているのか。多様で多声的な移住女性たちの経験は，ただ聞き取って顕在化させるに留めず，その底流にある諸概念を再検討し，議論をする必要があるだろう。そしてその際に議論すべき相手は誰なのか，という問題も次に立ち上がる。移住女性たち自身が，お互いの声の重なりと多様性を聴き，自らの国際移動の軌跡の底にある「自由」と「幸福」について深く考えること。そのような機会を得てこそ，「本当に豊かで自由な移住経験」が多様に立ち現れるのではないだろうか。

1） 外務省「海外在留邦人数調査統計」を始めとする各種センサスにおいて明らかである。
2） 水上（Mizukami, 2007）の調査によって定式化された移住形態で，「当初は留学や駐在などでオーストラリアに滞在し，現地生活に満足してその後何らかの手段により定住者となる者」を指す。
3） ケルスキー（Kelsky, K., 2001）が提唱したこの概念は，日本人の西欧移住を語る場合に，もはや外せない概念であろう。

第10章　日本人女性の国際移動・海外移住を促す消費的「自由」の再検討

4) 「日本社会を『逃れる』」という表現は，長友（2013）による。
5) 濱野（2014）は，結婚移住女性が主体的に自らの移民性や女性性を再定義し，時には強化していく様相を描写・考察している（濱野 2014：194-210.）。
6) 他国からの移民に比べ，日本人移住者のオーストラリア市民権取得者は極めて少数に留まっている（DIMIA Annual Report 2013-14：430-444）。
7) この定式化された分類に従って，公刊された語り（横田2009，長友 2013，濱野 2014）からの抜粋を整理し，巻末にかかげている。
8) 21世紀の今日では，「マスメディア」及び「ソーシャルネットワークメディア」双方を総称するようなものであろう。

【補遺：ライフスタイル移住した日本人女性の語り】
(公刊された研究書より引用，再掲)

(1) **日本社会や日本人の集団に纏わる閉塞感やジェンダー不平等な事態への直面**
1. 仕事で忙しかったから週末は疲れきってしまって。(会社名)で働いていた時は休みはなかったし，残業が多くて，ストレスで頭痛に悩まされて，休みの日は，ほとんど横になって寝てばかり（長友 2013：101-102）。
2. 職場の雰囲気は，右向けって言ったら右を向いて，左向けって言ったら左を向く感覚が強かった（長友 2013：107）。
3. ［横田注：休暇を取って年に2度3度と海外旅行に行くと］会社の人たち，お局さんみたいな人がいたんだけどね，すごく（陰口を）言われたよ（長友 2013：108）。
4. （いろいろな改革はあっても）雰囲気はそのまま。やっぱり上の人が古いから，体制は変わらない。あの会社は女の子が出世できる会社じゃない。考え方が古い（長友 2013：121）。
5. （日本人会に）入ろうと思うその一歩，が……出来ないんですね。後々の事を考えてしまうんです。入ってしまうとまた何かのつながりとか，あとは日本人社会に染まらなければならないとか，何かそういうことを考えるとおっくうになってしまって。距離を取ってしまうという自分がいますね（横田 2009：23）。
6. ［横田注：日本人会のようなものは］日本みたいに上下関係みたいなものがあるのかなと。来た場余りのぺーぺーだから気を遣わないといけないのが面倒くさかった（長友 2013：199）。
7. （日本人コミュニティは）役員もそうだけど，上層の人たちはトップクラスのステータスの人が多いでしょう。移住者だけではなくて，駐在員もいるでしょう。自分たちとは違いを感じる。(……) 会社のお金でそこに住んでいるような人たちとは一緒にいることができない。（濱野 2014：166）。
8. 日本人でおかしいのが，駐在なのか，永住なのか，永住でも国際結婚なのか事業永住なのかって何でも分けるでしょ。（私が）ワーホリで来たときなんか，駐在の人とか，私の方見て「あワーホリなんだ，ふーん」みたいな。次，永住したときは「あなた永住？じゃあ国際結婚？国際結婚ねえ……」って感じでしょ（長友 2013：203）。
9. 日本のそういうところ［横田注：グループが属性によって派閥化するところ］が面倒

で日本を出たというところがあるので，ほっといてほしい。仲良くする人はする，ということ。わざわざいろいろ探り合いをするようなことはしたくない。[横田による中略]自分はやはり客観的に見たときに，あまり日本人日本人したところに自分を位置づけてはいないから。(濱野 2014：168)。

(2) 「あこがれ」に基づく，アドホックな決断による日本脱出
10. (会社を)辞めて(オーストラリアに)こようと思ったのは，やっぱり英語を学びたいということと，環境をちょっと自分で変えたいというのと。……(横田 2009：22)。
11. なんて言うかね，会社で5年間働いて来た，その窮屈なところからちょっと抜けてみたいというのはあった。海外に行きたい，って。でも住みたいってそういう感覚はなく，ただ一時的に逃れたいっていう。ちょうど長期で行ける旅行の感覚。で，今しかないって感じで始めた(長友 2013：108)。
12. 私は昔からビジョンとかなくて，行き当たりばったりの生活なんですけど，やっぱり，好きな人に包まれて。どこの国でも暮らせればいいかなあと。あまりビジョンがないんですよね。家を持って子供を何人とか，そういうビジョンがなくて。先が見えた方がつまらなくなる，そういうタイプなんですよね。柔軟さ，イコール，ビジョン。(長友 2013：90)。
13. 留学したいというのと海外に住みたいというのでは，住みたいというほうが先でしたね。英語が勉強したいというのは二の次。あまりそんなに深くは(考えていなかった)(長友 2013：92)。
14. マネージャーをやっている中でやっぱりしんどいなあっていう部分があって。何か違う生き方を探すようになって。[横田による中略]たまたまアメリカで話をした人が，取りあえずワーキングホリデーで行ってみて[横田注：アメリカではなくオーストラリアで]使ってもらえばいいんじゃない？って言ってくれて。ワーホリって，バカで，日本がイヤで海外に行くってイメージが強かったけど，たしかにそれもいいかなと思って(長友 2013：103-104)。
15. 子供の頃からなぜかアメリカに憧れていて，親の影響かも知れないけど。映画も洋服も，何となく。夢ですよね。憧れ，というか。それでつか海外で仕事したいと思っていたんです(長友 2013：91)。
16. [横田注：母親が](留学は)できなかったから。やりたいことができなかったんで夢を託したみたいですけど(濱野 2014：152)。
17. でも普通の幸せって何だろうって思ったんですね。こっち(オーストラリア)で頑張っている他の人に比べて。私はそれほど何かしたいとか，できることとかはないですけど，とりあえず英語がしゃべりたかったんですね。英語プラス何かがいるとはわかっていたんですけど，とりあえず(日本を)出たかった。(濱野 2014：154)。

(3) 「自由」を象徴する多様な実践
18. オーストラリア，まあいいところ悪いところがあるんですけど，やっぱり自分らしさを出して，上下関係もさほどないわけですよ。ぽんと溶け込める。やっぱり気の合う

第10章　日本人女性の国際移動・海外移住を促す消費的「自由」の再検討

人たちが，自分の居場所が心地よいところで関係を築けるということで，すごく楽だと思うんですね（横田 2009：24）。
19. 日本でなんか世間体とかいろんな目を気にして，社会人らしくいなきゃっていう，その感覚から解放された感じ（長友 2014：109）。
20. 三世代くらい周りの，みんながお互い知っているような所で，いつも他人の目があるというところで生活していたので。お買い物をするにしても，こちらではいちいち着替えなくても，うちにいた洋服のまま出て行っても，誰も私の事を知らない，そういう生活がすごくいいと思いますね。知り合いがいないからとかじゃなくて。みんな他人のことは気にしないというか，そういうところがいいなあと思います（長友 2013：137）。
21. ずっと海外に行こうと思っていて，あんまり他人の目を気にしないこの雰囲気が。私が外の人間だからそう感じるだけかもしれないけど，そういう感じがすごい好きです（長友 2013：138）。
22. オーストラリアは，それぞれの国の人としていっしょに暮らしていける，こっちは，マルチカルチャーの所。誰でも個人として受け入れてもらえるかな，というのがあって（長友 2013：118）。
23. ［横田注：女性が選択出来る生き方について，］こっち（オーストラリア）では，フルタイムもパートも，その間のカジュアルも，選択肢はいっぱいあって，どれを選んだからって変なプレッシャーみたいなのは感じなくていいし。このオージーの生き方に対する自由で気楽な感じって私はすごく好き（長友 2013：124-125）。
24. （現在の仕事の魅力は）やっぱり責任の少なさだと思う。それと勤務時間がしっかりと管理されているから，毎日決まった時間に帰れるし，バランスのとれた生活が送れていると思う。これってのも日本じゃ考えられない……（長友 2013：165）。
25. （現在の職場）いいなあと思う事は，仕事，セクションとしては，日本（市場担当）のチームだけど，同じビル，同じフロアには日本人ではない人もいて，インターナショナルな雰囲気を味わうことができる，そういうところ（長友 2013：183）。
26. やはり家族との時間がとれる。それから休みの日に何をするかも。日本と比べて。お金をかけないじゃないですか。それがすごくいいなあと（長友 2013：171）。
27. ベランダに植物を植えたりとかね，あとは日曜に朝早くから犬と散歩したり，ドライブにちょっと行って海を見たり。みんなからはパーティー好きだよねって言われるくらい，1ヵ月に2回くらいパーティーをしています（長友 2013：171）。

(4) 社会的周辺化を逆手に取る，特に定住後は，特定の文脈で自己のエスニシティやジェンダーを強化することで生き延びる）
28. （オーストラリアでの自分は何物であるか，という問いに対して）まず母親。そして妻。後は絶対忘れないようにしているのは女。［横田による中略］母，妻，妻は結婚生活・夫婦生活を守らないといけない。結局ベースは女，女にすべて含まれている。料理，子育て，全部含まれつつ。移民として暮らしていくにもなめられてはいけないというのがある。日本人は，アジア人でも全然負けていないというのを，外見的にも精神的にも張り合いたい（濱野 2014：202）。

29. さらに母親になると何も怖くない。昔は恥ずかしいとかあったけど。(夫は？)ここに来てしばらくは恥ずかしいとかいって(あてにしてた)けど，いまは彼の助けはいらない，自分でなんとかすると，みたいな。もちろん(……)家の契約のこととか全部任せてある。日本でも家のこと，固定資産税などは日本語で言われてもわからないのに，英語だとなおさらそうだから。(……)日常生活のことなら全部自分でする。自分はそういう感じ(濱野 2014：203)。
30. 離婚の話し合いをやってる中で，別れた後どこに住もうかなって(考えたんです)。そのとき考えたのが，オーストラリアなら，というかオーストラリアの方が，何とかやっていけるんじゃないかって。日本にいる友達はみんな帰ってきなよって行ってくれたんだけど，日本のシングルマザーってみんな貧乏で苦しいってイメージがあったし，ちゃんとした(フルタイムの)仕事を得るのはまず無理って思ったし(長友 2013：229)。

(5) 移住先で受け取る「自由」の限界と再周辺化，そして自己のエスノ・ジェンダーの再強化

31. (英語力は)全然のびてないし，1ヵ月しか学校へ行ってなかったんで。今，学校は1ヵ月で終わって，その後に10日ぐらいの旅にちょっと行って来て，その後(日本人の経営する飲食店で)仕事見つけて，今，日本語を使って仕事してるんですけど(横田 2009：23)。
32. (仕事をしていて大変なことは)やっぱりコミュニケーションですね。お客さんとも会社の同僚とも大切だし，難しいなあと。難しい点は。(日本語での)苦情の対応ですけど，やっぱり職場内の上司とかとの(英語での)コミュニケーションの方が大変かな(長友 2013：186)。
33. アジア人，日本人に対する態度がぜんぜん違う。美容師でサロンで働いてたときも，「こんにちは」って(顧客のもとに)行くと，(自分を)ちらっと見て「別の人にして」って。まあアジア人だからそうなったとは言えないけど，やっぱりそうだったと思うよ，あれは(長友 2013：190)。
34. ワーキング・ホリデー制度は若者に豪日の交流をさせるというものであるが，実際にはそういう若者が働ける環境がない。ただ給料の安い日本食レストランばかり。結局英語が出来ないから地元(のコミュニティ)に入れない。(……)(濱野 2014：154)。
35. やはり仕事を探すときには不利だと思います。正直に。家の主人も言います。[横田による中略]特に移民がいないウエスタンシドニーとかは圧倒的に不利だと思います。(シティのほうがアジア人が働いているのとか見慣れているので，働きやすいと思います。でもそういうふうに考える私がいけないのかなと。主人なんて，履歴書の名前で(私は)はねられると言うし(濱野 2014：183)。
36. [横田注：ワーキングホリデービザを経てパートナービザを持つ結婚永住者となった女性]さびしかったよ。鬱になりかけ。全部考えていることがネガティブになる。がんばろう，がんばろうと自分の気持ちを上げて行くけど，どこかで躓いてまた落ちて行く。じゃあどうしてここに来たのだろうと考えるけど……(気持ちの)波があった(濱野 2014：161)。

(6) 政治的「自由」への無関心と多元的帰属意識

37. 市民権は考えてないかな。市民権をとるメリットがないかな。選挙権がほしいわけじゃないけど，それがないなら PR で充分だし，日本の国籍は残しておきたい（長友 2013：216）。

38. パスポートはこっち（オーストラリア）は 2 つとっていいんですよね。でも日本がまだ駄目でしょ，2 つは。だからまだ踏み切れない。あれって自分で（横田注：日本の戸籍を），抹殺，抹消しにいかないといけないんですよね（長友 2013：219）。

第11章　移転・故郷訪問・再移住の経験
——クイーンズランド南東部における日本人ライフスタイル移住者の移住後の動態性——

ジャレッド・デンマン

1　はじめに

　オーストラリアにおける現代の日本人永住者の移住経験に関する研究の蓄積は少ない。日本人移住者の多様性は先行研究において量的研究および類型化において明らかにされてきたが，多様性に関する詳細な研究を行った事例は少ない。R. アツミ（Atsumi 1992）による国勢調査の分析は，人口統計的および社会経済的な特徴からライフスタイルの多様性を示しているものの，その詳細を明らかにするには限界があると言える。クイーンズランド州南東部に関してJ. ナガトモ（Nagatomo 2009; 2011）の研究は，1990年代以降のライフスタイル移住を論点としつつも，日本人コミュニティにおける綿密な参与観察を通して現地の日本人居住者の多様な類型が示されている。さらに，オーストラリアにおける日本人コミュニティに関する研究自体は多く行われているが（e.g., Curson & Curson, 1982; Mizukami 1993; 2007; Shiobara 2004; 2005; Nagatomo 2008; 2009; 2011 長友 2008），日本人移住者の個人的経験に特化した研究は非常に少ないのが現状である。

　K. タムラ（Tamura 2001）が戦争花嫁の体験談について詳細な研究を行っている例があり，更に当該分野における先行研究では彼女たちの異国での経験とアイデンティティの相互作用についての研究がある（Nagata 2001）。M. サトウ（Sato 2001）はメルボルンに25年間居住する中で行った200人以上のインタ

第11章 移転・故郷訪問・再移住の経験

資料11-1：被調査者の概略

名前[1]	年齢	移住した年	ビザの種類	家族構成
チエ	60代前半	1988	雇用主スポンサー→永住	夫，子供2人
フミエ	60代前半	1988	永住（家族スポンサー）	夫，子供3人
ヒデオ	50代前半	1989	雇用主スポンサー→永住	妻，子供2人
カナエ	60代前半	1992	永住（雇用主スポンサー）	夫，子供2人
マサオ	60代半ば	1992	永住（ビジネス）	ミズエ，子供2人
ミズエ	60代前半	1992	永住（ビジネス）	マサオ，子供2人
ノブオ	60代後半	1987	永住（詳細未指定）	妻，子供3人
シゲオ	60代前半	1990	永住（ビジネス）	妻，子供1人
テツオ[2]	60代後半	1981	永住（独立技術）→市民権	妻，子供4人
ヤエ	60代後半	1989	永住（ビジネス）	夫，子供3人

出典：筆者の調査をもとに作成

ビュー調査をもとにした著書の中で日本人ライフスタイル移住者と言う言葉を初めて使用し彼らの経験を紹介した。またK. タカハシ（Takahashi 2006）による日本人女性移住者のエスノグラフィーは，英語留学や海外生活への憧れに関する言説を考察しており，日本人の国際結婚に関する研究は近年注目され始めている（Denman 2009; Takeda 2009; Hamano 2011; Itoh 2012）。しかしながらこれまでの研究から現地在住の日本人の声が直接読者に届くことはほどんどない。インタビュー中の被調査者の発言の一部が日本人コミュニティの全体的な経験を述べるため，あるいは他の事例との違いを示す根拠として紹介されることはあっても，これらの情報から被調査者を取り巻く環境や彼らの生活実態を感じ取ることはできない。このように彼らの移住においてデータとして「何が」生じているかは明らかとなっている一方で，「誰が」その体験をしているかという点には焦点が当てられていないと言えよう。

本章は，筆者の博士論文執筆に伴う研究に基づいており，1980年後半から1990年初期にオーストラリアに移住し，クイーンズランド南東部に在住している日本人永住者の移住の経験を考察するものである。語りの考察を通して読者に彼らの声を届けることを主眼とし，語りはライフヒストリー調査（Atkinson 1998; 2007; Goodson & Sikes 2001）やパーソナルコミュニティのマッピング（Spencer & Pahl 2006; Pahl & Spencer 2004）を含む質的インタビュー調査の方法論の複数を折衷的に用いた。複数回にまたがるインタビュー調査は2010年8月初旬から2011年2月末にかけて行い，10人のインタビュー協力者（男性5人，

第2部　日本人コミュニティの現在

女性 5 人、調査段階で年齢が50代から60代）は、いずれも配偶者と子供とともに家族でオーストラリアへ移住し、移住直後からクイーンズランド南東部に居住している方々であった。10人中 8 人は永住権を事前に取得した後に移住し、その 8 人中 4 人はビジネスビザでの移住者である。また、8 人以外の残り 2 人は一時居住ビザで移住し、後に永住権を取得している。資料11 - 1 は彼らの概略を示している。

本章では移住後約20年の被調査者およびその家族の地理的動態性をたどり、移住後の転居や日本訪問の状況および今後の移転の意向に関して、特に日本に戻る意思があるかどうかという点に着目しながら考察する。

2　ライフスタイル移住および移動パターン

ライフスタイル移住をめぐる用語および概念は、主にオーストラリアへの現代日本人移住者の研究において用いられている。日本人居住者の移住の動機や経験に関する研究（Sato 2001; 佐藤 1993）において初めて用いられた後、当該分野においてこの概念は認知されるようになり（Shiobara 2004; Mizukami 2007）、理論的視座として用いられるようになった（Nagatomo 2008; 2009; 2011; 長友 2008; Hamano 2010; Denman 2014a; 2014b）。一般的に、日本人のライフスタイル移住は、日本社会や日本での生活への不満や閉塞感が移住の動機として捉えられている一方で、経済状況や海外旅行経験あるいは海外での生活の質など様々な要素が関連している。今日の日本人の移住および海外滞在の考察は、移住の動機における個人的要素および生活の質に関する要素の重要性とも密接な関わりがある（Adachi 2006; Befu 2000; 2001; Sugimoto 2010）。

日本人の移住のみならず、またオーストラリアの事例に限らず、ライフスタイル移住は近年ヨーロッパの研究者を中心として関心を集めている分野である。スペインの海岸部（O'Reilly 2000）やフランスの地方部（Benson 2011）と本国を定期的に移動しながら居住するイギリス人に関するエスノグラフィーは、ライフスタイル移住に関する理論的視座を提起している（O'Reilly & Benson 2009）。この理論的枠組みは、反都市化（counterurbanization）やリタイアメント移住といった既に顕著になっていた移住形態が生活の質に関する同じレトリッ

クを有している点や，これらの移動者のナラティブ（narrative）において人生の転機に伴う逃避・追求・自己実現というテーマが強調されている。日本人のライフスタイル移住に関する研究は，ヨーロッパ圏での概念よりも以前から始まっているものの，理論化が進んでいない点を考慮すると，日本人以外の移動やヨーロッパ人ライフスタイル移住者の移動パターンに関する知識や理解を活用することは有効である。

　移住先と母国の間におけるライフスタイル移住者の移動パターンには大きな個人的差違が見られる。K. オレイリー（O'Reilly 2000）によると，スペイン南部のコスタ・デル・ソルのイギリス人移住者のうち永住者および長期滞在者には，14年間で1度しか帰国したことのない人，時々成人した子供に会いに帰国する人，季節と休暇期間によって移住先国と母国で交互に暮らす人がいた。地中海に移住したイギリス人退職者の平均は12ヵ月に1回強の帰国であり，その目的は主として親族や友人の訪問であった（King, Warnes & Williams 2001）。その頻度はしばしば，特定の目的地に行った移住者の性質傾向および目的地自体の性質によって影響を受けた。例えば，イングランドとスペインのマラガ間では航空券が比較的安いため，より頻繁な帰国が可能となるのに対し，マルタ在住者の場合はより多くの家族および友人がすでにその国に居住している場合が多く，イギリスへの帰国回数は少なかった。オーストラリア在住の日本人ライフスタイル移住者の場合，J. ナガトモ（Nagatomo 2009：227）によれば，家族および友人に会うための帰国頻度は高く，親族が彼らの後を追って移住してくることは稀であった。ここでも頻度は事例によって様々であるが，頻繁に帰国する移住者はオーストラリアで理想のライフスタイルの追求する一方で，日本を文化的に異なる国での暮らしから時折息抜きするための「家」として捉えている。

　また，ライフスタイル移住者は再移転と再移住を行うことが明らかになっている。主として同じ国または他の国々からの旅行者や移住者が増加することによって，目的地の性質の変容を感じたライフスタイル移住者は地域内の別の区域に移動する場合がある（Oliver 2007）。あるいは，期待と現実のギャップによって同様の移動を余儀なくされる場合がある。これは例えば，海岸部での生活に魅力を感じる一方で，雇用機会が少ないため生活の継続が困難になると

いった場合である（Nagatomo 2009）。精神的，芸術的，文化的な意義を持つ土地に魅せられたライフスタイル移住者の中には，複数の場所を巡回する人もいる（Korpela 2009; D'Andrea 2007）。またその他の場所では，配偶者の一方がより安定した，またはより賃金の高い雇用を求めて母国へ戻り，家族の移住先での暮らしを支える場合もある（Nudrali & O'Reilly 2009）。世帯構成員の一部は独立して自分自身の優先事項を追求するようになる場合もあり，例えばフランス農村部に移住したイギリス人家族の学齢期児童などがその事例として挙げられる（Benson 2011）。彼らは成人すると，イギリスへの再移住やフランスの都市部に移動する傾向があった。これは外国の地方部で雇用を見つけることが困難なためである。退職者の場合は，老年時代の初期を楽しみたいという欲求と，親族から離れた外国語環境での健康状態の悪化や配偶者との死別の可能性の双方を考慮する（Oliver 2008）。現地の移住者コミュニティなどでは「決して母国には戻らない」という揺るがぬ誓いを強調するような話をしていても，再移住はあらゆる種類のライフスタイル移住者にとって可能性として浮上する（O'Reilly 2000）。一方，在オーストラリア日本人コミュニティでは，ほとんどの日本人が最終的にオーストラリアを離れて日本に戻ることから，主として短期滞在指向の性質を持っているとされていた（Sato 2001; Mizukami 2007）。J. ナガトモ（Nagatomo 2009）の調査における被調査者の間では，永住資格を持つ回答者のうち「残りの人生を最後までオーストラリアで過ごす意思がある」と回答したのは4分の1を下回ったが，「いずれは日本に帰る予定である」と明確に回答した割合はそれよりもさらに低く，残りは将来の居住地を決めておらず，「いずれは」または老後の帰国を漠然と考えている程度であった。

3　フィールドワーク・データの要旨

筆者の調査における10の事例について移住後の地理的移動を考察するために，以下に被調査者の世帯再移住および日本への帰国を「子育て期」および「子育て後」の2つの段階で把握し，整理する。第1段階から第2段階への移行は通常，子供たちが成人して世帯を離れるようになる時期に生じる。

移転には「世帯移転」「配偶者移転」「子供移転」という3種類のいずれかが

第11章　移転・故郷訪問・再移住の経験

資料11-2：子育て期における移転

被調査者	世帯移転	配偶者移転	子供移転
チエ	—	—	—
フミエ	—	—	—
ヒデオ	—	—	—
カナエ	—	海外・長期	—
マサオ	—	—	—
ミズエ	—	—	—
ノブオ	—	—	日本・短期
シゲオ	—	—	—
テツオ	—	日本・短期	日本・短期
ヤエ	地域内	—	日本・短期

出典：筆者の調査をもとに作成

資料11-3：子育て後の移転

被調査者	世帯移転	配偶者移転	子供移転
チエ	地域内	海外・長期	区域内・地域・日本
フミエ	区域内	海外・長期	区域内・日本・海外
ヒデオ	—	—	地域内・日本
カナエ	—	日本・長期	日本
マサオ	—	—	区域内
ミズエ	—	—	区域内
ノブオ	—	—	地域内・日本
シゲオ	地域内	—	区域内
テツオ	—	—	区域内・日本
ヤエ	区域内	—	区域内・日本

出典：筆者の調査をもとに作成

考えられる。世帯移転は家族ごと移動する場合である（子供が独立後，夫婦のみの場合もこれに含まれる）。配偶者移転または子供移転は，そのいずれかまたは両方が，同時または別々に，「短期的」もしくは「長期的」に移動するが，世帯自体は移動しない場合である。例えば，夫が海外勤務となったり，扶養中の子供が日本に留学するが，世帯自体はオーストラリアに置かれたままという場合である。移転には，それまでの居住地と同じ「区域」内で行われる場合，クイーンズランド南東部の同じ「地域内」で行われる場合，「日本」に移転する場合，他の「海外」に移転する場合がある。資料11-2および資料11-3は上記の情報を被調査者別・段階別にまとめたものである。

　被調査者らの日本帰国には次の3種類があると考えられる。「旅行帰国」は

第2部　日本人コミュニティの現在

資料11-4：子育て期における帰国経験

被調査者	旅行帰国	家族帰国	業務帰国	世帯構成員の帰国
チエ	―	○	―	子供
フミエ	―	子供同伴	○	子供
ヒデオ	家族同伴	―	○	―
カナエ	―	子供同伴	―	配偶者
マサオ	―	○	○	子供
ミズエ	―	―	―	子供
ノブオ	―	○	○	配偶者
シゲオ	―	―	○	―
テツオ	―	○	○	―
ヤエ	配偶者同伴	―	―	配偶者

出典：筆者の調査をもとに作成

資料11-5：子育て後の帰国経験

被調査者	旅行帰国	家族帰国	業務帰国	配偶者の帰国
チエ	―	○	○	―
フミエ	―	○	―	○
ヒデオ	―	―	○	―
カナエ	―	―	―	○
マサオ	―	―	―	―
ミズエ	―	―	―	―
ノブオ	○	―	―	○
シゲオ	―	配偶者同伴	―	―
テツオ	―	配偶者同伴	―	―
ヤエ	―	配偶者同伴	―	○

出典：筆者の調査をもとに作成

資料11-6：被調査者の推定帰国回数累計

被調査者	帰国回数
チエ	16
フミエ	8
ヒデオ	12
カナエ	2
マサオ	3
ミズエ	0
ノブオ	6
シゲオ	22
テツオ	10
ヤエ	3

出典：筆者の調査をもとに作成

観光や買い物のような楽しみのための帰国である。「家族帰国」は親族に会ったり世話をしたり，結婚式や葬式のような行事に出席したりするための帰国である。「業務帰国」は研修や会議等の仕事など業務関連の帰国である。実際の帰国では，例えば仕事に行くと同時に家族に会うなど複数の結果をもたらすが，筆者は被調査者がそのナラティブで定義づけた主要な理由を重視している。帰国は単独で行う場合もあれば，配偶者・子供またはその両方とともに行う場合もある。「世帯構成員の帰国」とは自分以外の家族のみ帰国する事例を指す。資料11－4および資料11－5にはこれらの帰国を事例別にまとめ，資料11－6は被調査者の推定日本帰国回数を示す。

4　考　察

　被調査者の移住後移動に関する考察に際し，次にヤエ，カナエ，ヒデオのナラティブに焦点を当てる。これらのナラティブは，筆者が行った3件のインタビューにおいて行われた話，描写，説明，回想を編集してまとめたものであり，その後に他の事例との類似点と相違点を述べた考察を記載する。

(1) ヤエとY家

　Y家の居住地再移転と選択には，彼らがオーストラリアに来てからずっと続いている「ゆっくりしたリタイアメント」の実現・維持を重視する姿勢が反映されている。ヤエとその夫は，プール，テニスコート，湖畔の眺め，人里離れた草原などのある広大な土地で広々とした家に住んできた。

> うろうろしてるんです。何回も引越ししましたね。まずはブリスベンに家買いました。それから1998年にゴールドコーストで土地を買って家建ててそこに住もうかと思ってね。住んだんですけれどブリスベンの家がなかなか売れなくて。二軒の家を持ってて大変で。留守中に誰か庭に入ってきたみたいでね，テニスコートにタバコの吸殻ほかしてあったりとかね。それで両方の家を売りに出して，残った方に住もうってゆうてたらゴールドコーストの方がすぐ売れちゃったんです。それでまたブリスベン戻ってきたんです。その後また別の住宅街に家を建てて，そこで4，5年住んでた。そこが良いと思ったんで。2階のベランダから湖を眺めてね。でもこっちの人は早起きで5時頃から散歩するじゃないですか。静かに散歩したらいいのにしゃべっ

り犬散歩したりね。私は朝弱いからね，静かなこっちへ来ました，2006年に。ここも野っ原やったんですけどね，土地をこんだけ買いまして家を建てまして。主人暇やから，家を建てるのが楽しくてね，色んなディスプレイの家をまねして作るんですけれどね。今まで一軒だけは買った時より高く売れて，あとはみんな損しました（笑）。売ってからガーと上がったね。そんなんで合計引越しは7，8回してますね。友達に比べて，私のとこだけです。うろちょろうろちょろ。

私ね飛行機大っ嫌い人間で，怖くて乗ったら脂汗たらーっと出て。好きやったらもっと帰るんですけどね。年に1回は絶対帰ってるやろね。あとは高校時代の仲良しグループが数年に1回イタリア旅行に行く時，一緒に来ないか？って聞かれるんだけど，行かへん行かへんゆうて（笑）。

私は日本へ3回しか帰ってません。初めて92年に買物のために2週間主人と一緒に帰りました。移住した時オーストラリアで買えばいいわと思って何も持って来なかったんだけど，あんまり気に入るもんがなくてね。嬉しくて日本でいっぱい買ったの覚えてます。服からやかんまで。あとの2回は自分の母と主人の両親のお葬式。そんなん以外は帰りませんねん私。帰ったら2週間ぐらいいて，友達に会って，買物したり美味しいもの食べたり。日本の家は狭いから家族の方に泊まらないでホテル取りますね。あとは娘が海外で結婚式したんでね，そこにも行った。飛行機嫌でも乗りました（笑）。

主人は飛行機が平気で割りと帰っています。もっと帰りたいらしいけど，私車が運転できないので主人いないと不便だからね（笑）。私が帰るな帰るな言う。娘は1年に2回くらい孫連れて帰ります。

こっちに移住した時はこれからずっとオーストラリアに住むという気持ちはなかったですね。合わなかったら帰ろうと思ってました。5，6年ぐらい経ったらブリスベンがホームだと感じるようになってきて，もう日本に帰る気もないしこっちで骨を埋めようと思ってるし。娘の結婚式の時に，壺を買ってきまして，私を入れる壺があります（笑）。それに入れてねリビングに置いておいてくれって言うんです，寂しがり屋やし。

ヤエのナラティブは，彼らの移転が複数の地所を維持する現実的苦労や通行人の騒音など，特定の居宅や居住環境のマイナス面に対応して行われたものだということを示している。これは，J. ナガトモ（Nagatomo 2009：179）の調査において，1980年代に半退職または完全退職後のライフスタイルを求めてオーストラリアに移住した年配の富裕な日本人移住者について「彼らのライフスタイル指向に基づき居住地を選択する柔軟性を示した」と指摘されている点を反

第11章 移転・故郷訪問・再移住の経験

映するものである。しかしながら，ナガトモが同時に認めているように，日常的な問題も常に考慮されている。例えばヤエの事例では，初期には成人した娘のために英語学校へのアクセスを念頭に入れ，後には義理の息子が亡くなった後に両世帯間の距離的な近さを考慮していた。彼らの居住地に関する柔軟性は同時に，彼らの個人資産が潤沢であることを示唆する。Y家は移住初期には多くの国に支店を持つ金融サービス会社からの専門的サポートに頼り，その後複数の高級地所に新築住宅を建てつつ，日本から持ち込んだ資産で生活を維持している。

ヤエは彼女の世帯の複数回に渡る移転が，日本人の友人たちの間で珍しい事例であることを認識しており，その所見は筆者が調査した他の9事例にも当てはまる。移動した他の3世帯のうち，同じ頻度や柔軟性を示した事例はなかった。また，「海岸沿いの高層マンション，より新しい海岸沿いまたは内陸住宅区域，ゴールドコーストの退職者ヴィレッジ」（Nagatomo 2009：180）が中年日本人ライフスタイル移住者に多く選ばれることが明らかになっているが，彼らがこれらの場所に引き寄せられる順序や時期に留意することが重要である。S家，C家，F家はすべて子育て後の段階に入るまで移動しなかった。シゲオと彼の妻はブリスベン郊外の家からゴールドコーストの高層ウォーターフロントマンションに引っ越した。この引越しは彼の当初からの移住理由である「より良い生活を実現する」を継続するとともに，自身の勤務先と既に独立した娘の住まいに近づくことが目的であった。夫と別居しているフミエは，より小さく古いセカンドハウスに移った。フミエはこの家を元々投資財産として所有していたが，日本から呼び寄せた彼女の父の世話を行いやすくするためであった。また，チエとその夫はまずゴールドコーストの宅地造成地域に移転したが，これは彼らの新しい職場（造成地域）に近づくことで，ブリスベンからの毎日の長距離通勤を避けるためであった。その後，チエの夫は1年の大半を海外で勤務するようになり，チエは再び引っ越している。

> 去年，一昨年までいたんです，その大きい家に一人で。でもあまりにも無駄だし，あとね，ちょっと環境が良くなかったんですね，私に。と言うのは，周りにある松のせいで花粉症になっちゃったんですよ。だから医者からもうあなたはその家から離れなさいと言われて。でまぁ一人でおっきい家にいてもしょうがないし，そう言われたん

でここに移ったんですけど。大きいからその分，掃除とかメンテナンスが大変ですね。家も10年ぐらい経つとあそこがおかしくなってきた，ドアが閉まらないとか。その時に，まぁ色々すったもんだありましたけど，そのおっきい家と娘の家と交換したんです。

ヤエの事例は，成人前に子供が移転した数少ない事例の１つである。初めに家族全体で移住した後，彼女の２人の息子は数週間後に日本に戻り，高校教育を終えた。ノブオの息子のうち１人は両親が海外移住を決断したことによって，人生の方向性が大きく変わってしまった点に不満を感じ，日本の高校へ行きたいと主張した。ノブオの妻は次のように説明している。

長男はいっぺん日本に帰ったんです。どうしても日本の高校に行きたいって言い出して。はじめ，何でオーストラリアに連れて来たのかって言い出してね。苦しくなってきて。僕は日本の高校に行きたかったって。もうその頃は言う事聞かなくて，どうしても行きたいって言うんでおばあちゃに頼んで，行かしたんです。でもやっぱり全然，おばあちゃんもコントロールできないし，本人もどうしていいのかわからなくて，色々人に迷惑ばっか掛けて，で他の人がもうこっち帰らせた方がいいって言うから帰ってきたんです。高１から１年半ぐらい行ったのかな。長男は一番大変だったんですよ。本当にもう色々大変でしたね。

被調査者たちは，日本への帰国頻度に影響する費用には触れず，また頻繁に帰国できない不満も漏らさなかった。帰国頻度に影響を与えたのは金銭面よりも個人的事情であった。ヤエの事例では，彼女の帰国が20年間で３回に留まったのは彼女自身の飛行機恐怖症が原因であった。それが無ければ年１回は帰国するであろうとのことである。しかしヤエは，NHKの衛星放送を通して日本を体感し，日本から取り寄せた書籍を読みDVDを観ることで満足している。これまで一度も帰国していないミズエの場合，家事や子育ての合間に夫の自営業を手伝い，更に自分の両親を日本から呼び寄せて暮らしていたため，単純にあまり帰国について考えたことが無かった。しかしこの状況は間もなく変わる可能性もある。

１回ぐらい帰らないといけないのかなぁと言う気持ちがない事もないんですけどね。会いたい人はいるんですけど，でも100％そのために帰らないと行けないって言うあれでもないし。父はこっちのお墓で眠ってるし。でも年のせいかなぁ，今までは帰らないよって言ってもうそれだけだったんですけど，最近ちょっと考えたりしてますか

らね。長い間帰ってないから日本に帰ったら会う人とかって考えるとちょっと行って帰ってきますねって言うわけにはいかないから，そうなると宿泊や交通費の事もありますよね。やっぱり考えどころですね。

(2) カナエとK家

他の被調査者の大半と同様にカナエはオーストラリア郊外にある最初の家にとどまり，引っ越したいという欲求は見せなかった。その家を買うのに費やした費用，時間，労力に加え，健康問題によりできるだけ大きな生活の変化を減らしたいと考えたためであった。そのため彼女の移住後の移動に関するナラティブは日本への帰国と海外への留学およびほぼ1年中海外に滞在している夫の業務上移動に集中している。

2回は日本に帰っています。1995年と2001年。初めの時は，まだ子供達ちっちゃいから一人で置いとけませんから母に預けて，私は韓国に3日間行ってましたね。それと2回目は友達に会うのが半分目的でしたね。あれ？主人の実家に行ったのは1回目？ちょっと覚えてないですね。そこに子供と主人と3人で行ったんですけど私その間何をしてたんだか全然覚えてない。

また日本に帰る予定はないですね。日本で懐かしいのはまず食べ物ですね（笑）。食べ物と温泉ですね。私は母がまだ生きてるんです。母，妹，兄と家族がいるんですけれども，母も旅行好きだからよくこっちへ来るし，兄も妹も来るし。昔の友達に会いたいなぁという気持ちはあるけど，まず向こうへ行って具合悪くなると困るなぁってそれが一番心配でね。中国語のコース受けるために2回，5ヶ月ずつ東アジアへ留学したことがあるんですが，途中で具合が悪くなって2週間くらいお休みしました。ちょっと大変でしたね，体力的に。他はすごく楽しみました。

次女は1年間日本に留学行ってました。簡単そうな科目を選んで，あとの時間は全部自分が好きな武道。上の娘は日本にはしょっちゅう行ったけれども勉強のためじゃなくて遊びたかったから。主人はもう10年以上日本で仕事をしています。子供達が高校生の時にお金のことで勤め先と争って，裁判してようやく勝ったんですね。でももう仕事どころじゃない（笑）。それでずっと研究してたヨーロッパに戻ったんです。そこは研究費をすごく出してくれるんですね。どれくらいいたでしょうか，私，子供達で忙しくて主人どころじゃなかったからあんまり考えませんでした（笑）。2，3年でしょうねきっと。それから日本に帰って日本で仕事を始めました。子供の教育がありましたから私と子供はついていきませんでした。主人の行き先はまだはっきり決まってなかったし，しょっちゅう仕事を変えるんですよ。

第2部 日本人コミュニティの現在

資料11-7：日本以外の海外訪問

被調査者	子育て期	子育て後
チエ	—	○
フミエ	—	—
ヒデオ	—	—
カナエ	—	○
マサオ	—	—
ミズエ	—	—
ノブオ	—	○
シゲオ	—	○
テツオ	—	○
ヤエ	—	○

出典：筆者の調査をもとに作成

彼は75歳くらいまで働きたいと言ってるのね。凄い健康な人だし，元気だから。私達はここで，ずっと最後まで生活するつもりです。子供達もそうだろうし。子供達は日本は好きだし，楽しいけど住みたくない。住むのはこっち，遊びに行くだけ。だから主人もきっとリタイヤしたらこっちへ戻ってくると思います。日本はね，オーストラリアにないものはもちろんあるし，四季の変化，歴史，色んな伝統，そういうもので良い物は沢山ある。けれど，人間的に住めるのはやっぱりオーストラリアだと思うなぁ。

　カナエの健康問題は彼女の記憶に影響しており，初期の日本への家族旅行についてはほとんど細部を思い出せないが，10年以上帰っていないことは確かである。彼女は体力が弱いにもかかわらず，何度か1人で語学留学をしている。本調査における事例の中で，被調査者は子育て後の段階になるまで日本以外の海外を訪れていない（資料11-7参照）。日本以外への訪問は，単独であれ配偶者同伴であれ，旅行目的であることが多く，家族や業務上の目的が多い日本への帰国と異なっている。カナエの留学や，ヤエが娘の結婚式で海外に行った事例は例外的である。

　配偶者が長期的に海外移転した3つの事例において，業務目的で移動したのはすべて夫の方であった。そのうち最も長期間を海外で過ごしたのはカナエの夫である。妻たちのナラティブによると，これらの移転は，雇用上の諸問題と，夫のキャリアの性質，そして夫の性格が合わさって起きている。カナエの事例では，移住当初から夫が勤めていた現地雇用主との係争に至る諸問題の結果，辞職する流れとなった。夫が高度な専門分野の研究者であったことで，ク

イーンズランド南東部で当該分野の雇用を見つけることが難しく，また，彼は研究に没頭していたため，十分な資金と研究環境を確保できるならどこへでも行くという状況にあった。チエとフミエの場合，夫たちが適正量の継続的な仕事を確保できなかったため，日本を含む東アジアで新たな機会を得る必要が生じた。夫たちは家族を養うために移転したのだが，一方で自分たちのやり甲斐も追い求めていた。この点について，チエは次のように述べている。

> 仕事がなくなったから離職したんですよ。もうこの会社にいてもしょうがないと。辞めてくれって言われて辞めたんじゃなくて，あなたの会社にいてももう大きな仕事がないからって。だから辞めて独立した。大体この業界は大きな会社に付随しないです。独立が基本ですから。でも独立した後も結局小さい仕事しか無かったです（笑）。こっちにある日本の会社の設計もやってたことがあるんですけど，そこの会社の仕事ももう面白くないから辞めて，たまたま仕事があるからって呼ばれて日本へ行ったんですけど，その仕事ももう1年で帰って来ましたね。1年終わったところでじゃあ失礼しますって言ったら会社の方がびっくりしちゃったらしいです。え？って。普通そういうことする日本人はいないからまた来年もまだずっとお願いしようと思ってたって。いやもうこの仕事動かないからいいですって言って帰ってきちゃったんです。1年で気に入らなきゃ自分が動いちゃうんですよ。で，昔の仲間に東アジアの他の国で働いている人がいて，そっちへ行ったんです。政府にはこれはボランティアで行ってると言ってありますから（笑）。仕事をしていると言うと収入はいくら，また税金の申告が面倒臭くなるじゃないですか。

カナエの娘たちは，次女の日本への交換留学を除き，移転の経験はない。この理由は，カナエの子供たちの年齢が本調査における他の世帯よりも低かったためである。彼女らはオーストラリアで初等学校に通い始め，インタビュー時にはまだ大学で履修中か卒業したばかりであった。他家の子供たちはおおむね移住の段階で中等学校の年齢であった。同じく息子と娘がすべての教育課程をオーストラリアで修了したヒデオについては，子供たちが大学入学後，家を出ることを主張した。ヒデオは彼自身もそれを経験し，それが重要な通過儀礼であると考えていた。

(3) ヒデオとH家

これまでに考察した2世帯と比較して，ヒデオは過去20年間頻繁に日本に帰国しており，オーストラリアへ移住する前の時点から日本への再定住を計画し

ていた。

最初に戻ったのは91年だと思うけど，はっきり覚えてないんですね。子供たちが4年生と6年生の時に帰ってます。10日くらいかな，日本の小学校に入れました。そして経験させました。それは10年で帰るという計画だったからです。実際に帰る時に，いや知らないって言わせない。行ったじゃんって，楽しかったでしょ，給食美味しかったでしょとか言って，帰れる余裕があるようにしたかったんです。友達もできますしね。あとは家族で一緒に帰ったのは母が病気になった時，父が病気になった時，それ以外は私の実家にはほとんど帰ってませんね。もうそれくらい離れてるんで。母のお葬式は長男としてスピーチをしなければいけなかった。で父の時には私はもう突然だったんで帰ってませんから弟がスピーチをしました。その後日本に帰った時にすぐ行きましたけどね。最後行ったの2004年かな。法事とかそういうのにももう出てませんね。

1回よく覚えてるのは，子供たちが中学生くらいになった時ですね，修学旅行に連れて行ってあげるって言って，東京から飛行機で大阪に飛んで，大阪から奈良に行って京都に行って。東大寺，京都の東寺，清水，金閣，銀閣，食べ物も。うちの家内はキツかったって（笑）。子供たちはどうしてこんなに歩くの？って文句言ってました。子供たちは大きくなってもちょこちょこオーストラリア人の友達が日本に行きたいって言うんで，じゃあ連れて行ってあげるってガイドとしてよく行ってます。その修学旅行が生きてるんです。その度に日本の良いとこと悪いとこ，オーストラリアの良いとこと悪いとこ，まぁ過ごしやすいとか過ごし難いとかですね。その辺の比較をして，2人は両方よくわかってると思いますけどね。

私はね最近はちょっと少ないんですけど，仕事でよく通訳で行ってました。年に1回とか2回とか帰ってました。今まで2回，国際交流基金の在外邦人研修に招聘されて行ってました。そして99年からは引率で日本の姉妹校に。それは年に2回ですね。で休みの時に，この町の様々な団体の通訳として行ったりもしました。だから11，12回ぐらい。私は典型的な日本人なんで，ゆっくり何かをするなんてことは考えられないんですね。日本帰る時は大体仕事です。

移住する前に，家内と話をして，子供たちが3歳5歳でしたので，じゃあ10年くらいの計画で中学くらいで子供たちを日本に返そうと。で将来的には日本の教育を受けさせてと思って来ました（笑）。高校入試に間に合うぐらいで帰ってきたら日本のシステムにまだadjustできるだろうって言う目論見，判断でした。でもそれが駄目でしたけどね。二人が中学生になって子供たちに聞いて，どうするよ？って。帰りたいかい？って。そのままスポンと中学に戻ってすぐ入れるかって言ったら多分入れないだろうってことで，その後の10年は，子供たちのためにこっちにいるということになりました。帰れなかったんです。失われた10年じゃないけど（笑）。

第11章　移転・故郷訪問・再移住の経験

今もう10年過ぎましたよね，子供たちも巣立ちました。ということは私はもう Ready to go home（大爆笑）ということなんです。あとは僕の任務，もともとここに来た役目はほとんど終っているんで。ただし僕が行くところがなければ動けないんでまだいるだけであって。日本に仕事がみつかれば行くとは思います。でもなかなか。もう年が60に近いでしょ。だからそれでとってくれる人はいませんしね。できたらね大学で英語を教えたいと。でその英語自体を教えるんじゃなくて英語を日本人の生徒にどうやって教えるかを教えたいんですよ。それが僕の夢です。見つからなければもうここで草の根でやっていくしかないですけどね。

ヒデオにとって帰国の大半は業務関連だったが，同時に旧友と交流する機会であったと述べている。これは彼の本業である教育関連の業務と地域社会のために行っている別の業務が含まれている。ヒデオは教育訓練目的で日本を訪れた被調査者2人の内1人であり，残る1人のフミエも同じ国際交流基金のプログラムに参加していた。その他の被調査者家族の業務帰国は彼らが運営する小事業と関連しており，シゲオはビジネスとの会合や交流を行っていたが，マサオとノブオは輸出入に関するビジネスの開拓を探っていた。

ヒデオが子育て期に妻や子供と行っていた旅行帰国は，他の世帯のものとは異なっていた。ヒデオの帰国は教育上の目的を持ち，同年代の子供たちが経験する修学旅行を模倣し，ヒデオの息子や娘が将来再移住し，日本の教育制度に復帰するための準備でもあった。フミエが子供たちと行った初期の帰国は，幼児期の子供が記憶していない日本を経験させる意図があった点でH家と似ている。

娘はいつも私が一番に行くって言う感じで，もうこっちへ移住した次の年くらいに一人で行って友達のところに泊まってました。それでじゃあ次は長男と次男だねって言って，多分夏休みに行ったのかな。あれは91年でしたね。18日間とか。あんまり記憶はないんです。でももちろんうちの両親の家に泊まったと思いますね。特に一番ちっちゃい子は4歳くらいでこっちに来てるから，日本のことを覚えてないかもしれないっていうのもあったかもしれませんね。子供に日本を見せるっていうことが多かったと思いますね，その時は。それと長男の場合は keep in touch ですよね。日本のお友達に覚えといてねっていうことですよね。

仕事・学校など日常的な制約や航空券などの金銭的な事情から，家族全員での帰国の予定・予算を立てることは困難であった。代案として，家族間で帰国時期をずらし，子供たちに自分たちだけで帰国させる場合があった。フミエが

娘に帰国させたのはその一例である。M家でも同様のことが行われた。マサオとミズエは自分たちは3回しか帰国していないが、息子には最初の数年間、友人たちと会い、買い物をするため毎年帰国させていた。彼らが息子に頻繁な帰国を許した一因は、彼らのせいで息子が日本と友人たちから引き離されたという罪悪感があった。この点について、ミズエは次のように述べている。

> 夏休みとかあの子が日本に帰りたいと言う時には帰らせましたね。どんなに仕事がこっちで苦労してようと何しようと、あの子が日本に帰りたいと言う時には。その時はまだ私の両親が日本にいましたから、両親の家に行ってそこに友達を呼んでクリスマス会したり。日本では何でもこっちより進んでますし、物が豊富だし、ゲームとか色々買ってはこっちへ持って帰って来て。そういう風にしてる間に政治とか色んな事を考えたり、日本のお友達のやり方とか大学に苦労して行ってる子とかをまともに見れるようになってきたんですね。働くようになってからかな、僕はこっちに来てよかったって事を徐々に口にするようになりましたね。こっちへ来たことを良かったと思うわとかってしょっちゅう言うようになってくれましたね。

ヒデオ以外には、永住するつもりのなかった移住者は1人だけであった（資料11-8参照）。シゲオは彼のオーストラリア滞在も約10年と漠然と決めていた。

> ずっとオーストラリアに住むという覚悟はなかった。区切りがいいし、10年くらい行ってこようかと（笑）。自分は田舎の長男だから両親は海外へ行くことに反対で、帰って来てよというから、分かった分かった、2、3年で帰ってくるよって言ってきたけど、自分の中では10年と思っていたね。で、10年間が経った時はまだまだ忙しかったし、まだ楽しいから、もっといようと。で、今20年経って、仕事終えるとちょっと帰りたいなぁと思ってるけど、家内と娘が帰らないと言うから（笑）。1人で帰るのは寂しいなぁと。もう帰る準備もできてるんだけど帰ると病気になるから。体中痒くなって、真っ赤になって、アレルギー。空気が合わないか水が合わないか。こんな調子で毎回なるようだったらもう諦めなきゃしょうがないね。

ヒデオは今後も現役で働き続けたいと考えているため、彼にとっての障壁は子供達の問題から自身の雇用問題へと変化したが、シゲオの事例では家族の影響が未だに続いている。他の8名の被調査者はいずれも、残りの人生をオーストラリアで過ごすと意思を固めている。しかしながら、国際結婚夫婦における居住地選択に関する研究では次の点が強調されている。

資料11-8：被調査者の将来的な定住・
移動についての指向

被調査者	永住指向	帰国指向
チエ	○	―
フミエ	○	―
ヒデオ	―	○
カナエ	○	―
マサオ	○	―
ミズエ	○	―
ノブオ	○	―
シゲオ	―	○
テツオ	○	―
ヤエ	○	―

出典：筆者の調査をもとに作成

意思決定は，意思決定された時点で終わりではなく，その後も長く持続し，意思決定は終わりのある事柄ではなく，持続的なプロセスとなっている（Adams 2004：470）。

この所見は本調査の被調査者にも当てはまる。彼らのうち1人を除いて全員が日本国籍を維持しているから尚更である。彼らは現在のところ，オーストラリアに留まる事を決意しているように見えるが，年齢を重ねるにつれて感情が変化する可能性もある。オーストラリア国籍を取得し，法的にオーストラリア人となったテツオでさえも防衛策を講じている。

> 別に国籍がどうこうという，メリット・デメリットというのは特になく，ただ例えば僕がオーストラリア人になっとけば国際間で色々問題があった時に融通がつくでしょう。私オーストラリア人よって（笑）。家内は日本人よって。まぁ元々日本人だから，日本に所属するのは簡単だけど，何か起こった時に日本人が後からオーストラリアに所属するのは難しいような問題があるかもしれないから，僕がオーストラリア人になっといた方がいいかなぁと思った。たったそれだけなのね。あまり深い理由は無いんです。

テツオは将来オーストラリアでの生活を脅かす可能性のある事態として具体例を何も挙げていないが，日豪関係の歴史をみれば，経済的パートナー関係と友好的な文化交流だけでなく，軍事的敵対関係があったことが分かる。他の被調査者たちも，「強制退去や帰国を命じられない限り」オーストラリアに住みたいと明るい口調で言う中で，同様の感情を示している。

第2部　日本人コミュニティの現在

　オーストラリア在住の日本人が日本国籍を維持する傾向については，複数の研究で考察されている（Atsumi 1992; Sato 2001; Mizukami 2007）。1つの理由として，テツオがここで述べたように利点に欠ける点が挙げられる。これは市民権取得者と永住権取得者の間で，権利上の相違が選挙権と複数の政府雇用以外に見られないためである。他の理由として挙げられるのは，日本への心理的愛着，日本が二重国籍や多重国籍を認めないこと，また日本のパスポートがあった方が日本に入国しやすいことなどがある。これらはすべて被調査者たちの回答に反映されているが，日本国籍を保持する最も決定的な要因は将来的な帰国の可能性の保持であった。

5　結　論

　本章ではクイーンズランド南東部に定住している10人の日本人ライフスタイル移住者と彼らの世帯の移住後の移動に関する考察を通して，世帯移転が稀である点，および被調査者の大半が初めてオーストラリアで住んだ家に現在も居住している点を明らかにした。移転の際には，移動先は地理的にクイーンズランド南東部に限定され，その時期は子供たちが家を離れた後が多かった。他の州や日本，あるいは他の海外に一時的に移転した世帯はみられず，配偶者が特定の業務上の目的から海外に行く場合があったが，その場合は常に夫の方が移住していた。子供たちが成人して独立する前の移転は稀であったが，移転した場合の行き先は日本，期間は半年から2年の間で目的は教育であった。成人後も子供の多くはクイーンズランド南東部の両親の近くに住んだが，一部は日本への帰国や海外に移住していた。

　被調査者の日本への帰国に関しては，頻度と目的は様々であった。平均1年あるいは2年に1度帰国していた一方で，1度も帰国していない被調査者も1人いた。いずれにしても帰国の目的は業務関連あるいは家族関連が多く，自身の娯楽目的による帰国は少数であった。そのため，これらの事例の中で，「両方の世界の一番いいところを楽しむため」ライフスタイルを向上させる方法として日本とオーストラリアを往復する事例は稀であった。旅行目的での少数の帰国事例は，移住後間もないうちに子供とともに行われる事例が多かった。ま

た，家族のための帰国は子育て期でも子育て後の段階でも一般的であったが，そのような帰国の頻度は被調査者たちの両親が高齢となった子育て後の段階の方が多くなっている。これらに加え，被調査者の大半は残りの人生をオーストラリアに留まることを明確に指向していた。彼らの志向は，オーストラリアにおける日本人社会が短期滞在型と思われている現状や，日本人ライフスタイル移住者の多くが最終的に帰国を想定しているという議論と異なるものである。

　海外での暮らしやライフスタイルを追い求める日本人の状況や経過をより良く理解するためには，今後も多くの研究が必要である。ライフスタイル移住に関する本調査や他の研究では一貫して移住先国における移動者を取り上げるが，その後母国に再移住し定住する人々に関しては，ほとんど調査されていない。そのため，再移住に着目しながらの移住と移動の考察は，現代の日本人の移住および海外居住に関する「何」と「誰」についての理解を深める上で有意義な視点となるであろう。

1）　本章に記載されている被調査者の名前は全て仮名である。
2）　テツオの事例は1980年代後半から1990年初期という時期からは外れるが，彼の日本人コミュニティに関する個人的知識は，他の9人の事例を考察する上で有意義な洞察を与えるものであったため，本研究に補足的事例として含めている。

第12章　遠隔地多文化主義
――オーストラリアの日系移民と〈いまここ〉に根付いたトランスナショナリズム――

岩渕　功一

1　はじめに

　日系移民の研究は戦前のハワイ，カリフォルニア，カナダ，そして南米への移民に関して多くなされてきたが，オーストラリアにおける日本移民の研究についても，本書に寄稿している研究者を中心に，戦前の移民と戦時中の強制収容所の勾留や戦後占領期のいわゆる戦争花嫁など，日系移民の経験と語りに丹念に検証した貴重な研究が行われている。現代の移住に関しても，80年代後半以降に増加した，よりよいライフスタイル，教育，仕事，創造的活動の可能性を求めて移住する「生活移民」（佐藤 1993）や「文化移民」（イギリスの文脈での研究であるが藤田 2008を参照）の研究がなされるようになり，より最近では若い世代の（主に女性の）国際結婚移住とワーキングホリデー滞在者に関する，博士論文研究とそれに基づいた出版がなされている（長友 2013；濱野 2014；川嶋 2010）。

　それでも，中国やインドネシアなど他のアジア地域からオーストラリアへの移民の研究と比べるとまだ十分になされてきたとは言えず，オーストラリアにおける日系移民研究は今後ますます発展していくことが期待される。オーストラリアに住む文化研究者として，私自身も今後はオーストラリアにおける日本から移り住んだ人々とその子供や孫の世代にあたる若い人たちの経験に耳を傾けたいと思っている。本章はこの分野における1人の若輩研究者の個人的な関

心に基づいた今後の研究視座の展開についての予備的な一考察である。特に多文化社会である現在のオーストラリアにおける日本からの移民やその子孫のひとたちの生の営みを，物理的・象徴的・コミュニケーション的側面における流動性（mobility）の高まりと関係づけて理解することに向けての考察がその中心となる。多文化主義とトランスナショナリズムが複雑に交錯するなかで形成される，複数の社会への帰属をめぐる問題を自らの研究関心に引き寄せて考察し，それがどうオーストラリアにおける日本の移民・ディアスポラ，あるいは日系オーストラリア人の研究に応用されうるのか，またどのようなアプローチが必要となるのかを考えてみたい。

2　「日本社会を逃れる」という問題意識

　これまで日本からの移民の研究に取り組んでいない私が，本書執筆者を含めた多くの日本移民研究者の多様かつ多大な業績を公正に論じていない，と批判を受けるであろうことは承知のうえで，現在の日系移民に関していまだ十分に研究がなされていない分野を指摘するなら，日本からの移民の研究は一世が圧倒的に中心となっており，二世以降の研究はいまだ多くされていないことである。もちろんこれは序章で長友が指摘されているように，オーストラリア在住の日本からの移民は一世が多数を占めているという人口統計と関係しているだろう。しかし，一.五世や，その数字には現れていないオーストラリア生まれの二世以降の人たちも少なからず暮らしており，その人たちの経験，生き様やアイデンティティと帰属意識への視座はいまだオーストラリアの日系移民研究において十分に検討されていない。また，日本移民の研究は多くの実証的な研究がなされてきたにも関わらず，残念ながら他の（特にアジア地域からの）移民研究との比較や対話があまりなされていないし，移民，ディアスポラ，トランスナショナリズム，流動性（mobility）といった一連の理論的な議論への貢献を十全に果たしているとも言えない。そして，これらの点は「日本社会」との紐帯という視座が日系移民を研究する際に重要な位置を占めていることと無関係ではないように思える。

　一昨年（2014年）ヨーロッパで開催された日本研究の国際学会に出席したと

き，いくつかの日本からの移民についてのセッションに参加した。それぞれがとても興味深い内容であり多くを学んだが，聞いているうちに，私も暗黙のうちに共有している1つの了解事項があることにも気づかされてはっとした。それは移民の人たちが「日本」を離れることの理由と背景への関心の強さである。特に，男性中心の年功序列，ジェンダー差別，同質化の圧力など経済的要因以外の日本社会における不満や居心地の悪さを持っており，それを解消するために海外に活路を見いだしていることが指摘され，移住先におけるその願望あるいは逃避の顛末の考察が中心となっていることである。日本との紐帯への関心の強さは，なぜ日本を出たのか，日本の何から逃げたのか，何が日本で実現できなかったのかという問いに目を向けさせ，それらとの関連において，日本を実際に出てそれはどうだったのか，あるいは，どう現地の「日本コミュニティ」とつきあっているのか，あるいは距離をとっているのか，という問いの考察へとつながる。生活移民や文化移民の視座にも，移民する人たちの日本社会との紐帯への視座が研究関心の根底に横たわっていると言えるであろう。言うまでもなく，これらはすべて重要な問いであり，これまでの研究では多くの重要な発見がなされている。しかし，日本への紐帯の切り離しに重きをおいた研究は，移民の人たちが移り住んだ場所でどのような社会統合と同化，あるいは異文化混淆化を経験し，どのようなトランスナショナルはつながりを物理的・心象的に維持しており，メディア・コミュニケーションがそこでどのような役割を果たしているのか，さらにはそうした越境的つながりはどのように新たなアイデンティティや社会・文化・国家への帰属意識の形成に関与しているのか，という関心を他の国地域に関する移民研究と比して後退させてしまっているように思える。もちろん，そうしたことを研究しないといけない，ということではないが，それでも，1990年代以降に興隆した移民・ディアスポラの研究においてこれらの問題が中心を占めていたのとは大きな落差を感じ得ない。

　さらに自戒を込めて言えば，日本を出て海外に定住する人たちをとおして主に問われているのは，実は日本社会のあり方であり，その批判的考察と言えないだろうか。日本との紐帯という意識を強く持っているのは移民当事者である以前に，もしかすると私たち研究者自身なのかもしれない。経済以外の自己充足に向けた「日本」を出るプッシュ要因への関心は研究者だけでなく，出版社

と読者のなかでも強く持たれていると言えるだろう。長友（2013）の重要な研究書である『日本社会を「逃れる」』は決して日本からの逃避という問題意識に還元されえない厚みを持ったフィールド調査の成果であるが，そのタイトルはこの点をいみじくも示唆している。既に言及したように，最近では西シドニー地域に住む，国際結婚移住の若い女性たちの日常と自己の再形成過程をインタビューを中心に考察した濱野（2014）の研究や，ワーキングホリデーの若者の日常をトランスナショナルに展開する国際労働移動・市場の構造化された問題と絡めて考察した川嶋（2010）の研究など，「日本」への紐帯への関心を超えた研究がなされている。こうした研究動向をさらに押し進めて，「日本移民」研究という囲いを意識的により開かれたものにする作業が一層必要だと思われる。つまり，研究者が自らの視座において「日本社会を逃れる」という意識的な戦術をとることで，現在における日系移民の研究をより厚くするのである。

3　インター・アジア比較参照と遠距離多文化主義

　日系移民研究におけるそのようなアプローチの1つは，オーストラリアにおける他の（特にアジア系）移民との比較研究をとおして日本からの移民の経験を相対化して理論的な枠組みのなかで考察することである。生活移民あるいは文化移民と呼ばれる，経済的要因にとどまらない，人生にとってのよりよい選択としての国際移動は他の国地域からの事例にも多く見られる傾向である。それがどのように同じでどこが異なるのかを精査することで，グローバル化のなかで高まってきた移動性の獲得への理解が深まるとともに，日本の事例に関する研究からの理論的な貢献が可能となる。同じことは最近の留学生やワーキングホリデーの一時的国際移動についても言えるだろう。あるいは，日系移民の研究では日系コミュニティとの距離感について指摘するものが少なくないが（例えば，濱野 2014，長友 2013），最近の移民研究ではトランスナショナリズムや個人化の力学の高まりとともに，コミュニティ概念の再定義が求められている。旧来の移民コミュニティ概念をもとにした日系移民のコミュニティとの距離感の分析を超えて，コミュニティ自体がどう変容し，移民たちにどのように認識されているのかの考察が求められており，ここでも他のアジア系移民との

比較考察をとおしてオーストラリアでの日本の移民の研究は大きな貢献をすることができる。

　また，研究者が意識的に「日本社会を逃れる」という視座は日系移民とその子孫たちが多かれ少なかれ保持する日本との紐帯を否定するものではなく，それがどのようなときにいかに重要となるのかの考察を求める。日本とのつながりが居住する社会における生きざまと交錯する様態を分析する枠組みとしては，トランスナショナリズムと多文化主義の交錯の考察が有用であろう。トランスナショナリズムと多文化主義は相容れないものとして論じられる傾向が強かった。Vertovec（2001）は移動手段やコミュニケーション技術の発達より移民やディアスポラの人たちが日常的にいまここの住んでいる場所とは異なる場所，コミュニティ，社会とそこに住まう家族，友人との関係を保つようになっているにもかかわらず，多文化主義の議論は国家社会の統合の観点から移民の管理について論じることに専心しており，そうしたトランスナショナルなつながりがあまり考慮されていないと指摘した。また，逆に，トランスナショナリズムの研究は国境を越えたつながりという新たな現象に目を奪われるがあまりに，そうしたつながりが国内の多文化主義の問題といかに交錯しているのかの視点を欠く傾向があったとも言える。トランスナショナルなつながりを大切にすることはホスト社会における帰属意識や忠誠心を薄めるように作用するという観点を両者は共有していたと言えるだろう。しかし，最近では両者の関係性をとらえ直す研究が多くされるようになっており，その関心の中心はトランスナショナリズムと社会統合の相互作用である。統合の英語表記は integration だが，その語彙は移民がホスト社会に受入れられるように適応するという，受け入れ社会からの一方的で同化的な意味が含まれていると批判されてきた。しかし最近の議論ではその一方的な含意を超えて，社会からの要請と移民による主体的な交渉と適応の間の双方向的な相互作用の過程として integration は捉えられている（例えば Erdal & Oeppen 2013）。それに呼応して言うなら，日本語の訳語は統合ではなく，integration の他の意味である環境，社会，他者との融合を用いた「相互融合」のほうがふさわしく思われる。こうした研究視座はトランスナショナリズムと多文化主義がそれぞれの主体の日常的な実践と経験においてどのように交錯して作用しているのかを，生をなしている〈いまこ

こ〉に軸足を置いて考察することで流動性が高まる現在における移民とディアスポラの経験の理解を深めようとする。それはローカルに根付いた（rooted）トランスナショナリズムであり，あるいは今ここ以外の場所や社会との関係がいまここの帰属や相互融合と結びつく「遠隔地多文化主義」の調査考察と言えるだろう。

　トランスナショナルとナショナル／ローカル，かつて住んでいた本国と現在居住する社会への帰属意識の複雑な交錯の仕方が〈いまここ〉の社会的文脈のなかで分節化する過程に目を向けて理解するアプローチは，移民のトランスナショナリズムに関する議論が「ホーム」とのつながりに重点を置いて脱領土的に時空間をつなぐ関係性や想像力の働きに目を向けることの陥穽に意識的である。前述したように，トランスナショナルなつながりや関係性は現在居住するナショナル／ローカルの社会的文脈と切り離されて考えるべきではないし，あくまでも物理的にも社会的にも生を営む日常のなかでどのような意味を持つのかに目を凝らす必要がある。つまり，物理的に遠くはなれたホームとの越境的な繋がりがどのようなかたちでいまここの多文化政治に関連したり影響を与えたりしているかの考察が求められる。いまここでの疎外や差別が，ホームへの郷愁をかき立て，あるいはホームに一体化することで自らをエンパワーすることを欲望させることもあるだろう。遠くから接するホームに，これまで感じたことのないような違和感を覚えたりすることもあるだろう。あるいは，特に二世以降の若い世代の人たちにとって，本国との接触やその文化の徴を可視化することは，ますます現実に住まう社会での差別や疎外感を誘発させるため，それを避けようとする人もいるだろう（Gillespie 1995）。さらには，飛行機などの発達と廉価化とコミュニケーション技術の発達は，多くの人々にとって〈ここ〉と〈あそこ〉の間を物理的かつバーチャルに行き来する越境移動をまさに日常的なものとした。そうしたなかで，〈ここ〉と〈あそこ〉の繋がりは移民一世や二世以降の人たちにとって，どのような帰属意識の変化を伴っているのだろうか。複数の国・社会に帰属する意識をもたらしているのか，あるいは，どちらかが優先されることで自らがおかれる状況と交渉し，エンパワメントを果たしているのだろうか。

　これらの問いに関しては，移民のメディアアクセスの考察が重要であり，こ

れもまた日系移民研究ではまだ深くなされていない分野である。日常的に携帯やPCを通じてホームの友人，家族とつながり，ホームのメディアを受容することは，いまここでの生活と帰属意識にどのような影響を与えているのだろうか。例えば，メディア・コミュニケーションのトランスナショナルな展開は，方法論的ナショナリズムを乗り越えることを促す一方で，方法論的ナショナリズムがいまだに強いイデオロギー作用を及ぼしているかも明らかにする。トランスナショナルな衛星メディアやインターネットサイトをとおして本国で制作されたテクストをそのまま海外に配給したり，ローカルのケーブル事業者などがそれらの一部を配信したりするとき，そこには例え外国に居住していようとも本国のナショナルな想像の共同体の同じ構成員であるという前提が見え隠れし，複数の社会に帰属する人々のメディア消費の複雑さが十分に理解されない。これに対して消費者は敏感に反応し，何故自分たちがその国を離れて他の社会のなかで暮らしていることを理解せず今の暮らしとは関係のない本国のことばかり伝えてくるという不満が表明される（Robin & Aksoy 2004; Tsagarousianou 2001）。K. ロビンスとA. アクソイ（2004）が言うように，例えばロンドンという場所でトルコから送られてくるメディアを視聴するという経験は，トルコという「想像の共同体」へのナショナルアイデンティティの保持あるいは喪失という単純化された理解では捉えきれない。確かに，多くの人は本国からのメディア文化に接することで愛着を感じているし，「想像の共同体」への一体化が国境を越えて離散する人々によって強化されてしまうことは現実にあるかもしれない。しかし，それでも，それは越境移動する前に共同体内部に定住しながら抱かれたものと同じものではありえないし，その複雑さを理解するには，〈ここ〉にいながら〈あそこ〉にも同時に帰属する感覚の錯雑さを精緻に考察する必要がある。さらには，携帯電話やSNSの発達により，居住する場所とホームの関係はより曖昧かつ，親密・相互的なものとなっている。特に若い世代の留学や一時滞在の経験がこれまで以上に進展するなか，物理的な移動とメディア・コミュニケーションをとおした移動がどう交錯しており，人々がどのように〈ここ〉と〈あそこ〉の関係を経験しているのかの研究は重要性を増している。（例えばMartin and Rizvi 2014）。

　あるいは，韓流やクールジャパンのような出身国の文化が国境を超えて好意

第 12 章　遠隔地多文化主義

的に受容されて，その国のイメージを好転させるとき，その移民たちのイメージはホスト国でどのように変化をするのか，また移民たちはどのような帰属意識やアイデンティティ形成の変化を見せるのだろうか。別稿で韓流がどのような影響を在日コリアンの人たちに及ぼしたのかについて論じたが，それは両義的である。一方では，明らかに在日コリアンの日本社会における認識は高まり好転した。他方では，嫌韓流の動きが高まり，その矛先は韓国以上に国内の在日コリアンへと向けられている。また，在日コリアンへの印象を好転させたとはいえ，そこでも在日コリアンと韓国との関係は本質的な一体化の視座によって理解されがちで，日本で生まれ育ち，日本社会の一員として生をなす人たちの経験や葛藤については目が及ばない場合も少なくない。否定的であれ，肯定的であれ，いまここで暮らす人々とその人たち（の親あるいは祖先）が出身とする国との関係が暗黙のうちに同一化されてしまうのである。オーストラリアにおいても日本のアニメや食文化がより好意的に受容されることは，日系移民の社会的認識や移民自身の自己アイデンティティ形成に影響を及ぼしている場合もあるだろう。その考察には「アジアの世紀におけるアジアリタラシー」言説の台頭というよりオーストラリアの社会的文脈を斟酌することが重要である。「日本人」，「アジア人」という支配的なまなざしによる周縁化を日系移民の人たちは多かれ少なかれ日常的に経験しているが，アジア系移民の数が飛躍的に増え，二世以降の世代が社会において存在感を増すとともに，アジア地域との関わりがますます密接かつ重要となっているオーストラリアの経済的・文化的な状況において，日系・アジア系市民がオーストラリアの一員として正当に認識されているかという問いは一層複雑なものとなっている。ときには〈あそこ〉たるアジアと関わりを生来保持しているものとして，もしくは，その代表，オーストラリアとの架け橋として，あるいは「アジアの世紀」におけるオーストラリアの利益に資する有用な資源として見られたりすることがあるだろう。もしくはひとたび日本との軋轢がおこれば，イスラム系住民のように，逆に国益を害するアウトサイダーという眼差しが強まることもあるだろう。いずれにしても，出身国との関係の前景化が必ずしも日系移民たちがオーストラリア社会の一員として認識され扱われることと結びつくとは限らない。その中で日系移民は「日本」との繋がりをどのように想起し（あるいは，想起させら

れ）、また戦術的に持ち出して（あるいは避けて）いまここの多文化政治と交渉しているのだろうか。

　さらには、多文化社会であるオーストラリアでの日常的な経験が、日本の多文化共生への認識にどういう影響を与えるのかどうかも興味深い問いである。差別的な経験を受けたこと、あるいは多文化社会での肯定的な交わりの経験が、彼・彼女の日本社会を見方にどのような影響を及ぼしているのか。また、なかにはソーシャルメディアやNGO、ボランティアなどを通じて日本社会における多文化状況に関わるものもいるだろう。あるいは、日本における移民受け入れをめぐる問題やヘイトスピーチ台頭を知って、複雑な想いや憤りを持つ人も少なくないだろう。そして、ホームたる日本の多文化状況への見方の変化は自らが住まうオーストラリアにおける多文化状況や自分のアイデンティティや帰属意識にも影響及ぼすだろう。これは、いまここでの多文化主義がどのような影響をトランスナショナリズムに及ぼしているのかの考察であり、そこでもいまこことあそことの繋がりが切り離されることなく、両者が相互作用し合う過程に目を凝らすことが必要となる。

　先に述べたコミュニティに関する問題もトランスナショナルと多文化主義の交錯という視座から考察することで厚みが出る。トランスナショナルな繋がりが緊密化・日常化し、それとともに特に若い世代で個人化が進展し、コミュニティ意識が希薄化するなかで、コミュニティそのものがどう変容しており、そしてそれはどのような影響を移民の人たちに及ぼしているのか。ホームの組織や社会関係が移住先の社会で再現されたり、ミニチュアな「日本」が構築されたりするときに、日系移民のひとたちはどのようにそれと付き合うのか、あるいは距離を取るのか。さらに移民の人たちの日系コミュニティをめぐる行為と意識は多文化社会における生の営みや帰属意識とどう交錯しているのか。これらの考察は、他のアジア移民との比較をすることでより深い理解をもたらすであろうし、さらには、アジア系コミュニティの間の連繋との関わりについて考察することでも新たな発見がもたらされるだろう。

　以上の研究視座はそれぞれの主体がおかれている社会環境、属性、歴史的文脈と照らし合わせて考察されなければならない。Erdal & Oeppen（2013）は integration と transnationalism の関係性について3つの分析的な枠組みを提

示している。両者が異なる帰属意識を相加的にもたらす場合（additive），両者が相反するかたちで他方を制限してしまう場合（antagonistic），そして両者が相互作用によりそれぞれのあり方をより豊かなものとする場合（synergetic）である。これらはあくまでも理論的類型であり，実際には，3つのパターンが重なり合って現れる場合が多いであろう。また，個々の主体の置かれた社会的環境やそれぞれが有する社会的属性と複雑に相関しながらそれらのパターンは多様な現れ方をするし，また同一の主体においても局面や文脈によって異なるパターンが現れることもあるだろう。ここまで「日系移民」という範疇を採用してきたが，言うまでもなく，世代だけにとどまらず，「日系移民」は移住目的，居住年数，永住ビザ・市民権の有無，ジェンダー，親や本人のパートナー，階級，経済力，教育，居住地域などの点で実に多様である。エスニック・コミュニティや世代を土台とした大まかな分析だけでは，超多様性（super diversity）の時代における遠隔地多文化主義の作用の仕方を理解することはできない。それ以外の個々人の社会的属性や実際に住んでいる社会での（周縁化された）位置付けられ方と複雑に絡み合いながら，遠く離れた国・地域とのつながりが〈いまここ〉での日々の営み，帰属意識と多様に交錯している過程に目を凝らして個々の事例を丁寧に考察することが求められる。

4　終わりに

　この四半世紀の間，移民や留学・転勤などの多様なかたちでの人の越境移動が顕著となっていることを反映して，流動的で多元的な帰属意識のあり方に関心を払うトランスナショナリズムの議論が活発に交わされてきた。本章では，〈いまここ〉の文脈における自らの実際の居場所の形成に軸足を置いて，日本そして東アジアとのトランスナショナルなつながりや帰属意識がそこでどのような作用を日系移民の日常に及ぼしているのかに目を向ける必要を論じてきた。それは，国民国家の枠組みのなかでもっぱら論じられてきた多文化主義を越えて，親（あるいは祖先）の出身地である国やその地域とのトランスナショナルな繋がりがいまここの多文化政治とどう連関しているのかを問うものでもある。〈いまここ〉の包摂と帰属意識の問題に軸足をおいたトランスナショナ

ルと多文化主義の交錯の研究は移民一世だけでなく，オーストラリアで生まれ育った，あるいは幼い頃から暮らしてきた，オーストラリアの永住者たる一.五世あるいは二世（どちらかの親が日本以外の出身である場合も含む）以降の人たちがどのような生の営みやアイデンティティ形成をしているのかの理解を深めることにつながる。

　オーストラリア社会に根付いて生を営む彼女・彼らはどのように日本社会とのトランスナショナルな繋がりを保持しており，それはオーストラリアでエスニック・マイノリティとして生きることとどう関連しているのか。多文化主義を標榜する社会での居場所構築の過程においてどのような戦略的あるいは戦術的意味合いを持っているのだろうか。オーストラリアにおける日本のイメージの向上や日本文化の受容はそれと何らかの関連を持っているのだろうか。インターネットやソーシャルメディアをとおした日本との接触と実際に日本での滞在／生活はどう関連しているのか。多文化主義社会で育った彼女・彼らに日本社会の多文化状況はどう映っており，そこは永住の地としての選択にどのような影響を及ぼしているのだろうか。さらには，韓国などを含めた東アジアのメディア文化の消費が日常的となっているなかで，日本にとどまらず東アジアにつながっているという意識が醸成しており，アジア系オーストラリア人という自覚をもたらしているのだろうか。そして，これらの問いは，どのように現在のオーストラリアにおける「アジアの世紀におけるアジアリタラシー」言説とどう交錯しているのか。インター・アジアな比較参照の視座とトランスナショナルと多文化主義の交錯というより普遍的なアプローチと理論的関心をとおすことで，こうした調査研究はオーストラリアにおける日系移民についての新たな理解をもたらすとともに，他の移民研究との対話を促すことで日系移民の研究を一層厚くすると思われる。

参考文献

序章（長友 淳）

岩渕功一編，2014，『〈ハーフ〉とは誰か：人種混淆・メディア表象・交渉実践』青弓社。
外務省，2015，「海外在留邦人数調査統計」外務省。
関根政美，1989，『マルチカルチュラル・オーストラリア：多文化社会オーストラリアの社会変動』成文堂。
曾野豪夫，2001，『写真で語る日豪史：昭和戦前編』六甲出版。
土屋康夫，2004，『カウラの風』KTC中央出版。
永田由利子，2002，『オーストラリア日系人強制収容の記録：知られざる太平洋戦争』高文研。
長友淳，2008，「脱領土化されたコミュニティ：オーストラリア クイーンズランド州南東部の日本人コミュニティとネットワーク」大谷裕文編『文化のグローカリゼーションを読み解く』弦書房，185-204頁。
──，2013，『日本社会を「逃れる」：オーストラリアへのライフスタイル移住』彩流社。
濱野健，2014，『日本人女性の国際結婚と海外移住：多文化社会オーストラリアの変容する日系コミュニティ』明石書店。
村上雄一，1998，「日本人契約労働者とクイーンズランド砂糖黍農場」記念誌編集委員会・全豪日本クラブ編『オーストラリアの日本人：一世紀をこえる日本人の足跡1867-1998』全豪日本クラブ，30-32頁。
Jayasuriya, L., and P. Kee, 1999, *The Asianisation of Australia?: Some Facts about the Mythes,* Melbourne: Melbourne University Press.
Jupp, J., 2002, *From White Australia to Woomera: The Story of Australian Immigration,* Cambridge: Cambridge University Press.
McNamara, D. J., and E. J. Coughlan, 1992, "Recent Trends in Japanese Migration to Australia and the Characteristics of Recent Japanese Immigrants Setting in Australia," *Japan Studies Bulletin,* 12(1): 50-73.
Nagatomo, J., 2008, "Globalization, Tourism Development, and Japanese Lifestyle Migration to Australia," Derrick M. Nault ed., *Development in Asia: Interdisciplinary, Post-neoliberal, and Transnational Perspectives,* Boca Raton: Brown Walker Press, 215-236.
──, 2011, "De-territorialized Ethnic Community: The Residential Choices and Networks among Japanese Lifestyle Migrants in South-East Queensland," *Japanese Studies,* 31(3): 423-440.
──, 2012, "Japanese Single Mothers in Australia: Negotiation with Patriarchal Ideology and Stigma in the Homeland," Glenda T. Bonifacio ed., *Feminism and Migration: Cross-Cultural Engatements,* Dordrecht: Springer, 81-99.
──, 2015, *Migration as Transnational Leisure: The Japanese Lifestyle Migrants in Australia,* Leiden: Brill.

Skrbis, Z., 1999, *Long-distance Nationalism: Diasporas, Homelands and Identities*, Aldershot: Ashgate.
Tamura, K., 2001, *Michi's Memories: The Story of a Japanese War Bride*, Canberra: Pandanus Books, Research School of Pacific and Asian Studies, Australian National University.

第1章（水上徹男）

遠藤雅子，1993，『幻の石碑：鎖国下の日豪関係』サイマル出版会。
細田民樹，1952，「偽らぬ日本史（共同研究）：10　銭屋五兵衛」『中央公論』767：186-200。
石川榮吉，1992，『日本人のオセアニア発見』平凡社。
ジョーンズ，ノリーン，2012，「遭遇　最初の遭遇」ブラック，デイビッド・曽根幸子（編著）有吉宏之・曽根幸子（監訳）追手門大学オーストラリア研究所（協力）『西オーストラリア：日本（にっぽん）交流史：永遠の友情に向かって』3-9頁，日本評論社。
今野敏彦・藤崎康夫，1985，『移民史2　アジア・オセアニア編』新泉社。
倉橋正直，1989，『北のからゆきさん』共栄書房。
水上徹男，1996，「日本人のオーストラリアへの係り」ジェイン，ブルネンドラ，水上徹男『グラスルーツの国際交流』123-160頁，ハーベスト社。
村上雄一，2015，「19世紀末から20世紀初頭の白豪主義と北部豪州の日本人労働者」『行政社会論集』27(4)：65-85頁，福島大学行政社会学会〔編〕。
村岡伊平治（河合譲著作権），1960，『村岡伊平治自伝』南方社。
中岡三益，1991『難民移民出稼ぎ：人々は国境を越えて移動する』東洋経済新報社。
シソンズ，D. C. S. 1986「先駆者高須賀穰の足跡：オーストラリア〈白豪主義〉の除外例」（訳：平松幹夫）『三田評論』第869号。
佐野彭，1979，『横メシ放浪記』芸文社
曽根幸子，2012「1901年以前の先駆的日本人女性たち：「娼婦」を中心として」ブラック，デイビッド・曽根幸子（編著）有吉宏之・曽根幸子（監訳）追手門大学オーストラリア研究所（協力）『西オーストラリア：日本（にっぽん）交流史：永遠の友情に向かって』33-49頁，日本評論社。
鈴木明美，2008「オーストラリアにおける日本人移民史：初期移民　柏木 坦の事例をもとに」『名古屋市立大学大学院人間文化研究科人間文化研究』9：13-24頁。
竹田いさみ，1981「白豪政策の成立と日本の対応：近代オーストラリアの対日基本政策」『日豪関係の史的展開』日本国際政治学会（編）有斐閣。
海野士郎，1994「日豪関係」移民研究会（編）『日本の移民研究：動向と目録』日外アソシエーツ　162-164頁。
若槻泰雄，1972『排日の歴史：アメリカにおける日本人移民』中央公論社。
銭屋五兵衛（著），若林喜三郎（編），1984『年々留：銭屋五兵衛日記』法政大学出版会。
全豪日本クラブ（JCA），1998，『オーストラリアの日本人：世紀をこえる日本人の足跡』全豪日本クラブ
Armstrong, J., 1973, "Aspects of Japanese Immigration to Queensland before 1900,"

参考文献

Queensland Heritage, 1(2): 3-7.
Bain, Mary A., 1982, *Full Fathom Five*, Perth: Artlook Books.（＝足立良子訳1987『真珠貝の誘惑』勁草書房）
Hornadge, B. 1976. *The Yellow Peril: A Squint at some Australian Attitudes Towards Orientals*, Second Edition (First Edition Published in 1971), Sydney: Review Publications.
Jones, N. 2002. *No. 2 Home*. Fremantle Arts Center Press.（＝北條正司・白旗佐紀枝・菅紀子訳 2003『第二の故郷：豪州に渡った日本人先駆者たちの物語』創風社出版）
Lyng, J., 1927, "Yellow Race," In *Non Britishers in Australia*, 157-179. Melbourne: Macmillan.
Macfarlane, W. H., 1955, "Stories of Japanese Discovery in Australia," *Tasmanian Historical Research Association Journal* 4:15-17.
McArthur, Ian,（内藤誠・堀内久美子訳）1992,『快楽亭ブラック：忘れられたニッポン最高の外人タレント』講談社
Pownall, P., 1983, "Pearls and Pearling," *The Australian Encyclopaedia*. Vol. Eight. FourthEdition. (First Edition Published in 1925-1926), 2-4, Sydney: The Grolier Society of Australia.
Sissons, D. C. S., 1977, "Karayuki-san: Japanese Prostitutes in Australia, 1887-1916-I," *Historical Studies*, 17(68): 323-341.
Sissons, D. C. S., 1983, "Japanese in Australia," *The Australian Encyclopaedia*, Vol. Five. FourthEdition. (First Edition Published in 1925-1926), 272, Sydney: The Grolier Society of Australia.
Sissons, D. C. S., 1988, "Japanese," J. Jupp ed., *The Australian People: An Encyclopaedia of theNation. Its People and Their Origins*, Melbourne: Angus and Robertson Publishers, 635-637.
Yarwood, A. T. 1964. *Asian Migration to Australia*. Melbourne: Melbourne University Press.

第2章（村上雄一）

（公的記録）
内閣統計局，1898,『日本帝国統計年鑑』。
日本外務省，1883-1886,『日本外交文書』。
日本外務省外交史料館，「親展第79号　明治17年10月31日　外務卿井上馨ヨリ兵庫県令森岡昌純宛」『日豪関係文書　1868-1945』（オーストラリア国立図書館蔵マイクロフィルム G16163　file no. 3. 8. 4. 7）。
（新聞）
『もしほ草』1870年1月13日。
（二次文献）
石井　孝，1966,『増訂明治維新の国際的環境』吉川弘文館。

小川　平，1976，『アラフラ海の真珠』あゆみ出版。
外務省，「パスポート関係」『外交史料　Q&A その他』
　　http://www.mofa.go.jp/mofaj/annai/honsho/shiryo/qa/sonota_01.html
記念誌編集委員会編，1998，『オーストラリアの日本人：一世紀をこえる日本人の足跡1867-1998』全豪日本クラブ。
倉田喜弘，1983，『1885年ロンドン日本人村』朝日新聞社。
シソンズ　D. C. S., 1974,「1871年～1946年のオーストラリアの日本人」『移住研究』10：27-54頁。
関根政美，1989，『マルチカルチュラル・オーストラリア』成文堂。
関根政美，2009，「第一章　オーストラリア多文化主義の歴史的発展とその変容：共生から競生へ」，石井由香，関根政美，塩原良和，『アジア系専門職移民の現在：変容するマルチカルチュラル・オーストラリア』慶應義塾大学出版会，21-68頁。
永田由利子，2002，『オーストラリア日系人強制収容の記録：知られざる太平洋戦争』高文研。
松山光伸，2010，『実証・日本の手品史』東京堂出版。
村上雄一，1996，「オーストラリアの移民立法と日本の対応：1893年から1901年まで」『オーストラリア研究紀要』22：101-121頁。
村上雄一，2001，「1890年以前における日豪の貿易及び文化交流の諸相」『行政社会論集』13(4)：59-111頁，福島大学行政社会学会〔編〕。
村上雄一，2003，「クィーンズランドの日本人砂糖黍年季契約労働者のイメージ：1889年から1893年を中心として」『オーストラリア研究』15：81-90頁，オーストラリア学会編。
村上雄一，2010，「マークス」小林泉他監修『新版　オセアニアを知る事典』，平凡社，293-294頁。
和歌山県，1957，『和歌山県移民史』和歌山県庁。
(公的記録)
Commonwealth Bureau of Census and Statistics, *Year Book Australia*, 1910-1914, 1916, 1940.
Commonwealth of Australia, *Parliamentary Debates*, 1905.
Bamford Royal Commission, *Progress Report*, 1913.
Bamford Royal Commission, *Report and Recommendations of Royal Commission*, 1916.
Mackay Royal Commission, *Report*, 1908.
Queensland State Archives, "Acting-Sergeant Griffin to the Commissioner of Police, 23 November 1897", POL/1.
Queensland, *Official Record of the Debates of the Legislative Assembly*, 1893.
(新聞・雑誌)
Argus, 17&20 January 1868.
Brisbane Courier, 12 June 1871.
Sugar Journal and Tropical Cultivator, 15 December 1892.
(二次文献)
Armstrong, J. B., 1974, "Aspects of Japanese Immigration to Queensland before 1900," *Queensland Heritage*, 2(9)：3-9.

Baily, J., 2001, *The White Divers of Broome: The True Story of a Fatal Experiment*, Pan Macmillan Australia.
Ganter, R., 2006, *Mixed Relations: Asian/Aboriginal Contact in North Australia*, Crawley: University of Western Australia Press.
Meaney, N., 1999, *Towards a New Vision: Australia and Japan through 100 years*, East Roseville: Kangaroo Press.
Reynolds, H., 2003, *North of Capricorn: the Untold Story of Australia's North*, Crows Nest: Allen& Unwin.
Shire of Broome, 2012, *Heritage Inventory Review 2012*, http://www.broome.wa.gov.au/council/pdf/attach/2012/Dec_18_OMC/9.2.3.pdf.
Sissons, D. C. S., 1977b, "*Karayuki-san*: Japanese Prostitutes in Australia, 1887-1916 I", *Historical Studies*, 16(68): 323-341.
Sissons, D. C. S., 1977a, "*Karayuki-san*: Japanese Prostitutes in Australia, 1887-1916 II", *Historical Studies*, 17(69): 474-486.
Sissons, D. C. S., 1979, "The Japanese in the Australia Pearling Industry", *Queensland Heritage*, 3(10): 8-27.
Sissons, D. C. S., 1999, "Japanese Acrobatic Troupes Touring Australasia 1867-1900", *Circus in Australia*, 35: 73-107.
Sissons, D. C. S., 2001, "Japanese," James Jupp, ed., *The Australian People: An Encyclopedia of the Nation, Its People and Their Origins*, Melbourne: Cambridge University Press, 522-523.
Vamplew, W., ed. 1987, *Australians: Historical Statistics*, Sydney: Fairfax, Syme & Weldon Associates.
Walker, D., 1999, *Anxious Nation: Australia and the rise of Asia 1850-1939*, Brisbane: University of Queensland Press.
Yarwood, A. T., 1967, *Asian Migration to Australia: the background to exclusion 1896-1923*, Melbourne: Melbourne University Press.

第3章（金森マユ）

文献は本文註に含めている。

第4章（永田由利子）

石田智恵，2010，「戦後日本における「日系人」の誕生：1957年「海外日系人大会」開催の意味」『移民研究年報』16：97-108頁，日本移民学会編。
岡崎一浩，1996，「オーストラリア移民史抄」『移住研究』33：16-35頁。
オリバー，パム，2012，「西オーストラリア州日本人の家族ビジネス：白豪主義下での貿易ネットワーク」，ブラック，デイビッド・曽根幸子編（有吉宏之・曾根幸子監訳）『西オーストラリア―日本（にっぽん）交流史：永遠の友情に向かって』日本評論社，73-89頁。

鎌田真弓編，2012,『日本とオーストラリアの太平洋戦争＝Stories from Australia and Japan about the Pacific War：記憶の国境線を問う』御茶の水書房．
シソンズ，デービッド，1979,「ある移民の一族」（押本直正訳）『移住研究』16：65-79頁．
鈴木譲二，1992,『日本人出稼ぎ移民』平凡社．
寺田満春，1998,「ある日本人移住者：岩永時太郎さんのこと」全豪日本クラブ記念誌編集委員会編『オーストラリアの日本人：一世紀をこえる日本人の足跡1867-1998』全豪日本クラブ．
永田由利子，2002,『オーストラリア日系人強制収容の記録：知られざる太平洋戦争』高文研．
ブラック，デイビッド・曽根幸子編，2012,『西オーストラリア—日本（にっぽん）交流史：永遠の友情に向かって』（有吉宏之・曾根幸子監訳）日本評論社．
プライス町子，1998,「セント・キルダ墓地に眠る日本人」全豪日本クラブ記念誌編集委員会編『オーストラリアの日本人：一世紀をこえる日本人の足跡1867-1998』全豪日本クラブ．
（ウェブサイト）
公益財団法人海外日系人協会　www.jadesas.or.jp
海外在留邦人数調査統計 www.mofa.go.jp/mofaj/toko/tokei/hojin/
GENI www.geni.com
Australia's War 1939-1945, www.ww2australia.gov.au/underattack/airraid.html
www.ozatwar.com/bomboz.htm
（オーストラリア公文書）
MP729/6
MP508/1, 255/702/1526
A1, 1914/18529
A37, 1149-214;
A367, C69851
A373, 11557;
A373, 11505/48;
A373, 1/505/48
A437, 46/6/72;
A659, 1940/1/4195;
A659, Furusawa, M., 1940/1/4195
B883, QX13648
B884, Q265679
B78, 1957/Kagami K,
（英文文献）
Nagata, Y, 1996, *Unwanted Aliens: Japanese Internment in Australia,* Brisbane: University of Queensland Press.
——, 1999, "Japanese-Australians in the Post-war Thursday Island Community," In Regina Ganter ed., *Queensland Review: Asians in Australian History,* Brisbane: University of Queensland Press.
Oliver, P, 2010, *Raids on Australia: 1942 and Japan's Plans for Australia,* Melbourne:

Australian Scholarly Publishing.
――, 2004, *Allies, Enemies and Trading Partners: Records on Australia and the Japanese,* Canberra: National Archives of Australia.
――, 2008, "Citizens without Certificates or Enemy Aliens?," Beaumont, J., Ilma Martinuzzi O'Brien and Mathew Trinca, eds., *Under Suspicion: Citizenship and Internment in Australia during the Second World War,* Canberra: National Museum of Australia.
Sissons, D. C. S., 1972, *Japan and Australia in the Seventies,* Sydney: Angus & Robertsons.

第5章（田村恵子）

江成常夫，1984，『花嫁のアメリカ』講談社．
――，2000，『花嫁のアメリカ歳月の風景1978-1998』集英社．
呉市史編纂委員会，1995，『呉市史第8巻』呉市．
佐々木毅他編，2005，『戦後史大事典 増補新版』三省堂．
田村恵子，1999，「戦争花嫁のオーストラリア」全豪日本クラブ記念誌編集委員会編『オーストラリアの日本人：一世紀をこえる日本人の足跡1867-1998』全豪日本クラブ，99-100頁．
林かおり・田村恵子・高津文美子，2002，『戦争花嫁：国境を越えた女たちの半世紀』芙蓉書房出版．
ブレア照子，1991，『オーストラリアに抱かれて』全国朝日放送株式会社．
ループ，ゲイリー，1994，「一五四三年から一八六八年の日本における異人種関係について」脇田晴子 ハンレー，S. B.編『ジェンダーの日本史上（宗教と民俗・身体と性愛）』東京大学出版，331-91頁．
British Commonwealth Occupation Forces (BCOF), 1946, *BCOF Bound: For the Women and Children of the British Commonwealth Occupation Forces in Japan,* Hiroshima: BCOF.
Carter, I. R., 1965, *Alien Blossom: A Japanese Australian Love Story,* Melbourne: Lansdowne Press.
Clifton, A. S., 1951, *Time of Fallen Blossoms,* New York: Alred A. Knopf.
Curson, S. and P. Curson, 1982, "The Japanese in Sydney," *Ethnic and Racial Studies,* 5(4): 478-512.
De Vos, G. A., 1973, *Personality Patterns and Problems of Adjustment in American-Japanese Intercultural Marriages,* Taipei: The Orient Cultural Service.
Fallows, C., *Love & War: Stories of War Brides from the Great War to Vietnam,* Sydney: Bantam Books.
Glen, E. N., 1986, *Issei, Nisei, War Bride: Three Generations of Japanese American Women in Domestic Service,* Philadelphia: Temple University Press.
Mizukami, T. 1992. "The Integration of Japanese Residents into Australian Society: Immigrants and Sojourners in Brisbane," Papers of the Japanese Studies Centre, Melbourne: Japanese Study Centre, Monash University.

Overseas War Brides Association, 2001, *Stories from the Women who Followed their Hearts to Australia*, East Roseville: Simon & Schuster.
Shukert, E. B. and B. S. Scibetta, 1988, *War Brides of World War II*, Navato: Presido.
Simmonson, O., 1992, "Commonwealth Fraternisation Policy in Occupied Japan," MA thesis, The University of Queensland.
Sissons, D. C. S. 1988, "Japanese," J. Jupp ed., *The Australian People: An Encyclopedia of the Nation, its People and their Origins*, North Ryde: Angus and Robertson, 635-637.
Spickard, P. R., 1989, *Mixed Blood: Intermarriage and Ethnic Identity in Twentieth-Century America*, Madison: The University of Wisconsin Press.
Suzuki, S., 1983, "Attitudes of the Japanese in Brisbane towards Australians: An Exploratory Inquiry into Australia's Ethnic Relations," MA thesis, The University of Queensland.
Tamura, K., 1997, "Border Crossings: Changing Identities of Japanese War Brides," *The Asia Pacific Magazine*, 8: 43-47.
——, 1999, "Border Crossings: Japanese War Brides and their Selfhood," PhD thesis, Austrlaian National University.
——, 2001, *Michi's Memories: The Story of a Japanese War Bride*, Canberra: Pandanus Books, Research School of Pacific and Asian Studies.
——, 2001, "Home away from Home: Australian Media Representation on the Entry of Japanese War Brides," Jones, P. and V. Mackie eds., *Relationships: Japan and Australia 1870s-1950s*, Melbourne: University of Melbourne, Department of History.

第6章（山内由理子）

大島襄二，1983，『トレス海峡の人々：その地理学的・民族学的研究』古今書院。
小川平，1976，『アラフラ海の真珠』あゆみ出版。
小野塚和人，2013，「観光地ケアンズの系譜と『発見』：混淆する場としてのクインズランド州最北部地域の考察をめぐる方法的視座」『オーストラリア研究』26：99-112頁。オーストラリア学会編。
加茂富士郎，1978，「豪州移住調査見聞録－見たまま，聞いたまま」『移住研究』15：5-38頁。
シソンズ，デイビッド，1974，「1871—1946年のオーストラリアの日本人」『移住研究』2(10)：27-54頁。
鈴木譲二，1992，『日本人出稼ぎ移民』平凡社。
永田由利子，2003，「『和解』のないままに：日系オーストラリア人強制収容が意味したこと」『オーストラリア研究』15：91-103頁。オーストラリア学会編。
中野不二男，1986，『マリーとマサトラ：日本人ダイバーとアボリジニーの妻』文藝春秋。
増田，コーリン，2014，「日系アボリジニとして(2)：ブルームに生まれて」山内由理子編『オーストラリア先住民と日本＝Indigenous Australia and Japan：先住民学・交流・表象』，御茶の水書房，160-164頁。
モーリス＝スズキ，テッサ，2009，「液状化する地域研究：移動の中の北東アジア」『多言語多

文化―実践と研究』2：4-25頁。
山内由理子，2014,「日本人とオーストラリア先住民の交流史」山内由理子編『オーストラリア先住民と日本＝Indigenous Australia and Japan：先住民学・交流・表象』御茶の水書房，98-112頁。
Bain, M. A., 1982, *Full Fathom Five*. Perth: Artlook Books.
Balint, R., 2005, *Troubled Waters: Borders, Boundaries and Possession in the Timor Sea*, Crows Nest: Allen and Unwin.
――, 2012, "Aboriginal Women and Asian Men: A Maritime History of Color in White Australia," *Signs* (37):3;544-554.
Bauman, Z., 1999, *Culture as Praxis* (New Ed.), London: Sage Publications.
Chase, A, 1981, ""All Kinds of Nation"-Aborigines and Asians in Cape York Peninsula," *Aboriginal History* 5(1):7-19.
Chi, J. et al, 1991, *Bran Nue Dae*, Strawberry Hills: Currency Press.
Chi, J. et al, 1996, *Corrugation Road* (Sound Recording), Broome: Angoorabin Records.
Chi, M, 2003, "Saltwater People: Aboriginal Use of Sea Resources, Broome, Western Australia," MA thesis, Curtin University of Technology.
Choo, C., 1995, "Asian Men on the West Kimberley Coast, 1900-1940," *Asian Orientations, Studies in Western Australian History*, 16:89-111.
――, 2001, *Mission Girls: Aboriginal Women on Catholic Missions in the Kimberley, Western Australia, 1900-1950*, Nedlands: University of Western Australia Press.
Clifford, J. 2001. "Indigenous Articulations," *The Contemporary Pacific*, 13 (2):468-90.
Dalton, P., 1962, "Broome: a Multi-Racial Community: A Study of Social and Cultural Relationship in a Town in the West Kimberley, Western Australia," Master Thesis, The University of Western Australia.
Delugan, R. M. 2006, "Indigeneity across Borders: Hemispheric Migrations and Cosmopolitan Encounters", *American Ethnologist*, 37(1):83-97.
Garcia-Canclini, N., 2001, "Hybridity," Smalser, N. J. and P. B. Baltes eds., *International Encyclopaedia of the Social and Behavioral Sciences*, New York: Elsevier, 7095-7098.
Ganter, R. 2006 *Mixed Relations: Histories and Stories of Asian-Aboriginal Contact in North Australia*, Crawley: University of Western Australia Press.
Gilroy, Paul, 1993, *The Black Atlantic: Modernity and Double Consciousness*, London: Verso.
Goodale, M. 2006, "Reclaiming Modernity: Indigenous Cosmopolitanism and the Coming of the Second Revolution in Bolivia," *American Ethnologist*, 33(4):634-649.
Hage, G., 2003, *Against Paranoid Nationalism: Searching for Hope in a Shrinking Society*, Annandale: Pluto Press Australia.
Hokari, M., 2003, "Globalising Aboriginal Reconciliation: Indigenous Australians and Asian (Japanese) Migrants," *Cultural Studies Review*, 9 (2):84-101.
Jones, N., 2002, *Number Two Home: A Story of Japanese Pioneers in Australia*, North Fremantle: Fremantle Arts Centre Press.
Kaino, L., 2009, "Broome's Japanese Community: Its History and Legacy," Black, D. and S.

Sone eds., *An Enduring Friendship: Western Australian and Japan: Past, Present and Future*. Crawley: The University of Western Australia Press, 40-50.
―, 2011, "'Broome Culture' and its Historical Links to the Japanese in the Pearling Industry," *Continuum: Journal of Media & Cultural Studies*, 25(4): 479-490.
Kaino, T., 1999, "A Very Special Family," Rice, P. L. ed., *Holding Up the Sky: Aboriginal Women Speak*, Magabala Books, 89-105.
MacKnight, C., 1976, *The Voyage to Marege: Macassan Trepangers in Northern Australia*, Carlton: Melbourne University Press.
Martinez, J., 2006, "Ethnic Policy and Practice in Darwin," Ganter R. *Mixed Relations: Asian-Aboriginal Contact in North Australia*, Crawley: University of Western Australia Press, 122-145.
Oliver, P., 2007, *Empty North: The Japanese Presence and Australian Reactions 1860s to 1942*. Darwin: CDU Press.
―, 2011, "The Japanese and Broome to 1942," In Alomes, P. et al eds., *Outside Asia: Japanese and Australian Identities and Encounters in Flux*. Clayton, VIC: Japanese Studies Centre, Monash University.
Pearce, C, 2014, "Whitewash: Anglo-Australian Bias in the Accounts of the 1920 Broome 'Race Riots'," オーストラリア学会第19回地域研究会.
Pratt, M., 1991, "Arts of the Contact Zone," *Profession*, 91: 33-40.
Sissons, D., 1979, "The Japanese in the Australian Pearling Industry," *Queensland Heritage* 3(10): 9-27.
Stephenson, Peta, 2007, *The Outsiders Within: Telling Australia's Indigenous-Asian Story*, Sydney: The University of New South Wales Press.
Yu, S., 1999, "Broome Creole: Aboriginal and Asian Partnerships along the Kimberley Coast," *Queensland Review*, 6(2)58-73.
インタビュー：藤井一人氏，荒堀寅雄氏。ここに直接名前を挙げた方々の他にもブルームや木曜島，紀南地方の串本町，太地町の方々との話より，筆者は多くの情報とインスピレーションを得た．紙数の都合により全員の名前を掲載できないのを深くお詫びする次第である．

第7章（塩原良和）

青木麻衣子，2008，『オーストラリアの言語教育政策：多文化主義における「多様性」と「統一性」の揺らぎと共存』東信堂．
石井由香・関根政美・塩原良和，2009，『アジア系専門職移民の現在：変容するマルチカルチュラル・オーストラリア』慶應義塾大学出版会．
塩原良和，2008，「多文化主義国家オーストラリア日本人永住者の市民意識：白人性・ミドルクラス性・日本人性」関根政美・塩原良和編『多文化交差世界の市民意識と政治社会秩序形成』慶應義塾大学出版会，143-161頁．
―，2005，『ネオ・リベラリズムの時代の多文化主義：オーストラリアン・マルチカルチュ

ラリズムの変容』三元社。
――, 2004, 『「包摂」をこえて : 1990年代から2000年代初頭のオーストラリアにおける公定多文化主義とその社会的文脈』慶應義塾大学大学院社会学研究科博士論文。
――, 2003, 「エッセンシャルな『記憶』／ハイブリッドな『記憶』 : キャンベラの日本人エスニック・スクールを事例に」『オーストラリア研究』15 : 118-131頁。
ハージ, ガッサン, 2008 (塩原良和訳), 『希望の分配メカニズム : パラノイア・ナショナリズム批判』御茶の水書房。
濱野健, 2014, 『日本人女性の国際結婚と海外移住 : 多文化社会オーストラリアの変容する日系コミュニティ』明石書店。
保坂佳秀, 1998a, 「全豪日本クラブ (JCA) の結成」全豪日本クラブ記念誌編集委員会編『オーストラリアの日本人 : 一世紀をこえる日本人の足跡1867-1998』全豪日本クラブ, 180-181頁。
――, 1998b, 「シドニー日本クラブの生い立ち」全豪日本クラブ記念誌編集委員会編『オーストラリアの日本人 : 一世紀をこえる日本人の足跡1867-1998』全豪日本クラブ, 168-170頁。
水上徹男, 1996, 「海外の日本人学校とエスニック・スクール」ジェイン, プルネンドラ・水上徹男『グラスルーツの国際交流』ハーベスト社, 97-119頁。
永田由利子, 2003, 「『和解』のないままに : 日系オーストラリア人強制収容が意味したこと」『オーストラリア研究』15 : 91-103頁。
長友淳, 2013, 『日本社会を「逃れる」: オーストラリアへのライフスタイル移住』彩流社。
Hage, G. ed., 2002, *Arab-Australians Today: Citizenship and Belonging*, Melbourne: Melbourne University Press.
Harris, A., 2013, *Young People and Everyday Multiculturalism*. New York: Routledge.
Jakubowicz, A. and C. Ho eds., 2013, *'For Those Who've Come across the Seas … ' Australian Multicultural Theory, Policy and Practice*, North Melbourne: Australian Scholarly Publishing.
Levy, G. B., 2013, "Inclusion: a Missing Principle in Australian Multiculturalism," Balint, P and S. G. de Latour eds., *Liberal Multiculturalism and the Fair Terms of Integration*, Basingstoke: Palgrave Macmillan, 109-125.
Mizukami, T., 1993, *The Integration of Japanese Residents into Australian Society: Immigrants and Sojourners in Brisbane*, Melbourne: Papers of the Japanese Studies Centre 20.
Nagata, Y., 1996, *Unwanted Aliens: Japanese Internment in Australia*, St. Lucia: University of Queensland Press.
Poynting, S. et al., 2004, *Bin Laden in the Suburbs: Criminalising the Arab Other*. Sydney: Sydney Institute of Criminology.
Shiobara, Y., 2005, "Middle-Class Asian Immigrants and Welfare Multiculturalism: A Case Study of a Japanese Community Organization in Sydney," *Asian Studies Review*, 29 (4): 395-414.
――, 2004, "The Beginnings of Multiculturalization of Japanese Immigrants to Australia:

Japanese Community Organizations and the Policy Interface," *Japanese Studies*, 24(2): 247-261.
Tamura, K., 2001, *Michi's Memories: The Story of a Japanese War Bride*, Canberra: Pandanus Books.
Wise, A. and S. Velayutham eds., 2009, *Everyday Multiculturalism*, Basingstoke: Palgrave Macmillan.

第8章（舟木紳介）

浅川晃広，2006，『オーストラリア移民政策論』中央公論事業出版。
外務省，2009，『海外在邦人統計』（2014年7月31日取得，
　http://www.mofa.go.jp/mofaj/toko/tokei/hojin/09/index.html）
外務省，2013，『海外在邦人統計』（2014年7月31日取得，
　http://www.mofa.go.jp/mofaj/toko/tokei/hojin/11/pdfs/1.pdf）
塩原良和，2005，『ネオ・リベラリズムの時代の多文化主義：オーストラリアン・マルチカルチュラリズムの変容』三元社．
──，2010，『変革する多文化主義へ：オーストラリアからの展望』法政大学出版局．
関根政美，2009，「オーストラリアにおける多文化主義と移民政策の変容　オーストラリア多文化主義の歴史的発展とその変容」『アジア系専門職移民の現在：変容するマルチカルチュラル・オーストラリア』慶應義塾大学出版会．
千田有紀，2005，「アイデンティティとポジショナリティー1990年代の「女」の問題の複合性をめぐって」上野千鶴子編『脱アイデンティティ』勁草書房．
モーリス＝スズキ，テッサ，2002，『批判的想像力のために：グローバル化時代の日本』平凡社．
濱野健，2014，『日本人女性の国際結婚と海外移住：多文化社会オーストラリアの変容する日系コミュニティ』明石書店．
藤岡伸明，2008，「オーストラリアの日本人コミュニティにおけるワーキングホリデー渡航者の役割」『オーストラリア研究紀要』34，181-204頁．オーストラリア研究紀要編集委員会．
舟木紳介，2007，「オーストラリアのクリティカル・ソーシャルワーク理論における社会正義概念とポストモダニズムの影響」『社会福祉学』48, 3, 55-65頁．日本社会福祉学会機関誌編集委員会編．
馬渕仁，2010，『クリティーク多文化，異文化：文化の捉え方を超克する』東信堂．
Allan, J., Pease, B. & Briskman, L. eds., 2009, *Critical Social Work: Theories and Practices for Socially Just World*, Crows Nest: Allenand Unwin.
Australian Bureau of Statistics (ABS), 2009, *Migration 2007-2008*, ABS.
Department of Immigration and Citizenship (DIAC), 2008, *The People of Australia Statistics from the 2006 Census*, DIAC.
Department of Immigration and Citizenship (DIAC), 2010, *The Diversity Australia Program Website*. (Retrieved July 25, 2010, http://www.harmony.gov.au/).

Doyle, R., 2001, "Social Work Practice in an Ethnically and Racially Diverse Australia," Alston, M. and McKinnon, J., eds., *Social Work: Field of Practice*, Oxford: Oxford University Press.
Fook, J., 2001, "Emerging Ethnicities as a Theoretical Framework for Social Work," Dominelli, L., Lorenz, W., and Sydan, H., eds., *Beyond Racial Divide: Ethnicities in Social Work Practice*, Aldershot: Ashgate.
Funaki, S., 2010, "Multicultural Social Work and Ethnic Identity Positioning: A Case Study of Social Welfare Activities by Japanese Community Organizations," *Asian Pacific Journal of Social Work and Development*, 20(1): 5-15.
Garret, P. W et al., 2010, "Representation and coverage of non-English speaking immigrants and multicultural issues in three major Australian health care publications," *Australia and New Zealand Health Policy*, 7(1).
    (Retrieved 19 August, 2014, http://www.anzhealthpolicy.com/content/7/1/1)
Ho, C., 2004, "Migrants and Employment: Challenging the Success Story," *Journal of Sociology* 40(3): 237-259.
——, 2006, "Migration as Feminisation? Chinese Womens Experiences of Work and Family in Australia," *Journal of Ethnic And Migration Studies*, 32(3): 497-514.
——, 2012, "Western Sydney is Hot! Community arts and changing perceptions of the West," *International Journal of Community Research and Engagement*, 5: 35-55.
Hope Connection, 1996, *Newsletter No. 1*, Hope Connection.
——, 1999, *Newsletter No. 11* Hope Connection.
Ife, J., 1997, *Rethinking Social Work: Towards Critical Practice*. South Melbourne: Longman.
Japan Club of Sydney, 1997, *JCS Newsletter November, 1997*. JCS.
Japan Club of Australia (JCA), 1998, 『オーストラリアの日本人:一世紀をこえる日本人の足跡1867-1998』JCA.
Japan Club of Sydney, 1998, *JCS Newsletter March, 1998*. JCS.
——, 2009, *JCS Newsletter October, 2009*. JCS.
Marchant, H. and Wearing, B., eds, 1986, *Gender Reclaimed: Women in Social Work*, Sydney: Hale & Iremonger, Pty. Ltd.
McMahon, A., 2002, "Writing diversity: ethnicity and race in Australian Social Work, 1947-1997", *Australian Social Work*, 55(3): 172-183.
Mendes, P., 2005, "The history of social work in Australia: A critical literature review," *Australian Social Work*, 58(2): 121-131.
Millbank, A., Phillips, J., Bohm, C., 2006, *Australia's settlement services for refugees and migrants*, (Retrieved July 25, 2014, http://www.aph.gov.au/binaries/library/pubs/rp/2008-09/09rp29.pdf).
Nagatomo, J., 2008, "Globalization, Tourism Development, and Japanese Lifestyle Migration to Australia," Nault, D. M., ed., *Developing Asia: Interdisciplinary, Post-neoliberal, and Transnational Perspectives*. Boca Raton: Brown Walker Press.

Petruchenia, J. 1990, Anti-racist welfare practice with immigrants, Petruchenia, J and Thorpe, R. eds., *Social Change and Social Welfare Practice,* Sydney: Hale & Iremonger.

Shiobara, Y., 2005, "Asian Middle Class Immigrants and Welfare Multiculturalism: Case Study of a Japanese Community Organization in Sydney," *Asian Studies Review,* 29(4): 395-414.

第9章（濱野健）

遠藤雅子，1989，『チェリー・パーカーの熱い冬』新潮社．

嘉本伊都子，2001，『国際結婚の誕生：〈文明国日本〉への道』新曜社．

川嶋久美子，2010，「オーストラリアのワーキングホリデー労働者」五十嵐泰正編『労働再審2 越境する労働と〈移民〉』大月書店，231-270頁．

記念誌編集委員会編，1998，『オーストラリアの日本人：一世紀をこえる日本人の足跡1867-1998』全豪日本クラブ．

厚生労働省，2013，「平成24年度人口動態統計」（2014年年2月20日取得，http://www.e-stat.go.jp/）．

佐藤真知子，1993，『新・海外定住時代：オーストラリアの日本人』新潮社．

長友淳，2013，『日本社会を「逃れる」＝LIFESTYLE MIGRATION：オーストラリアへのライフスタイル移住』彩流社．

濱野健，2014a，「オーストラリアにおける日系エスニックメディアとその分析の重要性：「保坂コレクション」の分類・整理状況と，その後の成果に関する報告」『多文化社会の文化的市民権（平成23—25年度科研費基盤研究B—「多文化社会におけるメディアの公共性と文化的市民権」（研究代表者：毛利嘉孝）研究プロジェクト報告書）』：86-91頁．

——，2014b，『日本人女性の国際結婚と海外移住：多文化社会オーストラリアの変容する日系コミュニティ』明石書店．

藤岡伸明，2012，「若者はなぜ海外長期滞在を実践するのか：オーストラリア・ワーキングホリデー制度利用者のライフヒストリー分析」労働社会学研究．13：36-68頁．

——，2013，「クィーンズランド観光業における日本人ワーキングホリデー渡航者の役割：ケアンズ周辺地域の観光施設の事例から考える」『オーストラリア研究』26：68-84頁．

林かおり，2005，『私は戦争花嫁です：アメリカとオーストラリアで生きる日系国際結婚親睦会の女性たち』北國新聞社．

林かおり・田村恵子・高津文美子，2002，『戦争花嫁：国境を越えた女たちの半世紀』芙蓉書房出版．

ブレア照子，1991，『オーストラリアに抱かれて』全国朝日放送株式会社．

Allon, F., 2008, *Renovation Nation: Our Obsession with Home,* Sydney: UNSW Press.

Australian Bureau of Statistics, 2013, *6416.0 - House Price Indexes: Eight Capital Cities, Sep 2013,* (Retrieved, December 31, 2013, http://www.abs.gov.au/ausstats/abs@.nsf/cat/6416.0).

Collins, J., 2000, "The Other Sydney: Cultural and Social Diversity in Western Sydney,"

参考文献

Collins, Jock and Scott Poynting. eds., *The Other Sydney: Communities, Identities and Inequalities in Western Sydney*, Altona, VIC: Common Ground Publishing, 34-60.
Department of Immigration and Border Protection, 2013, *Community Information Summary*, (Retrieved, January 10, 2014, http://www.immi.gov.au/media/publications/statistics/comm-summ/summary.htm).
Department of Immigration and Citizenship, 2011, *Settlement Reporting*. (Retrieved, March 29, 2012, http://www.immi.gov.au/settlement/).
Funaki, S., 2010, "Multicultural Social Work and Ethnic Identity Positioning: A Case Study of Social Welfare Activities of Japanese Community Organizations in Australia," *Asia Pacific Journal of Social Work*, 20(1): 5-15.
Giddens, A., 1992, *The Transformation of Intimacy: Sexuality, Love and Eroticism in modern societies*, Cambridge: Polity Press.（＝1995, 松尾精文・松川昭子訳,『親密性の変容：近代社会におけるセクシュアリティ，愛情，エロティシズム』而立書房。）
Hamano, T., 2010, *Searching Better Lifestyle in Migration: The Case of Contemporary Japanese Migrants in Australia*, Saarbrücken: Lambert Academic Publishing.
——, 2013, "Forming *Fictive Kin* in Fieldwork: An Experience of Reflexive Fieldwork with Japanese Women Marriage Migrants in Australia," *Journal of Intimate and Public Spheres*, 2(1): 95-104.
Itoh, M., 2012, "Dream Chasers: Japanese Migrant Women in International Marriages and their Experiences in the Hierarchy of Languages," (Retrieved, January 8, 2013, http://intersections.anu.edu.au/issue31/itoh.htm).
Li, W., 2009, *Ethnoburb: The New Ethnic Community in Urban America*. Honolulu: University of Hawai'i Press.
Mizukami, T., 2006, *The Sojourner Community: Japanese Migration and Residency in Australia*, Amsterdam: Brill.
Relph, E. C., 1976, *Place and Placelessness*, London: Pion.（＝1999, 高野岳彦・阿部隆・石山美也子,『場所の現象学』筑摩書房。）
Shiobara, Y., 2004, "The Beginnings of the Multiculturalizaiton of Japanese Immigrants to Australia: Japanese Community Organizations and the Policy Interface," *Japanese Studies*, 24(2): 247-261.
Takeda, A., 2012, "Emotional Transnationalism and Emotional Flows: Japanese Women in Australia," *Women's Studies International Forum*, 35: 22-28.
Tamura, K., 2001, *Michi's Memories: The Story of a Japanese War Bride*, Canberra, ACT: Research School of Pacific and Asian Studies, Australian National University.

第10章（横田恵子）

コバヤシ オードリー，2003,「ジェンダー問題と〈切り抜け〉としての移民：日本人女性のカナダ新移住」岩崎信彦ほか編，2003,『海外における日本人，日本のなかの外国人：グローバルな移民流動とエスノスケープ』昭和堂，224-238頁。

長友淳，2013，『日本社会を「逃れる」＝LIFESTYLE MIGRATION：オーストラリアへのライフスタイル移住』彩流社．
濱野健，2014，『日本人女性の国際結婚と海外移住：多文化社会オーストラリアの変容する日系コミュニティ』明石書店．
ホワイト ポール，2003，「ロンドンにおける日本人：コミュニティ形成過程」岩崎信彦ほか編『海外における日本人，日本のなかの外国人：グローバルな移民流動とエスノスケープ』昭和堂，132-151頁．
横田恵子，2009，「オーストラリアの新移民日本女性：彼女たちを支えるのは誰なのか」『女性学評論』23：19-36頁．
Beck, U. & Beck-Gernsheim, E. 2011=2014, (伊藤美登里 訳)『愛は遠く離れて：グローバル時代の「家族」のかたち』岩波書店．
Berlin, I., 1971, (小川晃一ほか 訳)「ジョン・スチュアート・ミルと生の目的」『自由論2』，みすず書房，295-451頁．
Kelsky, K. (2001) *Women on the Verge: Japanese Women, Western Dreams*. Durham: Duke University Press.
Mill, J. S., 1859=2012, (斎藤悦則 訳)『自由論』光文社古典新訳文庫．
Mizukami, T., 2007, *The Sojourner Community: Japanese Migration and Residency in Australia*. Leiden: Brill.

第11章（ジャレッド・デンマン）

佐藤真知子，1993，『新・海外定住時代：オーストラリアの日本人』新潮社．
長友淳，2008，「脱領土化されたコミュニティー：オーストラリアクイーンズランド州南東部における日本人コミュニティとネットワーク」大谷裕文編『文化のグローカリゼーションを読み解く』弦書房，185-204頁．
Adachi, N., 2006, "Introduction: Theorizing Japanese Diaspora," N. Adachi ed., *Japanese Diasporas: Unsung Pasts, Conflicting Presents and Uncertain Futures*, New York: Routledge, 1-22.
Adams, J., 2004, "This is not Where I Belong!: The Emotional, Ongoing, and Collective Aspects of Couples' Decision Making about Where to Live," *Journal of Comparative Family Studies*, 35(3): 459-84.
Atkinson, R., 1998, *The Life Story Interview* (Sage University Papers Series on Qualitative Research Methods, Vol. 44), Thousand Oaks, CA: Sage Publications.
Atkinson, R., 2007, "The Life Story Interview as a Bridge in Narrative Inquiry," D. J. Clandinin ed., *Handbook of Narrative Inquiry: Mapping a Methodology*, Thousand Oaks, CA: Sage Publications, 224-47.
Atsumi, R., 1992, "A Demographic and Socio-Economic Profile of the Japanese Residents in Australia" J. E. Coughlan ed., *The Diverse Asians: A Profile of Six Asian Communities in Australia*, Brisbane: Centre for the Study of Australia-Asia Relations, Griffith University, 11-31.

参考文献

Befu, H., 2000, "Globalization as Human Dispersal: From the Perspective of Japan," J. S. Eades, T. Gill and H. Befu eds., *Globalization and Social Change in Contemporary Japan*, Rosanna: Trans Pacific Press, 17-40.

―, 2001, "The Global Context of Japan outside Japan," H. Befu and S. Guichard-Anguis eds., *Globalizing Japan: Ethnography of the Japanese Presence in Asia, Europe, and America*, London: Routledge, 3-22.

Benson, M., 2011, *The British in Rural France: Lifestyle Choice, Migration, and the Quest for a Better Way of Life*, Manchester: Manchester University Press.

Curson, S. and P. Curson, 1982, "The Japanese in Sydney," *Ethnic and Racial Studies*, 5(4): 478-512.

D'Andrea, A., 2007, *Global Nomads: Techno and New Age as Transnational Countercultures in Ibiza and Goa*, London: Routledge.

Denman, J., 2009, "Japanese Wives in Japanese-Australian Intermarriages," *New Voices*, 3: 64-85.

―, 2014a, "Reconciling Migration and Filial Piety: Accounts of Japanese Lifestyle Migrants in Australia." In T. Aoyama, L. Dales and R. Dasgupta eds., *Configurations of Family in Contemporary Japan*, London: Routledge, 134-47.

―, 2014b, "Japanese Lifestyle Migrants in Southeast Queensland: Narratives of Long-term Residency, Mobility and Personal Communities." (Doctoral Dissertation, The University of Queensland, 2014).

Goodson, I. and P. Sikes, 2001, *Life History Research in Educational Settings: Learning from Lives* (Doing Qualitative Research in Educational Settings). Buckingham: Open University Press.

Hamano, T., 2011, "Japanese Women Marriage Migrants Today: Negotiating Gender, Identity and Community in Search of a New Lifestyle in Western Sydney," (Doctoral dissertation, The University of Western Sydney, 2011).

Itoh, M., 2012, "Japanese Migrant Women in International Marriages and their Experiences in the Hierarchy of Languages," *Intersections: Gender and Sexuality in Asia and the Pacific*, 31. Retrieved from http://intersections.anu.edu.au/issue31/itoh.htm

King, R., Warnes, A. and A. Williams, 2000, *Sunset Lives: British Retirement to Southern Europe*, Oxford: Berg.

Korpela, M., 2009, "When a Trip to Adulthood Becomes a Lifestyle: Western Lifestyle Migrants in Varanasi, India," M. Benson and K. O'Reilly eds., *Lifestyle Migration: Expectations, Aspirations and Experiences*, Farnham: Ashgate, 15-30.

Mizukami, T., 1993, *The Integration of Japanese Residents into Australia Society: Immigrants and Sojourners in Brisbane*, Clayton: Japanese Studies Centre, Monash University.

Mizukami, T., 2007, *The Sojourner Community: Japanese Migration and Residency in Australia* (Social Sciences in Asia, Vol. 10). Leiden: Brill.

Nagata, Y., 2001, "'Certain Types of Aliens': The Japanese in Australia, 1941-1952," P.

Jones and V. Mackie eds., *Relationships: Japan and Australia, 1870s-1950s*, Parkville, Vic.: Department of History, University of Melbourne, 217-39.

Nagatomo, J., 2008, "Globalization, Tourism Development, and Japanese Lifestyle Migration to Australia," D. M. Nault ed., *Development in Asia: Interdisciplinary, Post-Neoliberal, and Transnational Perspectives*, Boca Raton, FL: Brown Walker Press, 215-36.

——, 2009, "Migration as Transnational Leisure: The Japanese in South-East Queensland, Australia," (Doctoral Dissertation, The University of Queensland, 2009).

——, 2011, "De-territorialized Ethnic Community: The Residential Choices and Networks among Japanese Lifestyle Migrants in South-East Queensland," *Japanese Studies*, 31 (3), 423-40.

Nudrali, O. and K. O'Reilly, 2009, "Taking the Risk: The British in Didim, Turkey," M. Benson and K. O'Reilly eds., *Lifestyle Migration: Expectations, Aspirations and Experiences*, Farnham: Ashgate, 137-52.

Oliver, C., 2007, "Imagined Communitas: Older Migrants and Aspirational Mobility," V. Amit ed., *Going First Class? New Approaches to Privileged Travel and Movement*, New York: Berghahn Books, 126-43.

Oliver, C., 2008, *Retirement Migration: Paradoxes of Ageing*, New York: Routledge.

O'Reilly, K., 2000, *The British on the Costa del Sol: Transnational Identities and Local Communities*, London: Routledge

O'Reilly, K. and M. Benson, 2009, "Lifestyle Migration: Escaping to the Good Life?," M. Benson and K. O'Reilly eds., *Lifestyle Migration: Expectations, Aspirations and Experiences*, Farnham: Ashgate, 1-13.

Pahl, R. and L. Spencer, 2004, "Capturing Personal Communities," C. Phillipson, G. Allan and D. Morgan eds., *Social Networks and Social Exclusion: Sociological and Policy Perspectives*, Aldershot: Ashgate, 72-96.

Sato, M., 2001, *Farewell to Nippon: Japanese Lifestyle Migrants in Australia*, Melbourne: Trans Pacific Press.

Shiobara, Y., 2004, "The Beginnings of the Multiculturalization of Japanese Immigrants to Australia: Japanese Community Organisations and the Policy Interface," *Japanese Studies*, 24(2), 247-61.

——, 2005, "Middle-class Asian Immigrants and Welfare Multiculturalism: A Case Study of a Japanese Community Organisation in Sydney," *Asian Studies Review*, 29:395-414.

Spencer, L. and R. Pahl, 2006, *Rethinking Friendship: Hidden Solidarities Today*, Princeton: Princeton University Press.

Sugimoto Y., 2010, *An Introduction to Japanese Society*, Cambridge: Cambridge University Press.

Takahashi, K., 2006, "Language Desire: A Critical Ethnography of Japanese Women Learning English in Australia" (Doctoral Dissertation, The University of Sydney, 2006).

Takeda, A., 2009, "Japanese Women on the Move: International Marriage, Migration and

Transnationalism"(Doctoral Dissertation, University of the Sunshine Coast, 2009).
Tamura, K., 2001, *Michi's Memories: The Story of a Japanese War Bride*. Canberra: Research School of Pacific and Asian Studies, Australian National University.

第12章（岩渕功一）

川嶋久美子，2010,「オーストラリアのワーキングホリデー労働者」五十嵐泰正編『労働再審2　越境する労働と〈移民〉』大月書店，231-270頁。
佐藤真知子，1993,『新・海外定住時代：オーストラリアの日本人』新潮社。
長友淳，2013,『日本社会を「逃れる」＝LIFESTYLE MIGRATION：オーストラリアへのライフスタイル移住』彩流社。
濱野健，2014,『日本人女性の国際結婚と海外移住：多文化社会オーストラリアの変容する日系コミュニティ』明石書店。
藤田結子，2008,『文化移民：越境する日本の若者とメディア』新曜社。
ロビンス，K. and A. アスコイ，2004,「空間を横断して考える―トランスナショナルなトルコ系テレビジョン」（門田健一訳）モーリス＝スズキ，テッサ，吉見俊哉編『グローバリゼーションの文化政治』平凡社，359-392頁。
Erdal, M. B. and C. Oeppen, 2013, "Migrant Balancing Acts: Understanding the Interactions Between Integration and Transnationalism," *Journal of Ethnic and Migration Studies*, 39(6): 867-884.
Gillespie, M., 1995, *Television, Ethnicity and Cultural Change*. London: Routledge.
Martin. F and F. Rizvi. 2014. "Making Melbourne: Digital Connectivity and International students experience of locality" Media, Culture&Society36(7)：1016-1031.
Tsagarousianou, R. 2001. "A space where one feels at home": Media Consumption Practices among London's South Asian and Greek Cypriot Communities. In *Media and Migration: Constructions of Mobility and Difference*, R. King and N. Wood eds., London: Routledge, 158-172.
Vertovec, S. 2001, "Transnationalism and Identity," *Journal of Ethnic and Migration Studies*, 27(4): 573-582.

あとがき

　本書の出版のきっかけは，私のオーストラリア生活である。私は2005年から2009年に約5年間ブリスベンにて，2014年には約半年間シドニーにて，研究生活を送った。ブリスベンに渡った際には戦争花嫁の方々に暖かく迎えて頂き，被爆の経験や，戦争の記憶と感情の残っていた豪州での生活について深く聞く機会もあった。また，たくましく育つ二世の人々との出会いもあった。彼ら・彼女たちとの出会いの中で，駐在員の減少，二世・三世の増加，一世の高齢化など，様々な変化を経験する日本人社会を間近に見ることとなり，日本人社会の過去と現在そして未来をつなぐ作業を行いたいという気持ちに至った。

　本書は，これらの思いを共有する当該分野の研究者たちと共に開催・参加したシンポジウムや学会のパネルセッションが基盤となっている。2009年にはクイーンズランド大学にてシンポジウム *Diaspora as Process: The Japanese Diaspora in Queensland*, 2010年にはモナッシュ大学にてシンポジウム *Japanese Community in Transition: Australia 2010*, 2014年にはモナッシュ大学にてセミナー *Rethinking "Cultural adaptation" and "Ethnic Community" in the Age of Mobility*, 2015年には慶應義塾大学にてオーストラリア学会のパネルセッション「在豪日本人研究の現在」が開かれた。これらの会の主催者として，我々研究者の邂逅の場を与えて頂いた永田由利子先生（クイーンズランド大学），岩渕功一先生（モナッシュ大学），塩原良和先生（慶應義塾大学），水上徹男先生（立教大学）に感謝申し上げたい。また，研究活動を通して出会い，そして本書の趣旨に賛同頂いた執筆者の先生方に心からお礼申し上げたい。

　最後に本書の出版を快諾して頂いた法律文化社および企画の段階から細やかなアドバイスと激励を頂いた編集部の舟木和久氏をはじめ，現地調査に協力頂いたオーストラリア在住の日本人の方々に深く感謝申し上げたい。

編者　　長友　淳

索引

あ行

アーサー・コルウェル……………91
アイデンティティ…………………99
あこがれ……………………………168
アジアの世紀におけるアジアリタラシー
　………………………………………211
アルー諸島…………………………42
移住女性たちの経験………………178
一蝶斎一座…………………………31
井出ヘンリー・ヒデイチロウ……74
井上馨………………………………33
移　民………………………………1
　　──会社………………………23
　　──制限法（Immigration Restriction Act）……………………14, 39
　　──排斥運動…………………4
イワー・ディキノスキー…………75
インター・アジア…………………207
ウィットラム政権…………………138
ウィラード…………………………34
永　住………………………………185
　　──権…………………………6
　　──ビザ……………150, 151, 155-159
HSC（Higher School Certificate）………128
HSC日本語対策委員会……………129
英連邦占領軍………………………88
英連邦朝鮮派遣軍…………………89
エスニック・アイデンティティ…140
　　──・コミュニティ…………135
　　──・スクール………………122
エスノ・ジェンダー化……………169
遠隔地多文化主義…………………209
エンパワーメント…………………130
黄禍論………………………………21
オヤマ・ハシ………………………74

か行

海外移動のプッシュ要因…………174
快楽亭ブラック……………………14
鏡ファミリー………………………76
からゆきさん……………………3, 14
ガルバリー・レポート……………136
帰　国………………………………187
吉佐移民会社………………………37
教育ニーズ…………………………122
競　生………………………………28
強制収容……………………………2
クイーンズランド州………………39
クイーンズランド植民地…………31
クイーンズランド南東部…………186
呉……………………………………88
グレート・ドラゴン一座…………30
「経済主義的」なもの……………28
継承語…………………………126, 128
継承語（heritage language）………126
継承日本語教育……………………130
結果的な移住者……………………148
結婚移住………149, 154, 156, 157, 164, 171
　　──者………148, 150, 154, 155, 159-164
結婚許可申請………………………91
公定多文化主義…………………10, 118
行動の自由…………………………173
国際結婚……5, 139, 149, 157, 162, 163, 165, 166
　　──女性………………………119
国　籍………………………………201
コミュニティアート………………137
コミュニティ言語………………125, 126
コミュニティ言語学校……………122, 123

さ行

再定住………………………………197

235

桜川力之助 ················· 31, 69
薩摩一座 ······················· 31
砂糖黍大農園 ··················· 29
砂糖産業助成法 ················· 40
ジェンダー ············· 151, 162-164
シオサキ・ファミリー ··············· 77
シドニー日本クラブ（JCS）········ 120, 140
芝崎久吉 ······················· 77
市民権 ························· 97
市民的自由 ···················· 171
ジャップ・レポート ··············· 136
集合的記憶 ····················· 50
「自由」と「幸福」·················· 178
「自由」と「自己実現」·············· 168
純粋な関係性 ········· 154, 155, 157-159, 164
消費財 ······················· 176
ジョン・スチュワート・ミル ········· 171
真珠貝及び海鼠漁業法 ············· 38
　　──採取業者 ·················· 14
　　──採取産業 ·················· 28
　　──産業 ····················· 22
真珠漁業 ······················· 20
スミス ························· 42
銭屋五兵衛 ····················· 15
潜水夫 ························· 17
戦争花嫁 ················ 2, 5, 87, 149
「戦争花嫁」イメージ ··············· 92
相互融合 ····················· 208
想像の共同体 ·················· 210

た 行

太平洋諸島労働者法 ··············· 40
太平洋戦争 ······················ 4
タウンズヴィル ·················· 38
高須賀ファミリー ················· 75
高須賀穣 ······················· 71
多文化共生 ····················· 28
　　──主義 ··············· 2, 5, 28, 118
　　──主義化 ·················· 125

　　──主義の交錯 ·············· 208
dummying（ダミー・ing）·········· 54
チェリー・パーカー ················ 91
駐在員 ···················· 152, 166
ディアスポラ ················ 162, 163
ディキノスキー・ファミリー ·········· 75
同化 ·························· 96
トーレス海峡 ···················· 17
トランスナショナリズム ········ 11, 205
トリマル・ショウイチ ·············· 78
トレス海峡 ····················· 34

な 行

中芝ファミリー ·················· 79
中村奇琉 ······················· 35
ナラティブ ···················· 187
西オーストラリア州 ··············· 39
西岡エキ ······················· 52
西シドニー ··········· 153, 160, 162, 164
日英通商航海条約（Anglo-Japanese Commercial Treaty）················ 21, 38
日英同盟（Anglo-Japanese Alliance）······ 21
日常的多文化主義 ··············· 118
日系人 ················ 68, 71, 73, 77
日本クラブ ···················· 120
日本語学校 ······················ 7
日本語コミュニティ言語学校 ······· 122
日本語補習校 ···················· 7
日本人
　　──移住者数にみられるジェンダー不均衡
　　··························· 170
　　──永住者コミュニティ組織 ····· 119, 120
　　──倶楽部 ··················· 38
　　──女性 ·················· 90, 91
　　──ダイバー ················· 35
　　──男性 ·················· 90, 91
　　──墓地 ····················· 19
　　──村 ······················ 32
「日本社会を逃れる」という視座 ······· 208

236

ネオ・リベラリズム ……………… 138
農園の労働者 ………………………… 14
野波小次郎 …………………………… 35

は行

パークス ………………………………… 30
パーリング・マスター（真珠貝業網元）…52
バーンズ・フィリップ社 ……………… 37
ハイブリッド性 ……………………… 125
　——を再生産する本質主義 ……… 127
白豪主義 …………………………… 3, 28
白人ダイバー ………………………… 42
白人テンダー ………………………… 42
場所性 …………………………… 160, 162
バチュラー …………………………… 42
ハミルトン委員会 …………………… 38
ハロルド・ホルト …………………… 91
ハワード ……………………………… 28
バンフォード委員会 ………………… 43
反宥和政策 …………………………… 89
ピアス ………………………………… 42
フィッシャー ………………………… 42
「福祉主義的」なもの ………………… 28
藤井富太郎 …………………………… 77
２つのオーストラリア ……………… 29
ブヒクロサン ………………………… 29
ブルーム ………………………… 17, 35, 36
プレイグループ …………………… 141
文化本質主義 ……………………… 130
ベックとベック＝ゲルンスハイム … 171
防御（protection）………………… 175
北部オーストラリア ………………… 28
補習授業校 ………………………… 121

ま行

マークス ……………………………… 36
マスター・パーラー ………………… 45
マホン ………………………………… 45
ミドルクラス ……………………… 134
　——移住者 ……………………… 152
ミラー ………………………………… 35
村岡伊平治 …………………………… 24
村上安吉 ………………………… 50, 51
メディア …………………………… 206
メラネシア系労働者 ………………… 37
木曜島 …………………………… 34, 15

や行

ヤウル族 ……………………………… 62
山口リンゾウ ………………………… 74
山下ファミリー ………………… 78, 81
山田長政 ……………………………… 15
世論（多数派）による少数派の抑圧 …… 172

ら行

ライフスタイル移住 …………… 167, 186
　——移住者 ………………………… 11
リタイアメント …………………… 186
流動性（mobility）………………… 205
レントン ……………………………… 30
ロイヤル大君一座 …………………… 29

わ行

ワーキングホリデー …………… 148, 155
和歌山県 ……………………………… 35

執筆者略歴（五十音順，※は編者）

岩渕　功一
モナッシュ大学アジア研究所所長・教授
早稲田大学法学部卒業。日本テレビ放送網勤務の後ウェスタン・シドニー大学でPhD取得。2001年オーストラリアアジア研究学会最優秀Ph. D論文賞受賞，国際基督教大学助教授，早稲田大学教授を経て，現在モナッシュ大学アジア研究所所長・教授。専門はメディア・文化研究，グローバル化とトランスナショナリズム研究，東アジアの多文化主義研究。著書に *Resilient Borders and Cultural Diversity : Internationalism, Brand Nationalism, and Multiculturalism in Japan* (Lexington Books) *Recentering Globalization : Popular Culture and Japanese Transnationalism* (Duke University Press)，『〈ハーフ〉とは誰か：人種混淆・メディア表象・交渉実践』（青弓社）『多文化社会の〈文化〉を問う：共生／コミュニティ／メディア』（青弓社），『文化の対話力：ソフト・パワーとブランド・ナショナリズムを超えて』（日本経済新聞出版社），『トランスナショナル・ジャパン：ポピュラー文化がアジアをひらく』（岩波現代文庫）など。

金森　マユ
シドニー在住写真家
シドニー在住写真家。物語の語り手や劇作家としても活動。これらの活動を通して，異文化間交流，移住者，日本人・日系人のディアスポラ化をテーマとしている。芸術家のみならず，研究者や地域コミュニティとの交流も活発に行い，NAIDOC Non Indigenous Reconciliation Award，国連メディアピース賞を受賞したほか，Walkley Awards や Conrad Jupiter Art Prize, Olive Cotton Award for Photographic Portraiture, Julie Milowick Photography Prize and Harries National Digital Art Awards のファイナリストにも選出されている。また，ドキュメンタリーを舞台化した作品として *The Heart of the Journey, CHIKA: A Documentary Performance, In Repose* などが各種芸術祭で上演。

塩原　良和
慶應義塾大学法学部教授
慶應義塾大学大学院社会学研究科後期博士課程単位取得退学。博士（社会学）。日本学術振興会海外特別研究員（シドニー大学），東京外国語大学外国語学部准教授などを経て，現在，慶應義塾大学法学部教授。専門分野は社会学・社会変動論，多文化主義研究，オーストラリア社会研究。主な著作に『共に生きる：多民族・多文化社会における対話』（弘文堂，2012年），『変革する多文化主義へ：オーストラリアからの展望』（法政大学出版局，2010年），『ネオ・リベラリズムの時代の多文化主義：オーストラリアン・マルチカルチュラリズムの変容』（三元社，2005年）など。

田村　恵子
オーストラリア国立大学アジア太平洋学科研究員
オーストラリア国立大学Ph. D.取得。専門は日豪関係，女性の移民，戦争の記憶など。著書にMichi's Memories (Pandanus Books, 2003), Gender, Power, and Military Occupations: Asia Pacific and the Middle East（共著 Routledge, Taylor & Francis Group, 2012），『記憶の国境線

を超えて』(共著, 御茶ノ水書房, 2012年), 主な論文に Being an Enemy Alien in Kobe (*History Australia*, 10(2), 2013), Meeting, Committing, and Adapting: Japanese War Brides and the Experience of Migration (*Ritsumeikan Journal of Asia Pacific Studies* 11(9), 2002) など。

永田由利子
クイーンズランド大学言語文化研究学科上級客員研究員

明治学院大学英文科卒業, 米国インディアナ州立大学応用言語学修士課程卒業, オーストラリアアデレード大学歴史博士号取得, クイーンズランド大学言語文化研究学科シニアレクチャラーを経て2013年定年退職。主な著書に *Unwanted Aliens: Japanese Internment in Australia during WW2* (*University of Queensland Press, 1996*), オーストラリア日系人強制収容の記録 (高文研 2002年), *Navigating Boundaries: The Aisan Diaspora in Torres Strait* (共編 Pandanus Books, 2004) など。主な論文に "Japanese-Australians in the Post-war Thursday Island Community" (*Queensland Review*, Vol. 6(2), 1999) など。

※長友　淳
関西学院大学国際学部准教授

慶應義塾大学総合政策学部卒業。クイーンズランド大学 Ph. D 取得, 現在, 関西学院大学国際学部准教授。専門は社会学および文化人類学, 移民研究, グローバル化研究。著書に『日本社会を「逃れる」：オーストラリアへのライフスタイル移住』(単著, 彩流社),『文化のグローカリゼーションを読み解く』(共著, 弦書房),『アジアから観る, 考える：文化人類学入門』(共著, ナカニシヤ出版), *Migration as Transnational Leisure: The Japanese Lifestyle Migrants in Australia* (単著, Brill), *Japanese Queenslanders: A Histroy* (共著, Bookpal), *Feminism and Migration: Cross-Cultural Engagements* (共著, Springer), *Development in Asia: Interdisciplinary, Post-neoliberal, and Transnational Perspectives* (共著, Brown Walker Press) など。

濱野　健
北九州市立大学文学部人間関係学科准教授

ウェスタン・シドニー大学 Ph. D. 取得。専門は社会学・文化研究, 現代日本の社会変動と国際移動および国際結婚や国際離婚などに関する研究。著書に *Searching Better Lifestyle in Migration: The Case of Contemporary Japanese Migrants in Australia* (Lambert Academic Publishing, 2010),『日本女性の国際結婚と海外移住：多文化社会オーストラリアの変容する日系コミュニティ』(明石書店, 2014年) など。

舟木　紳介
福井県立大学看護福祉学部社会福祉学科講師

シドニー大学大学院社会福祉・社会政策・社会学研究科修士課程修了。日本学術振興会海外特別研究員 (シドニー大学) などを経て, 現在, 福井県立大学看護福祉学部社会福祉学科講師。専門分野は, ソーシャルワーク, 外国人・移民定住支援。主な論文には, Multicultural Social Work and Ethnic Identity Positioning: A Case Study of Social Welfare Activities by Japanese Community Organizations, *Asia Pacific Journal of Social Work and Development*, 20(1), 2010 年など。

水上　徹男
立教大学社会学部教授

立教大学社会学部卒業，グリフィス大学アジア国際研究学部 M. Phil 取得，モナシュ大学人類学・社会学部 Ph. D. 取得。モナシュ大学 Honorary Senior Research Fellow（2009年9月 – 2010年8月）。専門は国際社会論，都市社会学，移民研究。著書に Creating Social Cohesion in an Interdependent World : Experiences of Australia and Japan（共編著 Palgrave Macmillan 2016），The Sojourner Community : Japanese Migration and Residency in Australia（Brill 2007）. Integration of Japanese Residents into Australian Society : Immigrants and Sojourners in Brisbane（Japanese Study Centre 1993）など。論文に Japanese Migrants and their Major Organisations in Metropolitan Australia, In Outside Asia : Japanese and Australian identities and encounters in flux,（Alomes, et al. eds., Japanese Studies Centre, 2011），「大都市のスプロール化と統合計画：オーストラリアの都市開発の事例」『世界の都市社会計画』（橋本他編，東信堂，2008年），Leisurely Life in a 'Wide Brown Land': Japanese Views upon Australia,『応用社会学研究』No. 48（2006），「サバーバン・モザイク：オーストラリア大都市圏におけるエスニック集団の混在化」『日本都市社会学会年報』No. 19（2001）など。

村上　雄一
福島大学行政政策学類教授

クイーンズランド大学 Ph. D 取得。福島大学行政社会学部専任講師，助教授，准教授を経て，2015年4月より福島大学行政政策学類教授。専門は歴史学，十九世紀日豪関係史。所属学会オーストラリア学会および北大史学会。主な著書に『オーストラリアの歴史　多文化社会の歴史の可能性を探る』（共著，有斐閣），『白人とは何か？：ホワイトネス・スタディーズ入門』（共著，刀水書房），主な論文に「クィーンズランドの日本人砂糖黍年季契約労働者のイメージ：1899年から1893年を中心として」（『オーストラリア研究』第15号，2003年）など。

山内由理子
東京外国語大学准教授

東京大学卒業，東京大学大学院修士号取得，シドニー大学 PhD 取得。2012年より東京外国語大学特任准教授。専門は文化人類学，オーストラリア先住民研究。主な論文に Managing Aboriginal Selves in south-western Sydney（Oceania 82, 2012 年），Exploring Ambiguity: Aboriginal Identity Negotiation in South Western Sydney（Environment and Planning A 42巻，2010年）など

横田　恵子
神戸女学院大学文学部教授

関西学院大学大学院社会学研究科博士後期課程満期退学。関西学院大学社会学博士号（社会福祉学）取得。大阪府立大学社会福祉学部講師，助教授，2003年から2004年フルブライト研究員として UC バークレー社会福祉学部に在籍。神戸女学院大学文学部，准教授を経て，2010年より教授。専門はソーシャルワーク，ジェンダー研究など。主な著書に『日常性とソーシャルワーク』（共著，世界思想社），『臨床心理的コミュニティ援助論』（共著，誠信書房），『被虐待児童への支援論を学ぶ人のために』（共著，世界思想社），主な論文に The Disempowerment of Migrant women: A Study of Southeast Asian Women in Japan（『社会問題研究』61(1)，2001年）など。

ジャレッド・デンマン
福井県立大学学術教養センター講師
クイーンズランド大学人文学部および教育学部卒業。同大学の言語比較文化学科にて優等学士課程修了後，Ph. D 取得。同学科非常勤講師を経て，2016年4月より福井県立大学学術教養センター講師。専門分野は移民・移住研究。主な著書に *Configurations of Family in Contemporary Japan*（共著，Routledge），主な論文に Japanese Wives in Japanese-Australian Intermarriages (*New Voices 3*, 2009) など。

Horitsu Bunka Sha

オーストラリアの日本人
──過去そして現在

2016年7月1日 初版第1刷発行

編 者	長友　　淳 （ながとも じゅん）
発行者	田靡純子
発行所	株式会社 法律文化社

〒603-8053
京都市北区上賀茂岩ヶ垣内町71
電話 075(791)7131　FAX 075(721)8400
http://www.hou-bun.com/

＊乱丁など不良本がありましたら、ご連絡ください。
　お取り替えいたします。

印刷：共同印刷工業㈱／製本：㈱藤沢製本
装幀：谷本天志
ISBN 978-4-589-03782-4

©2016 Jun Nagatomo Printed in Japan

JCOPY 〈(社)出版者著作権管理機構 委託出版物〉

本書の無断複写は著作権法上での例外を除き禁じられています。複写される
場合は、そのつど事前に、(社)出版者著作権管理機構（電話 03-3513-6969,
FAX 03-3513-6979, e-mail: info@jcopy.or.jp）の許諾を得てください。

風間 孝・加治宏基・金 敬黙編著
教養としてのジェンダーと平和
Ａ５判・260頁・1900円

世の中の常識を相対化し，異なる見解をもつ人々との対話を通じて新しい学問・実践へと誘う。ジェンダーと平和の異なる視点から，教育，労働，差別，歴史等のテーマを取り上げ，読者とともに社会のありかたを考える。

嘉本伊都子著
国際結婚論!?［歴史編］
Ａ５判・136頁・1800円

明治時代に日本で生まれた言葉「国際結婚」。男と女の歴史から，日本の国がみえてくる。江戸時代から第二次世界大戦までの〈異国人〉間関係にあった人々の足跡をたどりながら歴史感覚と国際感覚を養う。

嘉本伊都子著
国際結婚論!?［現代編］
Ａ５判・184頁・1900円

男と女の関係を通して，現代の日本社会，国際社会を読み解く。戦後における家族や女性をめぐる労働の変化，東アジアの国際結婚の実態を検証しながら，いまを生きる私たちの立ち位置と今後を考える。詳細な参考文献付。

岡部みどり編
人の国際移動とＥＵ
──地域統合は「国境」をどのように変えるのか？──
Ａ５判・202頁・2500円

欧州は難民・移民危機にどう立ち向かうのか。難民・移民への対応にかかわる出入国管理・労働力移動・安全保障など，諸政策の法的・政治的・経済的問題を実証的かつ包括的に考察する。

南川文里著
アメリカ多文化社会論
──「多からなる一」の系譜と現在──
Ａ５判・228頁・2800円

「多からなる一」というアメリカを支える理念が，様々な困難や葛藤を抱えつつ市民的編入の実現や人々の実践，制度構築などの歴史的展開の中で，どのように具現化されてきたのか包括的に考察。日本の多文化共生社会の構想への示唆に富む。

―― 法律文化社 ――

表示価格は本体（税別）価格です